KB069500

한국교육인류학회 방법론 총서 01

질적 연구
전통별 접근

조용환 · 박순용 · 염지숙 · 서근원 · 강대중 · 서덕희 공저

Qualitative Research Methodology 01
Foundation and Tradition

학지사

한국교육인류학회 질적 연구방법론 총서 발간에 부쳐

　한국교육인류학회가 25년이 넘는 시간의 두께를 통해 축적한 한국 질적 연구자들의 실천적 지식을 방법론 저서로 출판하는 일을 감히 시작하고자 합니다. 한국교육인류학회는 그동안 한국 교육학계뿐만 아니라 한국 사회과학 전반에 질적 연구를 소개하고 확산하여 우리 사회의 고유한 교육현상과 문화현상을 이해하고, 이를 통해 나와 너, 우리의 세상이 좀 더 나은 방향으로 나아가도록 하는 데 중요한 기여와 노력을 해 왔다고 자부합니다. 이제 성년이 훌쩍 넘은 한국교육인류학회가 이 노력의 과정을 체계적으로 정리하되 초심으로 돌아가 과거에 대한 성찰뿐만 아니라 미래의 비전을 밝히는 오늘을 만들어 나가고자 합니다.

　한국교육인류학회는 질적 연구방법론이 한국 학계에서 온전히 수용되지 않았던 1990년대 후반부터 지금까지 한국의 다양한 질적 연구자가 처음으로 자신의 연구자됨을 온전하게 드러내고 그 문제의식을 함께 공유해 온 둥지와 같은 곳이었습니다. 그러나 학회의 외연이 커지고 사회과학계에서 질적 연구방법론이 '정상화(正常化)'되면서 그와 관련된 다양한 학회가 생겨나기 시작한 가운데, 한국교육인류학회의 위상과 정체성뿐만 아니라 질적 연구의 정신과 원리를 다시 한번 확인하면서 시대에 맞게 새롭게 창조해 나가야 할 필요성에 맞닥뜨리게 되었습니다. 한국교육인류학회는 북미와 유럽의 질적 연구방법과 그 철학적 근간들을 열심히 탐구하면서도 한국의 고유한 현상과 문제의식 그리고 오랜 철학적 토대를 존중하며 질적 연구방법론의 '토착화'에 힘썼습니다. 그 결과로 '문질빈빈(文質彬彬)'이라는 한국교육인류학회만의 고유한 원리와 정신을 드러내어 밝히게 되었습니다. 이제 번역본에 기대지 않고 질적 연구방법론에 대해 우리만의 고유한 목소리를 글로 담아 책으로 펴내게 되었습니다.

건국대학교 염지숙 교수를 비롯한 한국교육인류학회의 12대 임원진들이 중심이 되어 2019년 여름부터 시작된 질적 연구방법론 저서 발간의 과정은 학회의 오랜 도반(道伴)들이 함께 모여 자신의 생각과 마음을 나누고, 그 나누고 이어진 관계에 힘입어 학회가 다시 도약할 수 있는 기회였습니다. 학회 회원을 중심으로 총 21명의 집필진이 약 2년간에 걸쳐 글을 쓰고 고치고 다듬었으며, 학회 초대 회장이자 고문이신 서울대학교 조용환 교수의 도움을 받아 발간의 전체 틀과 집필진 구성, 추진 과정의 어려움을 해결해 나갔습니다. 또한 필요에 따라 학회의 학술행사와 학술지 등을 활용하여 방법론 저서에 실릴 글의 질적 수준을 학회 전체가 검토하고 발전시킬 기회를 가졌습니다.

총서 발간에 앞서 집필진들에게 발간위원회에서 특별히 부탁드렸던 것은 크게 두 가지입니다. 하나는 해외의 방법론적 전통을 소개하는 것을 넘어서 한국의 교육인류학 연구자들의 문제의식과 체화한 실천적 지식이 잘 드러나도록 하자는 것이었습니다. 같은 맥락에서 다른 하나는 해외의 연구사례뿐만 아니라 무엇보다 연구자 자신을 포함한 국내 연구자들의 사례를 중심으로 소개하고 구체적인 연구물에 근거하여 논의를 전개해 달라는 것이었습니다. 이 두 가지 부탁을 드렸던 것은 질적 연구는 연구의 도구이자 주체인 연구자의 상심과 실천적 지식이 가장 중요하기 때문이며, 그렇기에 이 총서는 한국의 질적 연구자들이 한국이라는 생활세계 속에서 생성된 자신들의 상심과 문제의식에서 시작된 질적 연구의 과정에서 겹겹이 축적한 연구 체험들의 '총화(總和)'로 드러나기를 바랐기 때문입니다. 그 첫걸음으로 이제 다음과 같이 한국교육인류학회 질적 연구방법론 총서 1권, 2권, 3권을 발간합니다.

총서 1권, 『질적 연구, 전통별 접근』은 질적 연구방법의 원리와 전통을 개관하고 다섯 전통을 소개하는 총 6개의 장으로 구성되었습니다. 제1장(조용환 집필)은 한국교육인류학회를 중심으로 한국 사회과학계에 토착화한 질적 연구의 개념과 원리로서 '문질빈빈(文質彬彬)'을 소개하고 질적 연구의 우산 아래 들어올 수 있는 20개의 다양한 전통과 접근을 개관하였습니다. 제2장(박순용 집필)은 현대적 의미의 질적 연구의 모태이자 버팀목이라고 할 수 있는 문화기술지의 발전사뿐만 아니라, 고전적·비판적·해석적 문화기술지의 장르적 분류와 그 특징을 소개하고 분석상의 공통점으로 직관과 논리의 상호보완성과 이야기꾼이자 해설자로서의 연구자로서 역할을 강조하였습니다. 제3장(염지숙 집필)은 내러티브 탐구가 어떻게 듀이의 경험 철학에 근거하여 교사의 경험적 지식을 연구하는 연구로부터 출발하여 다양한 학문 분야에 적용될 수 있는 방법적 원리와 절차, 질적 준거를 형성하였는지 그 과정과 내용을 소개하고 국내외의 연구사례를 통해 연구 수행에 도움을 주고자 하였습니다. 제4장(서근원 집필)은 실행연구의 방법론적 토대를 마련한 것으로 알려진 레빈(Lewin)의 연구방법론을 '실천탐구'로 새롭게 개념화하고, 그 방법적 특성과 절차를 레빈의 연구사례를 통해 설명한 후 교육연구에 적용한 사례로 '아이의 눈으로 회인(誨人)탐구'를 소개하였습니다. 제5장(강대중 집필)은 사회과학의 다양한 분야에서 활용되기 시작한 생애사에 대한 일반적 이해와 더불어 교육학의 고유한 질문에 대한 답을 찾거나 새로운 각도로 교육에 대한 질문과 탐구를 할 수 있는 방법론으로 학습생애사를 소개하고 그 방법적 절차를 안내하였습니다. 제6장(서덕희 집필)은 필자가 참여한 다양한 질적 사례연구를 통해 형성된 방법론적 상심에 근거하여 사례연구의 방법론적 특징을 사례, 비교, 맥락, 일반화, 실천지를 중심으로 체계화하고 그 과정에서 구체적인 연구사례들을 소개하였습니다.

    총서 2권, 『질적 연구, 과정별 접근』은 질적 연구 수행의 전 과정에 대한 내용을 다루었으며 총 6개의 장으로 구성되었습니다. 제1장(전은희 집필)은 연구현장 진입에 관한 것으로 질적 연구에서 현장 들어가기의 의미와 절차, 전략, 향후의 이론적 과제에 대해 다루고 있습니다. 제2장(배은주 집필)은 질적 자료수집 중 참여관찰에 대한 내용을 다루었으며, 참여관찰의 의미와 목적, 특성, 참여관찰의 유형과 기록, 유의사항과 팁에 대해 기술하였습니다.

제3장(신혜숙 집필)은 심층면담에 대한 것으로 심층면담의 장단점과 전략, 기법, 심층면담 실행의 과정과 심층면담을 통한 연구 과제 등을 다루었습니다. 제4장(전현욱 집필)은 질적 연구에서의 분석 작업을 다루었으며, 질적 연구에서 자료분석의 성격, 자료분석의 형태와 과정 등을 기술하였습니다. 제5장(전가일 집필)은 질적 연구의 글쓰기에 대한 내용으로 질적 연구에서 글쓰기의 의미, 독특성, 질적 논문의 구성, 결과 쓰기의 사례, 좋은 질적 논문의 기준 등에 대해 다루었습니다. 제6장(권효숙 집필)은 질적 연구에서 재현의 새로운 방식 중 사진활용을 중심으로 한 시각적 접근에 대한 내용으로, 사진에 대한 기호학적 개념들, 질적 연구에서의 사진활용과 이에 대한 성찰 등을 기술하였습니다.

총서 3권, 『질적 연구, 분야별 접근』은 각 연구 분야에서의 질적 연구 동향과 과제를 다루었으며 총 7개의 장으로 구성되었습니다. 제1장(조용환 집필)은 문화와 교육의 관계, 그 상호작용을 연구하는 학문이며 질적 연구의 학문적 근간이 되는 교육인류학 분야의 동향과 과제를 다루었습니다. 제2장(옥일남 집필)은 1990년대 초중반부터 질적 연구에 부응하는 인식론과 패러다임이 제기된 사회교육 분야의 변천 과정과 경향을 분석하였습니다. 제3장(박윤경, 박선운 집필)은 2000년대 이후 관심이 고조된 다문화교육에서의 질적 연구 동향과 과제에 대해 기술하였습니다. 제4장(신현정 집필)은 상담과 질적 연구의 유사성을 기반으로 상담 분야의 질적 연구 동향을 다루었습니다. 제5장(강경숙, 강성종 집필)은 특수교육 분야에서의 질적 연구가 함의하는 바를 바탕으로 연구의 흐름과 동향, 향후 과제에 대해 논의하였습니다. 제6장(홍덕기 집필)은 1990년대에 등장한 국내 체육교육 분야의 질적 연구 동향과 과제를 실험적 시도 사례와 더불어 다루었습니다. 제7장(오덕열 집필)은 다양한 개념으로 논의되는 평화교육 분야의 질적 연구 현황과 과제에 대해 기술하였습니다.

마지막으로 한 가지 더 드리고 싶은 말씀은 이 총서는 열린 체제로 발간할 예정이라는 것입니다. 일종의 질적 연구방법론 핸드북의 성격을 띠되 열린 체제로 구성하여 전통, 과정, 분야의 세 가지 분류체계에 따라 지속적으로 추가 발간이 가능하도록 기획하였습니다. 학계의 원로와 중견학자뿐만 아니라 소장학자들이 자신의 실천적 지식에 근거한 목소리를 내고 이를 함께 공유할 장을 마련함으로써 서로 다른 전통과 분야의 질적 연구방법론들이 함께 만나 서로의 질적 수준을 고양하고 새로운 다양성을 창출할 장을 만들고자 합니다. 다른 것은 말할 것도 없이 같은 방법론적 전통, 과정, 분야라 하더라도 필자에 따라 혹은 시기에 따라 새로운 글을 실을 수 있도록 하였습니다. 새로운 물결이 과거의 물결을 지워 버리는 것이 아니라 시간의 두께가 켜켜이 쌓이되 구분이 되는 나이테처럼 총서의 영향사적 흐름 속에서도 '지금', '여기' 새로운 시작이 가능하도록 하였습니다. 독자 여러분이 바로 이 '시작'을 함께 향유하는 도반이 되기를 바라고 원합니다. 감사합니다.

집필진을 대신하여 발간위원회 1기 씀

차례

제1장

질적 연구의 다양한 전통과 접근 。   **13**

제2장

인간 이해를 위한 문화기술지   **77**

제3장
내러티브 탐구   109

제4장
실천탐구: 의미, 방법, 사례   163

제5장
학습생애사   211

제6장
질적 사례연구   241

/ 제1장 /

질적 연구의 다양한 전통과 접근

조용환(서울대학교)

질적 연구는 하나의 무엇이 아닌, 여러 무엇을 아우르는 이름(cover term)
이다. 그렇다면 그 서로 다른 여러 무엇은 무엇인가? 그리고 여러 무엇임에도
불구하고 하나의 이름으로 부르고 불리는 '질적 연구'는 도대체 무엇인가? 나
중 질문에 먼저, 그리고 이어서 먼저 질문에 내 나름의 답을 하기로 한다. 여
기서 '내 나름'을 강조하는 까닭은 질적 연구가 무엇인지에 대한 해석이나 주
장들이 각양각색으로 제시되고 있기 때문이다. 또한 질적 연구의 다양한 전
통과 접근에 대해서도 분류하고 개관하는 방식이 학자들마다 서로 다를 수
있기 때문이다.

1. 질적 연구, 무엇인가

우리 국내 학계에 질적 연구가 학문적 연구의 방법(론)으로 거론되기 시작
하고, 구체적인 연구들이 이루어지기 시작한 지 서른 성상이 훌쩍 넘었다. 그
간 질적 연구를 표방하는 여러 분야의 학회가 생겨나고, 질적 연구물을 게재

하는 많은 학술지가 등장하였다. 그러나 그 시원과 발전의 중핵에 한국교육
인류학회가 있다는 사실은, 사람들이 알든 모르든 간에 흔들릴 수 없는 사실
이다.

북미권 중심의 서구 학계에서는 1970년대부터 질적 연구가 본격적으로
논의되고 수행되기 시작했다. 물론 그 이전에도 질적 연구의 전통을 형성
한 초석으로서 시카고학파를 비롯한 여러 갈래 학풍이 있었다. '질적 연구'
라 표명하지는 않았지만 질적 연구라 할 수 있는 연구들도 오래전부터 수
행되어 왔다. 다만 그 연구들의 이름에 'qualitative'가 아닌 'natural history',
'unobtrusive', 'field', 'ethnographic', 'participant', 'observation', 'narrative',
'interview', 'interpretive', 'cultural' 등의 형용이 붙었을 따름이다. 그 동향의
연구들이 'qualitative research'라는 이름과 깃발 아래 서서히 결속하고 연대
하면서 북미권의 질적 연구가 탄탄한 전통으로 새롭게 거듭나게 된 것이다.
개별 연구물만이 아니라 학회와 학술지의 이름에 'qualitative'가 등장한 역
사도 같은 맥락과 과정으로 살펴볼 수 있다. 구미 학계 질적 연구의 성장 과
정에서 SAGE 출판사의 기여 또한 기록해야 한다고 나는 본다. 1980년대 초
반부터 SAGE가 질적 연구의 방법과 사례를 소개하는 시리즈를 출판하기 시
작했고, 관련 저서들도 힘을 실어 출판하기 시작했기 때문이다. 덴진과 링컨
(Denzin & Lincoln, 1994)이 『Handbook of Qualitative Research』를 펴내고,
이후 거의 5년 간격으로 질적 연구의 새로운 동향과 과제를 집약해 온 업적도
괄목할 만하다.

우리 국내 학계에 질적 연구가 등장하여 성장한 과정에도 이와 비슷한 경
로가 있다고 본다. 말하자면 '질적 연구'라 표명하지는 않았다. 그러나 질적
연구라 할 수 있는 연구의 전통과 사례가 없지 않았지만, 한국교육인류학회
가 결성되면서 비로소 '질적 연구'의 이름이 표방되고 새로운 전통을 형성하
기 시작했다. 국내외에서 질적 연구를 공부했거나 수행한 여러 분야의 학자
들이 초창기 한국교육인류학회 깃발 아래 모여들어 그 발전을 모색해 왔고,
석·박사 제자들을 학회 차원에서 합심하여 양성하였다.

한국교육인류학회의 모태는 1989년 8월 서울대학교 대학원 교육학과의 김영찬 교수와 그 제자들이 결성한 '교육인류학교실'이다. 이후 서울대학교 울타리를 넘어서 학회 모습을 갖춘 '교육인류학연구회'가 1994년에 발족하였다. 그러다가 1999년에 지금의 '한국교육인류학회'로 개명을 하였다. 한국교육인류학회는 1994년 8월 제1차 월례발표회를 개최한 이래로 매년 8~10회에 걸쳐서 다양한 질적 연구의 성과를 발표하여 공유하고 있다. 그리고 1998년 『교육인류학연구』 창간호를 발행한 이후 매년 2~4회에 걸쳐서 다양한 질적 연구의 성과를 게재하여 널리 공유하고 있다. 학회의 명칭을 아예 '질적 연구'를 표방하는 이름으로 바꾸자는 논의도 있었지만(조용환, 2004a), 전통과 특성을 보전하기 위해서 개명 없이 실질적으로 여러 분야의 질적 연구자들이 모여서 활동하는 학회로 운영하고 있다.

이번에 한국교육인류학회가 학회 차원에서 질적 연구방법론 시리즈를 출판하게 된 데에는 이와 같은 배경이 작용하고 있다. 국내 학계 질적 연구의 산실이었고 견인차였던 우리 학회의 역사 속에서 구성원들은 그간 질적 연구의 성과를 정리하고 앞으로 나아갈 길을 핸드북 형태로 출판해야겠다는 소명 또는 책무 의식을 줄곧 가져 왔다. 그 부채 청산을 더 미룰 수 없어서 마침내 2020년, 이 출판의 기획을 하고 저술 작업에 착수했던 것이다.

그렇다면 우리 학회 구성원들이 30여 년 동안 함께 발표하고 논의하고 비평해 온 질적 연구는 과연 무엇이었던가? 이 질문에 관련된 합의는 여태 없었고 앞으로도 있을 것 같지 않다. 질적 연구자마다 제각기 자신의 질적 연구가 있었고 또 있을 뿐이기 때문이다. 국내외를 막론하고 질적 연구는 그만큼 다양한 전통과 다양한 접근으로 이루어져 왔다. 그렇다면 이러한 미합의 불안정 현상은 조속히 타결해야 할 심각한 문제인가? 나는 꼭 그렇다고 보지 않는다. 질적 연구가 무엇인지에 대해서 비트겐슈타인(Wittgenstein, 1958)의 '가족유사성(family resemblance)' 같은 것만 있어도 무방하다는 게 내 입장이다. 이 전제하에서 질적 연구가 어떤 연구인가에 대한 내 입장을 개진하고자 한다.

1) 문질빈빈(文質彬彬)

방법론으로서 질적 연구를 논하기 위해 가장 먼저 따져야 할 문제는 '질이 무엇인가'이다. 우리말 '질'은 한자어 '質'에서 온 것이다. 그러나 1980년 석사 과정 시절에 질적 연구 공부를 시작하면서 나는 '질'을 영어 'quality'로만 알고 있었다. 따라서 질적 연구를 'qualitative research'라고 당연시하였다. 그러한 당연시는 미국 유학 시절은 물론 학위를 취득하고 귀국한 뒤 한동안까지 줄곧 이어졌다.

일반적으로 우리는 'qualitative research'와 'quantitative research'를 대비해 온 서구 학계의 전통을 좇아서 질적 연구를 양적 연구와 대비한다. 이전의 내가 그랬고 지금도 대부분의 국내외 질적 연구자가 그렇게 인식하고 있다. 양적 연구의 실증주의, 객관주의, 연역적 접근과 질적 연구의 해석주의, 구성주의, 귀납적 접근을 대비하고 있다. 이러한 전통적인 구분법에서 질은 '측정하거나 비교하기 이전 상태 사물의 고유한 속성'으로, 양은 '효율적인 커뮤니케이션을 위해서 비교와 측정을 통해 객관화한 부차적 속성'으로 규정된다. 그러나 이러한 구분법이 나에게는 늘 명확하지 않았고 만족스럽지 않았다. 무엇보다도 질적 연구의 '질'이 무엇을 의미하는지가 그다지 분명하지 않았기 때문이다. 질과 양이 그토록 대립적인 것인지도 확실하지 않았다. 그러다보니 양적이지 않은 모든 연구가 질적 연구인지, 질적이지 않은 연구는 모두 양적 연구인지 또한 석연치 않았다.

그러던 차에 『논어(論語)』를 읽다가 '옹야(雍也)' 편의 '문질빈빈(文質彬彬)'이라는 문구를 발견하고서 나는 비로소 '질'을 명확하고 만족스럽게 이해하는 중대한 계기를 갖게 되었다(조용환, 2011). 『논어(論語)』에서 공자는 "질승문즉야 문승질즉사 문질빈빈 연후군자(質勝文則野 文勝質則史 文質彬彬 然後君子: 질이 문을 압도하면 거칠고, 문이 질을 압도하면 틀에 갇히게 된다. 문과 질의 어우러짐, 그것이 군자의 길이다.)"라고 하였다. 여기서 나는 질(質)이 바탕을, 문(文)이 무늬를 의미한다는 사실을 처음으로 알게 되었다. 그리고 우리 인간의 문화가 바탕에서 무늬를 얻어내어 온 과정임도 알게 되었다. 인간 문화의 핵심인 문자, 글월이 곧 문(文)이며 문자로 쓰인 문화의 자취가 역사, 즉 사(史)이다. 『논어(論語)』에서 야(野)와 사(史)의 대비는 곧 자연과 문화의 대비인 것이며, 또한 질(質)과 문(文)의 대비인 것이다.

이로써 질의 의미에 대한 내 궁금증은 풀리기 시작하였다. 더 이상 서양식의 'quality'와 'quantity' 대비에 현혹되지 않고 질적 연구의 원리를 이해할 수 있게 되었다. 그때부터 나는 질적 연구를 양적 연구에 대비되는 개념으로 보는 일반적인 관점과 달리, 질적 연구와 문적 연구를 더 근원적으로 대비한다. 이 방식에서 양은 문의 한 가지이며, 양적 연구는 문적 연구의 일부가 된다. 질이며 바탕인 자연은 그냥 '있는 그대로'이다. 그와 달리 문화는 인간이 생존과 실존을 도모하는 과정에서 자연을 선택하고 길들이고 의미를 부여하고 가치를 매긴 것이다. 문화는 각 집단이 선택한 삶의 길이며 방식이다. 그런데 모든 선택은 배제를 수반하므로 문화는 항상 불완전하며 다른 문화와 대립하기 마련이다. 문화는 자연을 분별하고 자연에 경계를 설정한 것이어서 문화 간의 넘나들기는 애초부터 쉬운 일이 아니다. 이와 같이 문화가 자연에서, 문이 질에서 나온 것임에도 불구하고 우리는 그 사실을 자주 망각한다. 우리 인간이 특정 문화 속에 태어나서 그 문화와 더불어 살아가는 '문화적 존재'이기 때문이다. 하이데거(Heidegger, 1927)가 말하는 '세계-내-존재'이기 때문이다. 그래서 어떤 문화에 태어나 그것에 길들여지면 애써 성찰하지 않는 한 자신의 문화를 '자연스럽게' 받아들이며 산다. 오히려 자연을 망각한 채 살아가게 된다. 질적 연구는 이러한 망각을 깨고 문화와 자연의 역설적 관계를 따져 보기, 혹은 문에서 질로 돌아가기를 추구한다. 다시 말해 '문질빈빈'을 추구한다.

요약하자면, '문질빈빈'을 발견한 이후에 나는 질적 연구의 '질'을 '양'과 대비하기 전에 '문'과 먼저 대비해야 하는 것으로 새롭게 이해하게 되었다(조용환, 2004b). 질적 연구는 현상학(現象學, phenomenology)이라는 철학적 배경을 공유한다. 현상학자들은 존재의 의미를 이해하고 그 본질을 파악하기 위해서 사람, 사물, 사태를 '그 자체로', '있는 그대로', '현상으로' 직관해야 한다고 주장한다. 현상학에서의 현상(現象, phenomenon)은 말 그대로 존재가 우리 앞에 자신을 드러내는 모습이다. 관심을 가지지 않을 때 존재는 우리 앞에 나타나지 않는다. 즉, 현상하지 않는다. 우리가 관심을 가지고 존재에 다가갈 때 존재는 비로소 그 모습을 드러낸다. 예를 들어, 내가 테니스에 집중하고 있을 때 나는 테니스 코트 주변에 민들레가 있는지 없는지 모른다. 물론 민들레는 이미 거기에 존재하고 있다. 다만 나에게 자신의 모습을 나타내지 않았을 뿐이다. 휴식시간에 내가 민들레에 눈길을 줄 때 민들레는 비로소 자신의 존재를 나에게 드러낸다. 그런데 민들레를 보는 내 눈길, 민들레에 대한 내 관심은 매우 다양할 수 있다. 그 관심은 한동안 같을 수도 있고 그때그때 다를 수도 있다. 내가 어떤 관심으로 얼마나 깊이 민들레를 보는가에 따라서 민들레는 자신의 존재를 다르게 드러내어 보인다. 대상(noema)과 의식(noesis) 사이의 이러한 오묘한 상호작용 혹은 역동을 살피는 학문이 바로 현상학이다 (이남인, 2004, 2006; Husserl, 1911, 1936). 유한한 인간으로서 우리는 민들레의 존재를 결코 다 이해할 수 없다. 그러나 우리가 우리의 특정한 관심에 집착하지 않고 최대한 열린 태도로 민들레에게 다가갈 때 민들레도 그만큼 자신을 더 열어 보일 것이다. 더 풍부하게 더 온전히 현상할 것이다. 질적 연구에서 연구자가 참여자와 그의 세계에 열린 태도로 다가가는 것이 중요한 까닭이 여기에 있다. 민들레의 무한한 성질, 특히 그 핵심적인 성질인 본질에 다가가기 위해서 우리는 민들레를 '있는 그대로' 직관해야 한다. 길들여져 익숙한 우리의 문적인 세계와 그 문화는 직관을 가로막는다. 온전한 존재이해에 장애가 된다.

사람, 사물, 사태를 직관한다는 말은 다른 무엇을 통해서 보지 않고 직접 바로 본다는 말이다. 여기서 말하는 '다른 무엇'은 개념, 범주, 가설, 이론, 도식, 모형, 측정치, 통계치 등과 같은 매개체이다. 문질빈빈의 '문'이다. '문'은 소통을 위해서 '질'을 규정하는 존재자의 세계이다. 우리의 삶은 질적이기 이전에 이미 문적이다. 인간은 누구나 문화 속에 태어나고 문화 속에 존재한다. 그러나 본래의 우리는 질적 존재이다. 무엇으로도 온전히 다 규정하거나 설명할 수 없는 '무한한 가능성'이다. 사람만 그런 것이 아니라 사물과 사태를 위시한 모든 존재가 그렇다. 그러므로 우리는 보다 온전한 존재이해를 위해서 '현상의 이름'이 아닌 '현상 그 자체'를 주목해야 한다. 존재자의 문적 질서와 존재의 질적 질서 사이를 넘나들며 근원적인 성찰과 통찰을 해야 한다.

현상학의 핵심원리인 이 '현상학적 환원'은 내가 보기에 『논어(論語)』의 '문질빈빈'과 크게 다를 바 없다. 물론 공자가 '문질빈빈'을 말하면서 질적 연구를 염두에 두지는 않았을 것이다. 그래서 혹자는 성리학의 문질론을 질적 연구에 적용하는 견강부회를 탓하기도 한다. 그러나 '문질빈빈'을 거론하던 당시의 상황이 어떠했고 공자의 본래 의도가 무엇이었는지는 솔직히 나의 관심사가 아니다. 다만 '문질빈빈'의 문맥에서 질적 연구의 원리를 도출하는 나의 창조적인 전유(專有, appropriation)가 더 중요할 따름이다.

내가 보기에 질과 존재와 현상의 맥락은 도가의 '도(道)'나 불가의 '공(空)'으로 가장 잘 이해할 수 있다. 노자는 『도덕경(道德經)』을 "도가도 비상도 명가명 비상명(道可道 非常道 名可名 非常名)"으로 시작한다. "도는 도일 수 있지만 늘 같은 도가 아니며, 이름이 이름일 수 있으나 늘 같은 이름이 아니다."라는 뜻이다. 여기서 '도'는 문질빈빈의 '질'과 같은 것이고, '이름'은 문질빈빈의 '문'과 같은 것이다. 우리는 세상의 원천이자 원리인 '도'를 나름대로 이해하여 이러쿵저러쿵 '도'라고 규정할 수 있다. 하지만 그 존재자로서의 '도'가 규정하기 이전의, 실상 규정할 수조차 없는 진정하고 온전한 존재로서 '도'는 아니다. 불교의 핵심 경전 가운데 하나인 반야경(般若經)은 "색즉시공 공즉시색(色即是空 空即是色)"을 설파하고 있다. 여기서 '색'은 '문'에, '공'은 '질'에 비견할 수 있다. 보다 심오한 불교적인 맥락이 있겠지만, 질적 연구에 관련지을 때 그렇게 이해할 수 있다는 말이다. 반야경은 우리의 원초적인 지각 작용을 '색-수-상-행-식(色-受-想-行-識)', 오온(五蘊)의 작용으로 설명하고 그 모두가 '공(空)'이라고, 즉 '오온개공(五蘊皆空)'이라고 하였다. 여기서 '색'은 세상을 구성하는 물질적 요소들을 총칭한다. '수'는 물질적 요소들을 자극으로 접하는 일체의 감각 작용이다. '상'은 그로 인해 마음이 생기거나 마음을 내는 지각 작용이다. 그리고 '행'은 마음과 더불어 움직이는 몸의 운동과 변화이다. 끝으로 '식'은 이 모두와 연관된 분별(分別) 작용으로서 인식과 지식을 의미한다. 이 오온 모두가 '공'이라 함은 '아무 것도 없음', 즉 '무'가 아니라 정해진 '아무 것도 아님' 혹은 무엇이든 될 수 있는 '비어 있음'이다. 내가 보기에 질적 연구의 '질'이 바로 이런 본래적이고 근원적인 것이다.

구체적인 예를 들어 살펴보기로 하자. 이를테면, 우리는 어떤 현상에 '창의성'이라는 이름을 지어 붙인다. 그러나 현상의 이름으로서 '창의성'이 본래적인 현상으로서 창의성은 아니다. 사람들 사이에서, 학자들 사이에서 어떤 성질이나 태도나 행동을 일컬어 '창의성'이라고 개념화, 범주화, 이론화했을 뿐이다. 이 개념화, 범주화, 이론화는 세계 속에서 문화 속에서 이루어진다. 즉, 시대와 사회에 따라서 창의성이라는 존재에 대한 '창의성'의 존재자적 규정이 달라질 수 있다는 말이다. 알다시피 특정 세계, 특정 문화의 분별과 지식은 항상 유한하고 불완전하다. 그래서 우리에게는 무변광대한 본래의 존재지평으로 돌아가는 질적 접근이 요구되는 것이다. 근원적인 존재물음이 필요한 것이다. 요컨대, 현상의 이름으로서 '창의성'이 '문'이라면 그렇게 불리는 현상 그 자체로서 창의성은 '질'이다. '문'으로서 '창의성'은 창의성에 대한 하나의 이야기, 일종의 텍스트(text)이다. 그와 달리 '질'로서 창의성은 여러 '창의성' 이야기들이, 창의성에 관한 텍스트들이 나오게 된 그 배경, 바탕, 맥락으로서 콘텍스트(context)이다. 만약 창의성을 기존 학문 전통에 얽매이지 않고 정말 창의적으로 연구하고자 한다면 우리는 부단히 '문질빈빈'을 행해야 한다. 문으로, 텍스트로, 현상의 이름으로 구성(construction)된 '창의성'들을 내려놓아야 한다. 창의성에 대한 판단 중지를 해야 한다. 본래의 질로, 콘텍스트로, 현상 그 자체로 돌아가기 위한 해체(deconstruction) 작업을 해야 한다. 존재와 존재자, 이 두 차원의 창의성을 넘나들며 비록 잠정적이나마 더 타당한 개념, 범주, 이론을 찾기 위해 재구성(reconstruction)의 고투를 해야 한다. 이것이 바로 질적 연구자가 하는 일이다.

질적 연구는 질로 돌아가는, 현상으로 환원하는 태도를 전제하고 견지한다. 그 태도는 우리가 몸담아 살고 있는 세계의 문화, 즉 문적 질서를 당연한 것으로 덥석 받아들이지 않는 변증법적 대화의 태도이다. 문화적으로 통용되는 '현상의 이름'에 갇히지 않고 그 이름이 붙여지기 이전의 본래적이며 발생적인 연원을 거슬러 살피고 보살피는 태도이다. 문으로 '구성'된 것들을 '해체'하여 질적 가능성의 바탕으로 되돌아감으로써 더 나은 문을 창조적으로 '재구성'하는 작업이다(Derrida, 1967, 1976). 기존의 해석들을 통찰하면서 새로운 해석으로 나아가는 해석적 순환의 태도이다(Gadamer, 1976, 1989). 이러한 태도와 그에 입각한 작업을 나는 문질빈빈이라 일컫는다.

질적 연구의 이러한 원리와 철학적 배경을 모르거나 도외시한 채, 질적 연구를 단순히 연구의 기법(research technic)으로 치부하는 풍조를 나는 통탄한다. 실험이나 질문지조사에 의존하지 않는 연구, 자료를 통계로 처리하지 않는 연구, 숫자가 아닌 글자로 쓰는 연구를 질적 연구라 오해하는 세태를 통탄한다. 월코트(Wolcott, 1992)는 인류학자들의 현지조사 전통을 계승하는 '3E'의 충실한 교차, 즉 '참여관찰(Experiencing)'과 '심층면담(Enquiring)'과 '현지자료(Examining)'의 충실한 교차가 질적 연구에 필수적이라고 하였다. 그러나 국내 질적 연구의 대다수가 그다지 심층적이지도 않은 면담조사에 편중하여 이루어지고 있다. 참으로 안타까운 노릇이며 '질적 연구의 질 저하'를 초래하는 사태이다. 내가 역설했듯이(조용환, 1999), 질적 연구는 학문세계의 '혁명'(Kuhn, 1970)을 지향하는 것이지 단순히 새로운 연구기법들의 개발에 관련된 것이 아니다. 학문이 무엇이고 연구가 무엇이며, 학문과 연구를 어떻게 왜 해야 하는지에 대한 근본적인 패러다임 전환을 추구해 온 것이다. 그러므로 현상학을 위시한 질적 연구의 철학적 배경에 대한 공부가 탄탄하지 않으면 결코 좋은 질적 연구를 해낼 수가 없다고 나는 믿는다.

2) 질과 성질과 본질

질적 연구는 상심과 호기심을 가지고 연구하고자 하는 사람, 사물, 사태의 본질을 문질빈빈을 통해서 최대한 직관하려는 연구이다. 여기서 말하는 '직관'은 매개적인 문(文)들에 갇히거나 닫히지 않고, 있는 그대로의 질(質)을 직접 대하려는 존재론적인 태도이다. 이 점에서 질적 연구는 무릇 현상학적인 연구이다. 현상학자들은 '자유변경(自由變境, free variation)을 통한 본질직관(本質直觀, essential intuition)'을 추구한다. 이 '자유변경'이 나에게는 '문질빈빈'이다. 그렇다면 질적 연구에서 직관하고자 하는 본질은 도대체 무엇인가? 메를로-퐁티(Merleau-Ponty, 1964)에 기대어서 나는 본질을 질과 성질의 스펙트럼에서 이해하고 규정한다.

그래서 다시 묻자. 질적 연구의 '질'은 무엇인가? 질(質, quale)의 극한은 '있는 그대로' 즉자(即自, soi)이다. 무위(無爲)인 '그냥'의 자재(自在)이며, 스스로 그러한 자연(自然)이다. 이름 붙여지기 전의 선험적이고 익명적인 존재 그 자체이다. 아리스토텔레스의 선형상적 질료(hylē) 같은 것이다. 그런데 이러한 극한의 '순수한 질'은 우리 인간이 지각할 수 없고 인식할 수 없다. 그래서 무의미하기도 하다. 불가의 자성지공(自性之空)이 말하듯이, 질은 비어 있어 무엇이든 될 수 있는 허(虛)이며 공(空)이다. 사르트르(Sartre, 1938)가 구토에서 직관한 순수기표로서 마로니에 뿌리의 '왈칵 다가옴' 같은 것이다.

그렇다면 질적 연구가 추구하는 질로 돌아감, 즉 질적 환원은 원천적으로 불가능한 일이 아닌가? 그렇다. 사르트르(Sartre, 1943)가 말하듯이 우리 인간은 항상 이미 즉자를 이러쿵저러쿵 대하며 살아가는 대자(對自, pour soi)이다. 즉자를 분별하고 이름을 붙여 존재자의 세계를 구성하며 살아갈 뿐이다. 인간은 감각적 경험을 통해서 인상과 표상의 세계를 형상화하고, 상징과 언어로서 의미화를 한다. 시각, 청각, 후각, 미각, 촉각의 기표들을 기의로 전환하여 살아간다. 이렇게 문화적 존재이자 세계-내-존재일 수밖에 없는 인간이 질로 돌아가기 위해서는 말 그대로 '최대한' 있는 그대로를 직관해야 한다. 문적인 것, 세계적인 것들을 '최대한' 내려놓고 '최선을 다해서' 판단을 중지해야 한다.

질에 이름의 옷을 입히고 어떤 '성(性)'들로 규정할 때 '성질(性質, qualité)'이 등장한다. 이를테면 사람에 대해서 성실성, 정직성, 창의성, 공격성 등의 인성을 규정할 때 우리는 성질의 예를 볼 수 있다. 소금의 용해성, 물의 비등성, 세포막의 삼투성 같은 것도 마찬가지이다. 성질은 개념화, 범주화, 형상화, 의미화 등의 과정을 통해서 존재인 질에 붙여지는 이름, 또는 존재자의 '자(者)'이다. 단적으로 말해서 성질은 문화의 산물이다. 성질은 자연의 질과 달리 인간의 '생명적 가치를 가진 것'이다(조광제, 2013). 우리 몸은 항상 이미 순수한 '질'이 아닌 의미를 가진 '성질'과 만난다. 이러한 성질(quality)이 서구의 전통적인 '질적 연구(qualitative research)'에서 말하는 질이다. 양과 구분되는 이 질은 '측정하거나 비교하기 이전 상태 사물의 고유한 속성'이다.

성질은 존재자와 존재자 사이에서 '관계'를 통해 나타난다. 예컨대, 소금이 물을 만나서 용해되거나, 물이 불을 만나서 비등하는 현상의 이름이 용해성이요 비등성이다. 그러므로 우리는 사람, 사물, 사태의 성질을 파악하거나 논의할 때 반드시 '그것'과 '그것이 만나는 다른 무엇' 사이의 관계를 주목해야 한다. 공격성을 가진 학생이든 창의성이 높은 학생이든, 그들의 성질은 특정한 맥락에서 형성되고 현상한다. 달리 말해, 관계와 맥락을 떠나서 언제 어디서나 공격적이고 창의적인 학생은 없다. 불가에서 말하는 존재 자체의 '자성(自性)'은 본래 없다. 비어 있다. 성리학의 습여성성(習與性成)이 말하듯이, 성질은 지속적인 '습(習)'을 통해 서서히 형성된 것이다. 그러므로 질적 연구자는 자신이 관심을 가진 사람, 사물, 사태의 성질들을 반드시 생애사, 형성사, 영향사 속에서 연구해야 한다.

본질은 무엇을 무엇답게 만드는 핵심적이고 근원적이며 전형적인 성질이다. 나를 나답게 만드는 가장 핵심적인 성질이 나의 본질이다. 민들레를 민들레답게 만드는 가장 근원적인 성질이 민들레의 본질이다. 교육을 교육답게 만드는 가장 전형적인 성질이 교육의 본질이다(조용환, 2021). 본질은 "무수히 많은 개별적인 대상을 어떤 하나의 이름으로 부를 수 있도록 해 주는 보편적이며 일반적인 요소(성질)이다"(이남인, 2012: 14). 얼음과 물, 수증기의 본질은 공히 'H_2O'이다. 본질은 "시간을 벗어나 있으면서 시간을 견뎌낸다" (조광제, 2004: 90). 본질은 선험적이고 추상적인 형식논리로 규정할 수 있는 실재가 아니다. 사람, 사물, 사태의 본질은 구체적인 경험과 체험 속에서 다양한 변형태를 부단히 관찰하고 성찰하면서 그 존재의 핵심적인 성질을 찾고 또 찾아가는 잠정적 진행형의 과정을 통해서 얻게 되는 무엇이다. 본질은 상황을 통해서 무수히 다른 양상으로 드러나고 나타난다.

우리는 흔히 어떤 사람, 사물, 사태의 핵심적인 성질을 간과하고 주변적이거나 말초적인 성질을 주목한다. 이런 혼동 혹은 혼돈은 그것에 대해서 무지하거나 오해하고 있을 경우에 발생한다. 이를테면 어린아이들은 똑같이 하얗기 때문에 설탕과 소금을 분간하지 못할 수 있다. 어른들도 그 외양이 비슷하기에 사랑과 동정을 분간하지 못할 수 있다. 교육자들 중에 사회화와 교육을 혼동하는 사람들도 너무나 많다(조용환, 1997). 소금의 본질은 소금을 소금답게 만드는 핵심적인 성질이다. 상식적으로는 짠맛이 그것이다. 짜지 않은 것은 소금이 아니다. 화학적으로는 염화나트륨(NaCl)이 소금의 본질이다. 염화나트륨이 함유되지 않은 물질은 소금이 아니다. 하얀 색깔도 소금의 성질이라고 할 수 있지만, 하얗지 않은 소금도 있기에 그 색깔을 본질이라고 할 수는 없다. 말하자면 본질 이외의 성질들은 중심이 아닌 주변, 근본이 아닌 말초의 성질들이다. 근본과 말초가 혼동 혹은 혼돈될 때 우리는 '본말전도(本末顚倒)'를 거론한다.

3) 질적 연구의 일곱 가지 특징

나는 질적 연구를 질적 연구답게 만드는 본질적인 특징을 일곱 가지로 제시한다. 질적 연구는 기술적이고 태생적이며, 총체적이고 체험적인 연구이다. 또한 질적 연구는 공감적이고, 해석적이며, 개방적인 연구이다. 내 연구가 얼마나 질적 연구다운가를 검토할 때 나는 이 잣대들을 적용한다. 다른 사람들의 질적 연구를 평가할 때도 마찬가지이다. 이 본질적인 기준에 얼마나 부합하는가에 따라서 질적 연구라 자칭하는 질적 연구의 질이 좌우된다.

첫째, 기술적(descriptive) 접근이다. 기술(記述)은 사물의 특징을 있는 그대로 기록하고 진술하는 것이다. 이를 서술 또는 묘사라 표현하기도 한다. 존재 자체는 이름, 개념, 범주로 있지 않다. 그냥 그렇게 있을 뿐이다. 본래의 사람이 그렇고, 본래의 사물이 그렇고, 본래의 사태가 그렇다. 이러한 '즉자' 존재에 대해서 우리는 이름을 붙이고 개념으로 사유하며 범주로써 분별한다. 그것이 '대자'인 인간 현존재이다. 이름과 개념과 범주 없이 우리는 지각할 수 없고 인식할 수 없고 사유할 수 없다. 달리 말해 존재 그 자체를 직관하지 못한다. 존재는 무엇을 '위해서' 존재하지 않는다. 오히려 존재'함에서' 우리의 인식과 실천이 비롯된다. 그러나 연구와 학문은 무엇 자체의 '지금-여기' 표현(presentation)이 아닌, 그것의 '라고 하는' 재현(representation)에 입각해 왔다. 바로 이러한 한계를 최대한 극복하자는 것이 질적 연구의 원리이며 태도이다. 연구자가 감각하고 지각하는 현상들을 가감(加減) 없이 최대한 있는 그대로 생생하게 기술하는 것이 질적 연구의 접근법이다. 있는 그대로 기술하기 위해서는 반드시 그 사람, 사물, 사태의 배경과 상황과 맥락을 함께 기술할 수밖에 없다. 존재사건을 최대한 충실히 묘사할 수밖에 없다. 연구자가 접한 사람, 사물, 사태를 독자들도 마치 현장에서 바로 접하고 있는 듯이 기술하는 것이 질적 연구의 기술이다. 이 작업이 기어츠(Geertz, 1973)가 말하는 '두꺼운 기술(thick description)'이다. 심층적 기술은 최대한 '체험 가까이(experience near)'를 유지한다. 직접적인 '체험에서 멀어질수록(experience far)' 재현의 한계가 심화되기 때문이다. 질적 연구의 기술적 접근은 종종 '해석과 실천의 빈곤'이라는 지적을 받는다. 해석 없이 어떻게 기술이 가능한가, 기술에 치중하여 해석을 등한시하지 않는가, 해석은 다른 연구자가 해야 하는가 등의 지적이다. 마치 구경하듯이 바라만 보고 내버려 둘 것인가, 기술에 치중하여 실천을 도외시하지 않는가, 실천은 다른 사람에게 내맡기는가 등의 지적이다. 이러한 지적에 대해서 나는 사람, 사물, 사태에 대한 깊고 탄탄한 이해가 온전한 해석의 기반이며 힘 있는 실천의 동력이라고 응대한다. 우리는 잘 알지도 못하면서 이러쿵저러쿵 난무하는 해석과 설명, 그에 따른 성급하고 어설픈 처방과 실천의 병폐를 너무나 많이 목도하고 있다. 물론 질적 연구는 결코 해석이나 실천에 소홀하지 않는다. 다만 최대한 충실한 직관과 기술을 토대로 해석을 하고 실천을 하자는 입장이다.

둘째, 태생적(native) 접근이다. 질적 연구는 현장의 본래 모습과 현지인 고유의 목소리를 중시한다. 이를 '내부자(혹은 당사자)의 관점으로(from the native perspective)' 연구한다고 말하기도 한다. 현장 본래의 모습과 현지인 특유의 삶을 잘 알지도 못하면서 '전문가'를 자처하는 외부자, '개혁가'를 자처하는 외부자를 질적 연구자는 경계한다. 현장이 그러듯이, 현지인들이 그러듯이 말이다. 이 대목에서 우리는 까뮈(Camus, 1942)의 작품 『이방인』에서 주인공 뫼르소가 했던 다음과 같은 호소에 귀를 기울일 필요가 있다. 즉, "사람들은 나를 빼놓은 채 사건을 다루고 있는 것 같았다. 나는 참여도 시키지 않고 모든 것이 진행되었다. 나의 의견은 물어보지도 않은 상태에서 나의 운명이 결정되는 것이었다. 때때로 나는 다른 모든 사람의 이야기를 가로막고 이렇게 말하고 싶었다. '아니 도대체 누가 피고입니까? 피고라는 것은 중요한 겁니다. 내게도 할 말이 있습니다.'"(2011: 110-111) 문질빈빈의 원리 속에서 질적 연구는 '문'과 '문화'를 당연시하지 않는다. 최대한 있는 그대로의 그냥 '질'과 '자연'을 주목한다. 질에 비추어 문을 해체함으로써 더 나은 재구성을 도모한다. 그 점에서 'native(태생성)'는 'nature(자연성)'와 어원을 같이한다. 아렌트(Arendt, 1958)의 'natality(탄생성)'와도 어근을 같이한다. 태생은 생태와 상통한다. 그 점에서 질적 연구의 태생적 접근은 생태적 접근과도 닿아 있다. 인간 현존재는 제각기 그때그때 달리 실존한다. 그러므로 노에마-노에시스 상관작용에서 '누구의 언제 어디서 노에시스(의식, 관점, 관심)인가'를 문제 삼지 않을 수 없다. 연구자와 참여자 사이의 세계와 지평과 상황의 차이를 주목하지 않을 수 없다. 질적 연구에서는 연구자가 속한 학문세계, 연구자의 의식과 관점과 관심을 간단히 '에틱(etic)'이라 표현한다. 그와 달리 참여자의 생활세계, 참여자의 의식과 관점과 관심을 '에믹(emic)'이라 표현한다. 질적 연구는 에믹을 중시하는 연구이다. 연구자의 에틱한 선험적 판단과 분석을 절제하거나 관리한다. 물론, 어떤 내부자도 외부와 절연된 채 살지 않는다. 실존의 의미 자체가 '탈자(脫自, existence)'를 담고 있으며, 모든 주체는 항상 이미 '주체-타자'이다. 따라서 질적 연구는 에믹과 에틱의 교차 속에서 계획되고 수행된다. 다만 질적 연구자는 자신의 연구 속에서 참여자들이 어떻게 의식화(self reflection & awakening)를 하고, 문제화(problem seeking, posing, & solving)를 하는지 관찰하고 면담한다. 어떻게 주제화(thematizing & agenda setting)를 하고 변화(changing & transforming)를 하는지 관찰하고 면담한다.

셋째, 총체적(holistic) 접근이다. 질적 연구는 가능하다면 표집조사가 아닌 전수조사를 지향한다. 인류학자들이 소규모 마을이나 부족사회에 오래 머물면서 그곳의 생활세계 전반을 현지조사했듯이 말이다. 그러나 연구하는 사람들의 집단이 크고 복잡할 경우에, 다른 성격의 집단 사람들과 뒤섞여 살고 있을 경우에 전수조사는 불가능해진다. 교육학 분야 질적 연구의 주제와 세계, 현장은 거의 모두가 그렇다. 그리하여 질적 연구는 점차 '선택과 집중'의 전략을 취하게 되었다. 여러 가지 준거에 입각하여 연구현장과 참여자의 사례를 선택하되(조용환, 1999), 그 사례성을 전집 혹은 모집단에 비추어서 철저히 검토하는 방법을 취하는 것이다. 비교사례적 · 대조문화적 접근을 전략으로 취하는 것이다. 탄탄한 근거를 가진 '작지만 큰 연구', 한 우물을 파고들어 마침내 수원(水源)에 도달하는 '좁아 보이지만 실상 깊은 연구'를 지향한다. 질적 연구는 생활세계를 분절하지 않고 최대한 맥락 속에서 연관 지어 연구하고자 한다. 이것이 질적 연구의 총체적 접근이다. 우리 인간의 실존은 신체와 시간과 공간과 관계를 분절적으로 다루어서는 온전히 이해하고 설명할 수 없다. 그런데도 연구자의 관심사 단위로 현상을 축약하여 빈도와 상관과 인과를 분절적으로 분석적으로, 다루는 양적 연구가 학문세계를 지배해 왔다. 체계적이고 정밀한 표집조사가 양적 연구의 알리바이이다. 그렇다면 질적 연구의 알리바이는 비록 국지적이지만 그 대신 총체적이고 치밀한 선택조사라 할 수 있다. 질적 연구자는 부분과 전체 사이의 해석적 순환을 놓치지 않으려 한다. 환자는 질병 가운데서도 생활을 통째로 하고 있기 때문이다. 학생은 학교에서 공부만 하는 것이 아니라 온몸으로 살아가고 있기 때문이다. 그래서 질적 연구자는 참여자의 '24시'를 최대한 주목하고자 한다. 참여자의 몸이 머무는 곳, 참여자가 맺는 관계 하나하나를 최대한 살펴보고 들여다보고자 한다. 그래야만 연구의 문제에 보다 적절하고 온전한 답변을 제시할 수 있기 때문이다. 마찬가지로 질적 연구자는 잘 보이지 않는 것, 잘 들리지 않는 것까지 유의함으로써 잘 보이는 것과 잘 들리는 것을 해체하려 한다. 그렇다면 지금 국내의 질적 연구들은 과연 그렇게 총체적으로 이루어지고 있는가?

넷째, 체험적(lived-experience) 접근이다. 질적 연구는 경험의 과학이 아닌, 체험의 현상학을 지향한다. 일상세계에서 우리는 경험과 체험을 구분하지 않고 섞어 쓰는 경향이 있다. 그러나 현상학과 질적 연구에서는 양자를 애써 구분한다. 고병권(2003: 22)은 "체험(Erlebnis)은 일반적인 경험(Erfahrung)과 구분되는 개념이다. 후설(Husserl)이나 딜타이(Dilthey)에 따르면, 체험은 개개인이 스스로 자기 삶을 형성하는 경험이라고 말할 수 있다. 그래서 한 사람의 체험에는 그의 변신, 다시 말해 그의 시간이 들어 있다."라고 하였다. 현대 현상학의 토양을 이룬 독일 현상학에서 체험은 한 사람 한 사람의 '삶(leben)'에 몸으로 깊이 뿌리를 내린 것이다. 그래서 주관적인 것이며, 객관화를 쉬이 할 수 없고 해서도 안 되는 것이다. 그와 달리 경험은 어떤 사람이 행하든 겪으면서 '감(fahren)'을 말하는 것이다. 따라서 객관화를 할 수 있고, 양적으로 측정하거나 계산할 수도 있다. 경험은 체험의 내면이 아닌 외면을 다룬다. 영어 'experience'에는 경험과 체험의 구분이 없다. 그래서 북미권 현상학자들은 체험을 구분하여 말할 때 'lived-experience'라는 표현을 쓴다. 여기서 'lived'는 과거형의 의미보다 '살아감'이나 '살아 냄'을 형용하는 의미가 더 크다. 경험(經驗)과 체험(體驗)의 한자어에서 '험(驗)'은 공히 '겪는 것'을 말한다. 그러나 체험에는 '몸(體)'이 붙어 있고, 경험에는 '길(經)'이 붙어 있다. 상당히 함축적인 구분법이다. 나는 경험이 우리 신체와 상황의 외면적·객관적·수동적 만남이라 규정한다. 반면에 체험은 경험적인 만남을 통해서 우리 신체가 겪는 내면적·주관적·능동적 변화의 과정이다. 체험은 경험을 통해 내 안에서 느끼고 깨닫고 반성하고 거듭나는 무엇이다. 그러므로 어떤 경험이 '세계 속에서 구성되고 설정되는 나의 정체성' 속으로 파고들어 그것을 흔들 때 비로소 나는 그 경험을 온전하게 '체험했다'고 말할 수 있다. 우리 인간은 같은 경험을 할 수는 있어도, 같은 체험을 할 수는 없다. 질적 연구자로서 나에게 학습체험과 학습경험은 같지 않다. 체험학습과 경험학습 또한 같을 수 없다. 모든 사람이 같은 동기, 같은 방식, 같은 과정으로 체험하고 학습할 수 있는 것은 있을 수 없다. 체험의 내면과 경험의 성과 또한 결코 같을 수 없다. 그럼에도 불구하고 우리는 대량교육, 대중교육, 대의교육 제도 속에서 학습을 객관적 경험으로 표준화하여 계량하고 측정한다. 그 우열을 비교하고 평가한다. 그 상대적 성과에 따라서 학교와 사회의 지위를 배분한다. 학문세계에서 '경험과학'이라는 말은 있어도, '체험과학'이라는 말은 없다. 관광학자들은 경험적인 '관광(觀光, tour & sightseeing)'과 체험적인 '여행(旅行, trip & travel)'을 구분한다. 이를테면 분크스(Bunkse, 2007)는 'tour'의 특징을 "얼마나 깊이 참여하는지가 중요하지 않다."라고 규정한다. 반면에 'travel'은 "사람들과 그들의 삶에 대한 진지한 관심을 가진다."라고 규정한다. 다시 강조하건대 질적 연구는 경험의 과학이 아닌, 체험의 현상학을 지향한다.

다섯째, 공감적(pathic) 접근이다. 질적 연구는 합리적이거나 분석적인 의식, 판단, 선택에 앞서서 원초적인 느낌과 지각과 인상의 차원을 중시한다. 우리 인간의 "감각 주체인 몸은 감각적인 대상들에 대해 이미 감응"하여 "모든 소리에 반향해서 울리고, 모든 색깔에 진동"(조광제, 2004: 296-297)하기 때문이다. 느낌이 판단에, 감성이 이성에, 존재가 인식에 앞선다는 말이다. 어원상 'pathos'는 고통을(suffering) 느끼고(feeling) 견디는(enduring) 세 가지 의미를 함축하고 있다. 질적 연구자는 참여자의 희노애락에 동참한다. 특히 그들의 상심과 고통에 동참한다. 그래야만 심층적인 라포(rapport)의 형성이 가능하다. 그래야만 참여자가 흔쾌히 자신의 세계와 마음을 연구자에게 열어 준다. 하이데거(Heidegger, 1927)는 이 '열어 밝힘'이 진정한 존재이해의 길이라고 하였다. 이러한 감응과 공감의 접근은 달리 말해 비인지적(agnostic) 접근이다. 반 매넌(van Manen, 1990)은 인지적인 의사와 공감적인 간호사의 역할 보완을 논하였다. 비유컨대 학문세계에서 질적 연구자는 냉철한 의사가 아닌, 온화한 간호사의 역할을 하는지도 모른다. 물론 질적 연구자가 감성에 치우쳐서 이성을 경시하거나 도외시하는 연구를 해야 한다는 말은 결코 아니다. 논리성과 합리성은 질적 연구에서도 그 근간을 이룬다. 그러나 질적 연구는 학문세계의 현학적인 태도를 경계한다. 사람들의 마음을 움직이지 못하고 사람들의 삶에 의미가 없는 연구를 학자들끼리 농단하는 폐쇄적인 태도를 거부한다. 질적 연구자는 증명하는 '사실(fact)'보다 공감하는 '현사실(facticity)'을 더 주목한다. 증명하는 '진리(truth)'보다 공감하는 '진리성(truthfulness)'을 더 중시한다. 그래서 질적 연구의 타당성에는 종래의 전통적 연구에서는 요구되지 않았던 '공감적 타당성(sympathetic validity)'이 포함된다. 연구자와 참여자 사이의 공감적 타당성이 발전하여, 연구논문과 그 독자 사이의 공감적 타당성으로 나아갈 것을 요청한다.

여섯째, 해석적(interpretive) 접근이다. 영어 'interpretation'은 우리말로 '통역'이나 '번역'으로 옮겨진다. 이쪽 사람의 언어를 저쪽 사람이 알아들을 수 없을 때 그 사이에 통역이 필요하다. 이쪽 문화의 작품을 다른 쪽 문화의 사람들이 이해하지 못할 때 그 사이에 번역이 필요하다. 통역과 번역은 이질적인 두 세계 사이에 서서 서로의 이해와 소통을 돕는 일이다. 연구자와 참여자 사이에는 항상 이미 부단한 해석 작용이 있다. 연구논문과 그 독자 사이에도 그렇다. 특히 질적 연구의 성과에 대한 논의는 해석적으로 이루어져야 한다. 영어 'interpretation'은 '사이(inter)'에 '섬(pret)'을 의미한다. 누가 무엇과 무엇 사이에 선다는 말인가? 학자들의 학문세계와 연구참여자의 생활세계 사이에 연구자가 선다는 말이다. 보편지향적인 '에틱(etic)'과 특수지향적인 '에믹(emic)' 사이에 선다는 말이다. 이는 학문적 언어와 일상적 언어 사이의 통역 혹은 번역을 의미한다. 질적 연구자는 자신이 속한 학문세계(대학원)를 잠시 떠나 자신의 연구현장인 생활세계(field)로 가서 자료를 수집하고 분석한다. 그리고는 학문세계로 되돌아와서 자신의 현지연구 성과를 논문으로 정리하여 그곳의 독자(논문심사위원)들과 공유하고 평가를 받아야 한다. 이 두 세계에 사이에 연구자가 서게 된다. 연구자는 참여자의 생활세계 및 그 언어와, 자신이 속한 분야 학자들의 학문세계 및 그 언어 모두에 친숙해야 한다. 그리고 그 사이의 통역과 번역을 최적화해야 한다. 그것이 바로 질적 연구의 해석 작업이다. 그런데 지금까지의 질적 연구에서 생활세계에서의 연구 성과를 충분히 잘 공유하지 못한 채, 학계의 언어로 덮어 써서 견강부회(牽强附會)나 곡학아세(曲學阿世)를 일삼는 연구물이 적지 않다. 질적 연구의 해석적인 논의는 '이 현장연구를 하지 않았더라면 정말 몰랐을 이야기'를 '현장에 가 보지 않은 사람들도 이해하고 공감할 이야기'로 만드는 작업이다. 질적 연구의 해석은 설명이 아닌 이해의 방식으로 이루어진다. 설명(explanation)은 말 그대로 'explane(stand)', 즉 객관적으로 바깥에 나가서 섬을 의미한다. 설명은 에틱한 접근을 취하면서 주관적인 '연구자의 효과'를 최소화하고자 한다. 그와 달리 이해(understanding)는 말 그대로 'understand', 즉 주관과 주관이 교차하며 서로의 안으로 들어섬을 의미한다. 이해는 에믹한 접근을 취하면서, 연구자와 참여자의 상호주관성에 기대를 건다. 김고연주(2011: 266)는 원조교제를 하는 청소년을 참여관찰한 끝에 "사실 '이해'는 어렵지 않았다. 아이들과 마음을 조금씩 터놓으면서 아이들의 상황을 그들 삶의 맥락에서 파악하는 것, 설사 내 마음에 들지 않은 언행을 아이들이 하더라도, 그렇게 행동하고 말하는 아이들을 그 삶의 맥락에서 인정하고 받아들이는 것이 이해의 출발점이었다."라고 하였다. 질적 연구에서 해석은 이해와 이해 사이에서 더 나은 이해를 추구하는 과정이며 그 산물이다.

　일곱째, 개방적(open-ended) 접근이다. 질적 연구에는 종결이 없다. 잠정적인 분석과 해석, 논의와 결론을 담은 '마디'와 '매듭'의 보고가 있을 뿐이다.

질적 연구를 언제 어디쯤에서 마쳐야 할까를 묻는 데 대하여 근거이론 연구자들은 '포화(saturation)'를 말한다. 또는 '고갈(exhaustion)'을 말한다. 더 이상 새로운 자료가 나오지 않고, 비슷한 자료가 반복해서 등장할 때 자료수집을 마쳐야 한다는 것이다. 분석도 마찬가지이다. 더 이상 새로운 분석을 할 수 없고, 유사한 분석이 반복될 때 분석 작업을 마치라는 것이다. 그런데 정말 그런 때가 오기는 하는가? 혹시 연구자 자신이 지쳐서, 에너지가 소진해서 그런 때가 왔다고 여기는 것은 아닌가? 연구자의 문질빈빈이 허술해서 더 이상 해체할 것도 재구성할 것도 없는 것이 아닌가? 하지만 질적 연구를 질적 연구답게 수행해 본 사람이라면 그 끝이 없음을 분명히 잘 알 것이다. 들뢰즈(Deleuze, 1968)가 말하는 '헐벗은 반복'은 현장의 탓이 아니라 연구(자)의 탓이라고 나는 믿는다. 질적 연구에 심취하여 몰입을 하다보면 '차이를 생성하는 반복'이 끝없이 거듭됨을 반드시 겪기 마련이다. 질적 연구의 개방성은 이런 문제 말고도 연구의 과정 전반에서 요청된다. 이를테면 계획 단계의 질적 연구 제목은 연구가 진행되면서 흔히 수정 보완을 요구한다. 이런 현상을 페쉬킨(Peshkin, 1985)은 "from title to title"이라고 표현하였다. 연구의 필요성과 목적이 변하고, 연구의 범위와 한계가 변하기는 다반사이다. 질적 연구에서 연구의 문제와 방법에 수정 보완이 필요한 경우는 그다지 특별한 경우가 아니다. 그러니 자료의 수집과 구성, 분석과 해석의 구조에 있어서 조정과 조절이 열려 있어야 함은 물론이다. 글쓰기 작업도 마찬가지이다. 이 모두가 질적 연구의 개방성에서 나오는 자연스러운 현상이다. 메를로-퐁티(Merleau-Ponty, 1964: 270)는 "세계는 유한하지도 무한하지도 않다. 세계는 무한정이다."라는 묘하면서도 의미심장한 말을 하였다. 그래서 나는 농담처럼 "질적 연구는 여건상 끝내야 할 때 일단 끝내면 된다."라고 조언한다. 일단 마무리를 하고서 차후 여력이 있을 때 더 진전된 연구를 수행하면 되기 때문이다. 요컨대, 질적 연구는 부단히 완성을 지향하는 과정의 작업, 즉 'on-going work'이다. 질적 연구에는 여유가 필요하다. 누구에겐가, 무엇엔가 쫓기듯이 해서는 좋은 질적 연구를 할 수 없다. 질적 연구의 '열려 있음'에서 나는 질적 연구의 '대화적 타당성'을 도출한다.

2. 질적 연구의 다양한 전통과 방법

질적 연구는 그 자체로 하나의 연구방법(론)을 이루지만, 그 우산 아래 스무 가지가 넘는 다양한 질적 연구를 아우르기도 한다(조용환, 1999, 2019a). 문화기술지 연구, 실행연구, 생애사 연구, 전기적·자전적 연구, 민속방법론(ethnomethodology) 연구, 상징적 상호작용 연구, 현상학적 연구, 기호학적 연구, 내러티브 연구, 대화분석 연구, 담론분석 연구, FGI(Focus Group Interview) 연구, 내용분석 연구, 영상분석 연구, 근거이론 연구, 미학적 감식 연구, 생태적 행동 연구, 임상적 사례연구, 연행적 연구, 메타 연구 등이 그러하다. 학문 분야에 따라 다양한 전통 속에서 등장한 이 방법들은 제각기 특유한 문제의식, 이론적 배경, 접근방법 등을 가지고 있다. 그러나 질적 연구로서의 공통점도 마땅히 가지고 있다. 하나의 질적 연구가 이 가운데 어느 하나의 방법으로 이루어질 수도 있고, 두 가지 이상의 것을 결합해서 수행될 수도 있다.

다른 논문들도 그렇겠지만, 특히 질적 연구논문의 제목에는 연구집단, 연구주제, 연구방법 세 가지 요소가 반드시 포함되어야 한다. 첫째, 연구자가 어떤 사람들을 연구했는가이다. 문화기술지(ethnography) 연구의 'ethnos'(distinguished population)가 그렇듯이 질적 연구는 내가 관심을 가진 독특한 사람들의 삶에 관한 연구이다. 둘째, 무엇에 관해서 연구했는가이다. 그 사람들의 삶 가운데서 어떤 주제와 문제, 과제를 다루었는지 특정해야 한다. 셋째, 어떻게 연구했는가이다. 질적 연구의 여러 방법 중에서 내가 집중적으로 활용한 연구방법을 적시하는 것이다. 이를테면 「미국 피치타운 아이들의 가상놀이에 관한 문화기술지 연구」(Jo, 1989)처럼 제목을 작성하면 된다. 그런데 한 연구자가 한 가지 질적 연구방법에 정통하거나 여러 가지를 다양하게 활용할 수 있으면 좋겠지만 막상 그러기가 쉽지는 않다. 그리고 내 연구가 특별히 어떤 갈래의 질적 연구라고 정체화하기가 쉽지 않을 수도 있다. 그런 경우에 그냥 어떤 사람들의 무엇에 대한 '질적 연구'라고 제목을 붙이면 된다(조용환, 2020). 지금까지 이루어진 국내외 질적 연구에서도 그런 제목의 연구가 많이 있다.

　국내에 질적 연구가 소개된 이후 지난 30여 년 동안 질적 연구의 여러 방법 중에서 문화기술지 연구, 생애사 연구, 내러티브 연구, 근거이론 연구가 비교적 많이 이루어져 왔다. 현상학적 연구, 전기적 · 자전적 연구, 실행연구도 늘어나고 있다. 민속방법론 연구, 상징적 상호작용 연구, FGI 연구, 대화분석 연구, 담론분석 연구, 내용분석 연구는 아직까지 드물게 이루어지고 있다. 반면에 기호학적 연구, 영상분석 연구, 미학적 감식 연구, 생태적 행동 연구, 임상적 사례연구, 연행적 연구, 메타 연구는 거의 이루어지지 않고 있다.

　지금부터는 질적 연구의 스무 가지 하위 갈래 방법을 간략히 소개하고자 한다. 이 대목에서 독자들은 자신이 몇 가지 방법에 관하여 알고 있는지, 친숙하게 활용할 수 있는 방법은 어떤 것들인지 살펴보면 좋을 것이다. 자신이 특히 잘 모르는 방법은 무엇이며, 공부해 보고 싶은 방법은 어떤 것들인지도 살펴볼 수 있을 것이다. 이 중에서 문화기술지 연구, 생애사 연구, 현상학적 연구, 내러티브 연구, 실행연구, 사례연구 등 여섯 가지 방법에 대해서는 이 책 다른 장에서 보다 깊은 안내가 있을 것이다. 그리고 나의 관심과 배경 때문에 스무 가지 방법 가운데 몇몇은 다른 것에 비해서 좀 더 자세히 다루게 될 것이다.

1) 문화기술지 연구

　문화기술지(文化記述誌)는 'ethnography'를 번역한 용어이다. 인류학자들은 전통적으로 이를 '민족지(民族誌)'라 번역해 왔다. 교육학 분야의 질적 연구논문에서는 문화기술지 연구의 제목을 '문화기술적 연구', '문화기술적 분석', '문화기술적 사례연구' 등으로 대개 표기하고 있다. 문화기술지 연구의 핵심은 'ethnos'(사람들)와 'graphia'(기술)의 결합에 있다. 여기서 'ethnos'는 고대 그리스에서 '민족'을 뜻하는 말이었다. 특히 이교도, 이방인, 미개인 등을 비하하는 투로 쓰였다고 한다. 이는 초창기 서구 인류학의 자민족중심주의를 반영하기도 한다. 오늘날 'ethnos'는 우리와 관습, 특질, 언어, 역사 등이 다른 사람들을 일컫는다. 인류학자들이 전통적으로 연구해 온 낯선 종족, 부족, 민족의 사람들이다. 그리고 'graphia'는 고대 그리스에서 '쓰다' 혹은 '그리다'를 뜻하는 말이었다. 이 용법은 지금도 고스란히 유효한 것이다. 그래서 인류학자들은 'ethnography'를 어떤 민족의 삶에 관한 기록이라는 뜻으로 '민족지'라 번역을 해 왔다. 그런데 인류학자들이 연구하는 사람들의 단위가 민족이 아닌 지역, 계층, 성, 연령, 직업, 종교, 성향, 취향 등의 잣대로 다양하게 구분되기 시작하면서, '민족지'보다 '문화지'나 '문화기술지'라는 번역이 더 적절하다는 인식이 싹트고 확산되었다. 인류학적 연구는 사람들의 삶 자체가 아니라, 그 이면의 문화를 연구하는 것이므로 나도 그 번역들이 더 적절하다고 본다. 문화의 '기술', 즉 'graphia'는 생생하고 상세한 사실적 묘사가 핵심이다. 따라서 이는 문화기술지 연구의 기본 지침이기도 하고, 문화기술지를 평가하는 최우선 잣대이기도 하다.

　문화기술지는 '3E' 현지조사를 통해 나와 다른 독특한 사람들의 삶과 문화를 연구해 온 인류학적 전통 가운데 하나이다. 그러나 모든 인류학적 연구가 문화기술지로 이루어지는 것은 아니며, 모든 인류학적 문화기술지가 질적 연구로 이루어지는 것도 아니다. 인류학 분과학문의 특성에 따라서 실증주의적 학문관과 연구관에 입각하여 양적 연구를 전문적으로 수행하는 인류학자도 드물지 않기 때문이다. 그럼에도 불구하고 질적 연구가 문화기술지의 이론적 방법론적 전통 속에서 형성된 것은 틀림이 없다. 지금 우리가 논의하고 연구하는 문화기술지는 그러한 질적 연구로서 문화기술지를 특정하는 것이다. 문질빈빈 작업에서 문화에 대한 관심과 이해는 필수적이다. 문화를 최대한 생생하고 상세하게 사실적으로 묘사하는 기술(記述) 때문에도 문화기술지 연구자들은 인류학의 접근을 이해하고 그 성과를 활용할 필요가 있다.

　모든 질적 연구에 적합한 만능의 연구방법은 없다. 그 점에서 문화기술지 연구가 특히 유용한 상황 또는 과제는 대체로 다음과 같다. 첫째, 연구하려고 하는 현상이나 사람들이나 그 지역에 대한 선행연구와 사전 지식이 없거나 미흡할 때이다. 둘째, 복잡하고 미묘한 사회적 관계와 역동을 깊이 탐구하고 자 할 때이다. 셋째, 소집단 또는 소규모 사회를 전수조사하듯이 총체적으로 연구하고자 할 때이다. 넷째, 삶의 구조적 맥락과 통시적 흐름에 대한 거시적 인 파악을 도모할 때이다. 다섯째, 어떤 현상 이면에 내재한 가치체계, 신념 체계, 행위규칙, 적응전략 등을 내부자의 관점에서 파악하고자 할 때이다. 문 화기술지를 선택하는 질적 연구자는 장기적인 현지조사에 따르는 연구자의 부담이 크고, 연구참여자의 생활세계에 깊숙이 개입함으로써 보호하고 배려 해야 할 연구윤리 문제와 책임감이 크다는 점을 감안해야 한다.

　집단은 개인의 산술적 합이나 연장이 아니다. 문화가 집단의 것이듯 이 문화기술지는 집단적인 것에 대한 연구이다. 그 점은 자문화기술지 (autoethnography)에서도 다를 바가 없다. 개인 차원에서 문제를 다룰 때와 집단 차원에서 문제를 다룰 때, 그 연구의 성격과 접근은 마땅히 달라야 한 다. 하라리(Harari, 2015: 202)는 이에 대해 "대규모 집단의 사람들은 소규모 집단의 사람들과 근본적으로 다른 방식으로 행동한다."라고 하였다. 일본인 의 '혼네'와 '다테마에'가 현저히 다르듯이 말이다.

　정보혁명 이후 생활세계가 크게 바뀌면서 인터넷, 온라인, 스마트 문화기 술지가 급증하고 있다. 이는 인터넷이나 이동통신의 블로그, 홈페이지, 메일 박스를 비롯한 웹 사이트가 주된 연구현장이다. 이 현장은 경계가 불확실하 고 비대면의 관계일지라도 나름대로 실체를 가진 사회적인 네트워크이며 공 동체이다. 이 현장의 참여자들은 인터넷 공간을 돌아다니며 서핑을 하고, 목 소리를 듣고, 글을 올리고, 댓글을 다는 등의 활동을 한다. 정보와 지식의 교 환도 이루어지지만 토론과 담론의 장을 구성한다는 점에서 온라인 문화기 술지의 현장은 그 자체가 문화적이고 사회적이며 정치적이고 교육적이다.

웹 사이트는 결코 중립적인 공간이 아니며, 여러 형태의 권력관계가 항상 작용하고 있다. 웹 사이트는 공공의 것으로서 사회적 지위를 불문하고 누구나 참여할 수 있다는 점에서 민주적인 장치이다. 그러므로 '다성적 문화기술지 (multivocal ethnography)'라고 명명할 수 있는 온라인 문화기술지의 연구자는 다양한 배경을 가진 사람들의 다양한 목소리를 청취하고자 노력해야 한다. 연구자 자신의 다원적인 주체성과 정체성을 성찰하는 자세도 필요하다. 한 연구자가 여러 웹 사이트를 동시에 한꺼번에 연구할 수 있다는 점에서 '다현장 문화기술지(multisited ethnography)'로서의 가능성도 가지고 있다. 전통적인 문화기술지가 국지성의 한계를 갖는 데 비하여 온라인 문화기술지는 보다 거시적이고 유동적인 사회체제를 연구하거나 고려하는 데 유용하다.

　온라인 문화기술지의 연구자는 현장에서 소극적인 관찰자로 혹은 적극적인 참여자로 행동한다. 특히 멤버십 등록을 요구하는 웹 사이트의 경우 연구자 또한 내부자의 위치를 가질 수밖에 없고, 자기 자신도 언제든지 다른 연구(자)의 대상이 될 수 있다. 전통적인 문화기술지 연구현장에서 연구자가 참여자와 인터뷰를 하듯이, 온라인 문화기술지에서도 인터뷰는 대단히 중요한 자료수집 방법이다. 그러나 온라인 인터뷰에는 오프라인 인터뷰와 다른 특성들이 있다. 단적인 예로 온라인 인터뷰에서 연구자가 게시하는 질문과 관심사는 공개적으로 익명의 참여자들의 관찰 및 분석 대상이 된다. 묻는 '나'와 답하는 '너희'가 아니라, 문제와 관심을 공유하는 '우리'라는 인식 상황에 처하게 된다. 누가 연구참여자이며 '우리'의 경계가 어디서부터 어디까지인지도 불명확하다. 이메일 인터뷰는 예외라고 할 수 있겠지만, 대부분의 온라인 인터뷰에서 '연구자-주체'와 '참여자-타자'의 구분법은 성립하지 않는다.

　웹 사이트는 문자, 그림, 사진, 소리 등의 다양한 기호로 구성되어 있다. 그러나 이 모두는 이미 표현되거나 재현된 것, 즉 텍스트이다. 따라서 온라인 문화기술지의 자료는 그 자체가 재현적인 텍스트의 속성과 한계점을 가지고 있다. 그래서 갯슨(Gatson, 2011)은 사회과학이 전통적으로 중시해 온 '경험의 객관성'을 온라인 문화기술지에서는 재고할 필요가 있다고 말한다. 그리고 '자아', '공동체', '프라이버시', '텍스트' 등의 개념도 재규정할 필요가 있다고 말한다. 온라인 문화기술지의 연구자는 연구 의도나 목적, 과정과 결과를 공개하지 않은 채 연구를 수행할 수 있다. 연구의 시작과 종결 또한 명확하지 않을 수 있다. 하지만 이러한 익명성과 비가시성이 연구자를 연구윤리에서 자유롭게 하지는 않는다. 멤버십 등록을 요구하는 웹 사이트들은 대체로 그 자체의 윤리규정을 가지고 있다. 연구자는 그것들을 준수하는 동시에 일반적인 연구윤리도 준수해야 한다. 누가 연구에 동의하며, 어디서부터 어디까지 연구하는 것을 누가 허용하는지가 불분명하기에 윤리 문제에 대한 연구자의 책임이 더 막중하다고 할 수 있다.

2) 실행연구

실행연구(action research)는 날로 더 각광을 받고 있는 질적 연구방법 가운데 하나이다(조용환, 2015a). 그 까닭은 질적 연구의 단점으로 지적되어 온 실천력 문제를 실행연구가 근본적으로 보완할 수 있기 때문이다. 아울러 '재현의 위기(the crisis of representation: Schwandt, 2001)'를 가장 '질적으로' 극복하려는 상심과 지향이 깔려 있기 때문이다. 생활세계와 학문세계, 현장사람들과 전문연구자, 이론과 실천 사이의 간극 혹은 분리를 최소화하는 접근방법 가운데 하나이기 때문이다. 실행연구는 '더 나은 인간 형성의 존재론적 지향'(조용환, 2021)이라는 교육의 본질과도 잘 부합하는 연구방법이다. 그러나 이러한 배경에 대한 관심과 이해가 없이 실행연구의 원리와 기법을 허술하게 때로는 왜곡되게 소개하거나 적용하는 경우가 허다하다. 단적인 예로, 실행연구를 현장연구와 동일시하거나 현장연구의 한 가지 접근방법이라고 간주하는 경향이다. 덴진과 링컨(Denzin & Lincoln, 1994)이 말한 1970년대 '방법혁명' 이전의 연구자들은 실행연구와 현장연구를 애써 구분하지 않았다. 실행연구의 영어 'action research'는 거의 사용되지 않았으며, 사용되었다 하더라도 현장연구를 뜻하는 'field research', 'on-the-site(job) research', 'practitionary research' 등과 혼용되었을 뿐이다. 해방 이후 우리 교육계에서는 '학교 현장에서 이루어지는 현장 교사들의 연구'를 뜻하는 '현장연구'라는 용어가 널리 사용되어 왔다. 그리고 앞에서도 언급했듯이 그 현장연구는 거의 모두가 문적이고 양적이며 실증적인 연구로 이루어졌다.

나는 실행연구의 방법적 핵심이 다음 네 가지에 있다고 본다. 첫째, 철저한 현장연구이다. 실행연구는 현장 밖이 아닌 현장 안에서 '실행=연구'의 관점으로 문제를 발견하고 구성한다. 문제를 풀어 가는 모든 과정 또한 철저히 현장 안에서 이루어진다. 연구자의 해석적 개입과 참여자의 반성적 자기분석 또한 '현장의, 현장을 위한, 현장에 의한 것'임을 전제한다. 둘째, 생활세계의 실질적 개선이다. 실행연구는 연구가 이론적 혹은 학문적 발전에 기여하는 것만으로는 불충분하고 부적절하다는 '실천적 지식과 지혜'의 관점에 기초를 두고 있다. 실행연구는 한 마디로 말해서 '메타 실천'(즉, 실천에 대한 실천: Ulvik, 2014)을 지향한다. 마르크스가 「포이에르바하를 위한 테제」에서 "(철)학자들이란 단지 여러 가지 다른 방법으로 세계를 설명할 뿐이다. 그러나 우리의 문제는 세계를 변혁시키려는 것이다."라고 천명한 것과 같은 입장이다. 실행연구는 상심 또는 호기심을 가지고 있는 현장 사람들의 문제 사태에 연구자가 동참하여 '실행=연구'를 통해서 현장 맥락에 맞게 그 사태를 해결(극복)하고 그들의 삶이 실질적으로 더 나아지도록 하는 데 관심을 집중한다. 셋째, 실천적 지식인으로서 주체 형성이다. 실행연구는 연구의 주체-객체 분리를 거부한다. 즉, 현장 사람들을 연구의 대상 또는 수동적인 참여자로 간주해 왔던 전통을 비판한다. 그 대안으로 현장 사람들이 연구의 동등한 주체, 능동적인 참여자라는 입장을 취한다. 따라서 실행연구를 기획하고 수행하는 과정 전반에 현장 사람들이 직접 적극 참여함으로써 연구의 '객'이 아닌 '주인'이 되도록 유의한다. 실행연구가 추구하는 중요한 성과 가운데 하나가 현장 사람들이 자신의 문제를 더 온전히 파악하고, 자신의 문제를 더 제대로 풀어 나갈 수 있는 실천력과 이론적인 힘을 함께 가지게 되는 것이다. 이는 실상 연구자에게도 고스란히 적용된다. 연구자가 이론적인 혹은 학문적인 업적 쌓기에서 성과를 찾지 않고 '더불어 사는 삶'의 실질적 개선에 동참하는 비판적이고 실천적인 지식인으로 거듭나고자 한다. 넷째, 현장이론의 생성이다. 흔히 '근거이론'으로 오역되고 오해되어 온 글레이저와 스트로스(Glaser & Strauss, 1967)의 'grounded theory'는 현장에서 생성되고 현장에 뿌리를 둔 현장 지향적인 이론이다. 실행연구는 바로 그러한 현장이론의 생성과 발전에 기여하고자 한다. 실행연구를 통해서 생성되는 이론은 전통적인 '학문적 이론들(scientific theories)'의 양태나 구조를 답습하지 않고, '이론'이 무엇인가에 대한 고정관념을 깨뜨리면서 다양하고 창의적인 형태와 시스템을 찾아나가는 것이다(folk theories or cultural theories: Holland & Quinn, 1987). 단적으로 말해서 실행연구가 지향하는 현장이론은 고정되어 있지 않고 살아서 꿈틀거리며 부단한 '주름과 펼침'(Deleuze, 1988)의 역동 속에 처해 있다.

실행연구의 가장 중요한 특징인 '참여'를 강조하여 근자의 실행연구는 기본적으로 '참여적 실행연구(Participatory Action Research: PAR)'의 형태를 취하고 있다. 그러나 브라이든-밀러 일행(Brydon-Miller et al., 2011)은 종래의 실행연구와 참여적 실행연구는 명확히 구분할 필요가 있다고 주장한다. 연구자가 혹은 참여자가 실행연구에 깊이 참여하지 않는 종래의 연구에 대해서는 '참여적'이라는 형용을 해서 안 된다는 주장이다. 이들은 참여적 실행연구가 재즈와 보리수의 속성을 닮았다고 비유한다. 변화하는 상황에 맞추어서 가능한 자원과 방법을 두루 활용하는 점에서는 재즈를 닮았다. 울창한 잎의 지붕 아래로 많은 줄기가 기근(氣根)을 뻗어 내리는 것처럼 참여적 실행연구 또한 관련된 사람들이 최대한 참여하여 그들의 다양한 입장과 지식을 두루 포용한다는 점에서는 보리수를 닮았다.

3) 생애사 연구

생애사(life history) 연구는 한 사람 혹은 그 이상 참여자의 생애를 역사적 맥락과 연관 지어 연구함으로써 '역사 속의 주체'와 '주체 속의 역사'를 넘나들며 연구하는 방법이다(조용환, 1999). 생애사는 '개인이 살아가며 체험하는 역사'인 동시에 '개인의 체험 속에 녹아 있으면서 영향을 미치는 역사'이다. 생애사는 한 사람의 생애에 대한 중층적인 해석의 과정이요 그 산물이다. 라이프니츠(Leibniz)는 한 사람의 생애 모나드에 온 세계가 주름져 있다고 하였다(Deleuze, 1988). 국내의 많은 생애사 연구가 심층면담에 의존하고 있다. 그래서는 주체 속의 세계와 그 역사를 온전히 다룰 수 없다. 다른 질적 연구와 마찬가지로 생애사 연구도 참여관찰은 물론 현지자료의 조사분석을 반드시 병행해야 한다.

생애사는 초개인적 맥락에서 기록하고 구성하는 공적인 역사(history)와 구별된다. 다큐멘터리나 문학적 전기(biography) 또는 자서전(autobiography)과도 구분해야 한다. 역사학자들이 오래전부터 수행해 온 구술사(oral history) 연구와도 구분된다(김귀옥, 2010, 2014; 윤택림, 1993). 구술사는 비문자 사회나 문맹 집단에서 사료를 수집하는 방법에 더 무게를 두는 것이다. 한마디로 말해서 생애사는 참여자의 생활담(life story)을 근거로 삼아서 참여자 세계의 역사와 문화를 연구자가 문질빈빈하여 재구성하는 것이다. 그럼에도 불구하고 적지 않은 연구자가 자문화기술지와 자전적 생애사(autobiographic life-history) 연구를 혼동하고 있다. 자문화기술지가 문화에 방점을 두는 것이라면, 자전적 생애사는 생애사에 방점을 두는 것이다. 교육인류학 분야의 생애사 연구에서는 한 명을 연구하기보다 두 명 이상을 비교하면서 연구한 경우가 더 많다. 최근에는 연구자 자신을 참여자로 삼은 자전적 생애사 연구가 늘어나고 있다. 예컨대, 최문연(2018)은 동아시아 삼국, 즉 중국, 일본, 한국을 전전한 자신의 삶과 문화와 교육 체험을 비교 연구하였다. 여기서 그녀는 다문화 주체로서의 갈등과 상생을 주목하였다.

4) 전기적 · 자전적 연구

알다시피 전기는 한 사람의 일생에 대한 다양한 기록 구성물이다. 역사적
이면서도 문학적인 장르로 다루어져 온 전통 때문에 전기는 연구의 방법으로
잘 쓰이지 않았다. 그런데 프로이트(Freud)의 정신분석학에서 환자의 전기
적 구성물을 주요 자료로 활용하기 시작하면서 여러 학문 분야의 연구방법으
로 등장하게 되었다. 그 이후 학술적 무게를 가한 전기로서 평전(評傳, critical
biography)이 널리 작성되고 있다. 질적 연구에서도 전기적 연구를 한 가지
방법으로 수용한 지 오래이다.

자기 자신을 연구참여자로 삼는 편리함 때문인지 최근 국내의 질적 연구에
서 자전적 연구가 크게 늘어나고 있다. 간단히 말해서 자서전은 자신이 쓰는
전기이다. 객관성을 중시하는 전기에 비해서 주관적일 수밖에 없는 자서전
은 실증주의적 연구 전통에서는 연구방법으로 용인될 수 없는 것이었다. 그
러나 주체의 주관적 체험을 중시하는 현상학에 힘입어 질적 연구에서는 자서
전이 한 가지 중요한 체험연구의 방법으로 활용되고 있다. 그런데 자전적 연
구는 단순히 연구자가 자기 자신을 또는 자기 문화를 연구하는 자기중심적인
방법이 아니다. 자전적 연구의 '자(自, auto)'에는 반드시 연구자 자신의 '타자
화' 혹은 '거리두기'가 수반되어야 한다. 타인의 눈 속에서 자신의 눈을 가져야
한다. 그렇게 해야만 세계 속에서 망각되고, 은폐되고, 왜곡되어 있는 주체로
서의 자아를 비판적으로 성찰할 수 있기 때문이다. 달리 말해, 고립적인 개별
체로서 자기가 아니라, 타자와 함께 세계에 참여하여 의미를 해체하고 재구
성하는 역사적 · 정치적 · 교육적 주체로서 자기를 탐구한다는 사실을 반드
시 유념해야 한다. 자전적 연구의 '자'는 존재론적인 연관 속의 주체이며 상황
이다. 달리 말해서 연구자로서의 연구자와 참여자로서의 연구자가 함께 세계
속에서 '나'를 재발견하는 작업이다. 그 '나'는 역사 속에서 역사를 생성하는,
이야기들 속에서 새로운 이야기를 생성하는 'history'가 아닌 'mystory'의 존
재이다(Garoian, 1999).

5) 민속방법론 연구

민속방법론은 영어 'ethnomethodology'를 직역한 것이다. 민속방법론 이라는 말이 생경한 까닭에 이 연구에 대한 오해가 적지 않은 듯하다. 영 어 'ethnomethodology'는 사람들을 뜻하는 'ethnos'와 방법론을 뜻하는 'methodology'의 합성어이다. 개인으로서나 집단으로서 사람들은 어떤 사 태 속에서 어떤 문제를 대할 때 나름대로 대처하는 방법들을 갖기 마련이 다. 그 방법은 과학적으로 혹은 학문적으로 검증된 것이 아니라, 보통 사람 들 사이에서 구성되고 통용되는 방법이다. 흔히 말하는 '상식(常識, common knowledge)'이 그 전형이다. 민속방법론 연구에서의 '방법'에는 어떤 집단 특 유의 문제의식, 판단, 규칙, 규범, 소통, 해법, 전략 등이 두루 포함된다.

민속방법론은 사회의 거시적인 구조나 동태보다 행위 주체들의 일상적이 고 미시적인 커뮤니케이션을 주목하기 시작한 1960년대에 사회학의 새로 운 동향으로 등장하였다. 이는 당대에 득세하고 있던 파슨즈(Parsons) 학풍 의 구조기능주의적 인간관과 세계관을 비판하고 배격하였다. 그 자리에 가핑 클(Garfinkel)을 위시한 시카고학파의 주체적 인간관과 상호주관적 세계관을 도입하였다. 이들은 행위 주체의 능동적인 사회구성과 사회참여를 강조하였 다. "맥락이 먼저 주어진 상황에 인간이 던져지는 것이 아니라, 인간이 참여 함으로써 비로소 맥락이 구성되고 인간이 그 맥락의 일부를 이룬다는 이야기 이다."(신경림 등, 2004: 432) 그래서 민속방법론 연구는 참여자 집단의 일상적 인 세계와 그 이면의 규칙 또는 질서가 어떻게 형성되고, 유지되며, 변화되는 지를 주목한다. 일상적이어서 쉽게 파악하기 어려운 까닭에 민속방법론 연구 자는 일상적 언어와 행동에 대한 파격 또는 해체를 통해 그 발생 경로를 역으 로 추적하는 접근을 흔히 취해 왔다. 집에서 하숙생의 태도를 취하거나, 거리 에서 행인들에게 큰돈을 주어 본다거나, 교실에서 갑자기 엉뚱한 행동을 하 는 등의 파격과 해체를 민속방법론에서는 '위반실험(breaking experiment)'이 라 일컫는다. 참여자 자신들의 언행에 대한 '해설(解說, account)'이나 '귀인(歸

因, attribution)'을 구하는 심층면담도 자주 쓰이는 방법이다. 왜 그런 언행을 하는지, 왜 다른 언행을 하지 않는지를 따져 묻는 것이다. 이런 방법을 통해서 연구자는 한 사회집단 특유의 정상성과 비정상성에 다가가고자 한다.

6) 상징적 상호작용 연구

인간의 모든 행위는 단독이 아닌 공동, 고립이 아닌 관계 속에서 일어난다. 이 공동적 관계를 미드와 그 동료들(Blumer, 1969; Mead & Morris, 1935)은 '상징적 상호작용의 체제'라고 보았다. 라캉(Lacan, 1977)은 세계가 현실계, 상상계, 상징계의 세 차원으로 구성된다 하였다. 이를테면 눈앞의 지각하는 책상은 현실계의 것이다. 우리 뇌리에 붙박여 있는 책상에 대한 이미지는 상상계의 것이다. 그리고 대화와 소통을 위해 한 문화가 가진 '책상'이라는 이름의 기호와 의미체제는 상징계의 것이다. 우리 인간의 커뮤니케이션은 기본적으로 기호-상징-언어의 스펙트럼에서 이루어진다. 이 스펙트럼에서 언어보다는 상징이, 상징보다는 기호가 더 원초적인 것이다. 달리 말해 상징은 일종의 기호체제이며, 언어는 일종의 상징체제이다. 알다시피 기호(記號, sign)는 즉자적 감각체인 기표(記標, signifier)와 대자적 의미체인 기의(記義, signified)로 구성된다. 즉자(即自, soi)가 '존재 그 자체(itself)'인 반면에, 대자(對自, pour soi)는 '존재에 대한(for itself) 무엇'으로서 존재를 의식하고 표상하는 '존재자'이다. 사르트르는 즉자를 '존재', 대자를 '무'라고 하였다(Sartre, 1943). 우리의 '봄'은 즉자적 시각기표들을 대자적으로 의미화하는 과정이다. 그리고 '들음'은 즉자적 청각기표들을 대자적으로 의미화하는 과정이다. 청국장 냄새라는 하나의 후각기표에 대해서 내가 '맛있는 음식 냄새'로 의미화할 때, 나의 미국인 친구는 '혐오스러운 구린내'로 의미화할 수 있다. 기호학을 개척한 소쉬르(de Saussure, 1915)는 인간의 문자가 즉자적 시각기표를 통약(通約) 가능하게 의미화한 정교한 상징체제라 하였다. 그리고 레비-스트로스(Lévi-Strauss,

1962)는『야생의 사고』에서 문명인의 커뮤니케이션이 언어에 치중하는 것과
달리, 원시인의 커뮤니케이션은 기호와 상징에 더 의존한다고 하였다.

인간은 상징적 동물이다. 단적인 예로 인간의 언어는 지시체–지시어 사이
의 일대일 대응관계(correspondence)를 자동적으로 구성하지 않는다. 소쉬르
가 말했듯이 소리나 문자와 같은 즉자적 기표와 그 대자적 의미인 기의 사이
에는 부단히 미끄러지는 해석 작용이 발생한다. 언어와 그 의미 사이의 자의
적이고 표상적이고 해석적인 관계는 상징체제의 한 가지 전형이다. 언어뿐만
아니라 표정, 시선, 몸짓, 자세, 자리, 동선을 비롯한 사람과 사람 사이의 모든
커뮤니케이션에는 다원적인 애매모호함이 늘상 있기 마련이다. 그러한 애매
모호함을 제거하기 위해서, 혹은 소통의 합일성을 높이기 위해서 우리는 해
석의 정형화 장치를 만들기도 한다. 이를테면 태극기, 애국가, 무궁화 등은
우리나라의 '상징'이다. 도로 교통신호에서 빨강, 노랑, 초록의 의미 또한 정
형화된 일종의 상징적 약속체계이다. 이러한 모호함과 명료함 사이의 스펙트
럼에서 의미를 교섭하는 소통을 일컬어 우리는 '상징적 상호작용'이라 한다.

상징적 상호작용 연구는 언어적 · 비언어적 상징의 해석과 의미화를 둘러
싼 소통, 갈등, 타협 등을 연구한다. 특히 물질적 · 사실적 · 객관적 연관이 아
닌 해석 주체들의 주관적이고 문화적인 연관의 커뮤니케이션 과정을 주목한
다. 개인으로서 또는 집단으로서 어떤 주체가 하나의 현상을 어떻게 서로 달
리 해석하고 그에 의거하여 서로 달리 행위하는지를 주목한다. 한 문화 속에
서 그 행위가 어떻게 서로 이해되고 수용되며, 때로는 어떤 새로운 행위와 해
석이 생성되는지를 연구한다. 고프만(Goffman, 1959)이 그랬듯이 사회적 역
할의 생산과 교환에 관심을 가진다.

7) 현상학적 연구

현상학은 질적 연구와 세 차원에서 접목된다.

첫째, 질적 연구의 철학적 기초로서 현상학이다. 모든 질적 연구가 현상학을 그 철학적 배경으로 삼아 생성된 것은 아니다. 예컨대, 문화기술지의 이론적 배경은 인류학의 문화상대주의, 진화론, 역사적 특수주의 등이었다. 그러나 대다수 주류 질적 연구자는, 특히 최근에는 현상학에서 질적 연구의 배경원리 혹은 철학을 찾고 있다. 양적 연구의 배경 철학인 실증주의를 체계적으로 비판하고 대안을 모색한 철학이 현상학이기 때문이다. 현상학은 다른 패러다임의 철학들과 구별되는 특유의 존재론, 인식론, 윤리학 등을 가지고 있다. 학자에 따라서 다소간의 차이가 있지만, 현상학 공통의 철학적 과제는 망각, 은폐, 왜곡을 초월하여 존재와 그 본질을 '있는 그대로' 열어 밝히는 가능성의 발견과 발현에 있다. 이러한 현상학 특유의 철학적 패러다임과 과제를 얼마나 잘 이해하고, 자신의 질적 연구에서 그 원리를 얼마나 잘 적용하는가가 각자 질적 연구의 수준을 좌우하기 마련이다.

둘째, 질적 연구의 방법론적 기초로서 현상학이다. 질적 연구든 양적 연구든 간에, 어떤 연구 문제를 다루든 간에 궁극적으로는 인간과 자연과 세계에 관한 존재와 인식과 윤리의 문제를 다루게 되어 있다. 현상학은 존재, 인식, 윤리의 문제를 다루는 데 필요하고 적절한 방법론적 도구들을 질적 연구자에게 제공한다. 단적인 예로 현상학적인 방법의 핵심은 설명이 아닌 이해이며, 노에마-노에시스 상관작용이다. 설명이 인간의 몸과 감성 외부에 연구를 두는 객관주의적 입장을 취하는 것과 달리 이해는 사람과 사람 사이에서, 의식과 대상 사이에서 연구를 하는 상호주관적 입장을 취한다. 현상학은 대상 일변도의 실증주의와 의식 일변도의 심리주의를 모두 기각하고 양자 사이의 지향적 상호작용을 중시한다. 하이데거의 '피투(被投)'와 '기투(企投)'는 이 상관작용 혹은 상호작용을 잘 보여 준다. 달리 표현하자면 현상학적인 방법은 기술적 · 내부적 · 총체적 · 체험적 · 공감적 · 해석적 · 개방적 접근을 취한다. 그리고 이러한 방법론적 원리를 구현하는 데 유익한 도구들이 현상학적 환원, 판단중지, 지향적 체험, 개별직관과 본질직관, 자유변경, 해석적 순환, 네 가지 존재태(존재-존재자-현존재-공존재), 네 가지 실존체(신체-시간-공간-관계), 실존의 분위기(염려-배려-심려), 도구연관과 의미연관, 주체와 타자, 즉자와 대자, 배경(地)과 전경(形), 상호주관성, 상호신체성, 상호텍스트성 등이다.

셋째, 질적 연구의 한 가지 방법으로서 현상학적 연구이다. 현상학은 질적 연구의 한 가지 방법으로서 다양한 현상학적 연구를 낳았다. 탐구 영역, 관심, 학풍에 따라서 현상학적 연구는 범주적 접근(Giorgi, 1970), 미학적 접근(Baritt et al., 1983), 실존적 접근(van Manen, 1990), 구조적 접근(Sünkel, 1996), 임상사례적 접근(Merleau-Ponty, 1945), 내러티브 접근(Clandinin & Connelly, 2000) 등의 갈래로 나누어서 살펴볼 수 있다(조용환, 2015b). 국내 질적 연구에서는 현상학적 심리학자들인 지오르지(Giorgi, 1970), 콜라이치(Colaizzi, 1973), 무스타카스(Moustakas, 1994)류의 범주적 접근에 치중되어 있다. 현상학적 환원과 본질직관을 중시하는 현상학적 연구는 대체로 그리고 공히 다음 세 가지 과정을 따른다. 현상의 다양한 변이를 개별직관하면서 그것들을 부단히 비교하는 과정, 범주화와 개념화를 통해 개별직관들 사이의 차이점과 공통점을 정리하는 과정, 현상과 체험의 본질적인 구조와 의미를 발견하여 해석적 공감을 확보하는 과정이 그것이다.

8) 기호학적 연구

기호학은 기호(記號, sign)를 연구하는 학문이다. 기호는 어원상 라틴어 'secare'(to cut)에서 기원한다. 우리말로 분별(分別)을 뜻한다. 기호는 기표(記標, signifier, 시니피앙)와 기의(記意, signified, 시니피에) 두 차원으로 구성된다. 개념으로 범주로 이름으로 분별되기 전의 즉자적 존재 그 자체가 기표이다. 더 정확히 말하자면 나에게 현상으로 다가오는 무분별한 감각세계로서, 현상학의 노에마(noema)와 상통한다. 이와 달리 기의는 개념으로 범주로 이름으로 분별하고 분별되는 대자적 존재자이다. 내가 현상에 다가가는 분별의 의

미세계로서, 현상학의 노에시스(noesis)와 상통한다.

기호학은 이 기표와 기의 사이의 상관작용을 연구하는 학문이다. 한 예를 들어 보자. 청국장이라는 사물에서 나는 냄새가 있다. 어떤 냄새라 지각하고 의미화하기 전의 냄새 그 자체가 기표이다. 나의 후각을 자극하는 기표이다. 이 기표에 대해서 나는 '맛난 청국장 냄새'라는 기의로 그 냄새를 의미화한다. 반면에 내 어린 딸은 '고릿한 악취'라는 기의로 그 냄새를 의미화한다. 다섯 가지 감각의 이름으로 구분할 때 기표의 세계는 시각적인 기표, 청각적인 기표, 후각적인 기표, 촉각적인 기표, 미각적인 기표로 구성되어 있다(de Saussure, 1915). 그러나 무분별한 감각세계로서 기표의 세계는 실상 온갖 감각이 교차하는 막연한 무엇의 세계일 뿐이다. 그것을 분별하여 지각하고 의미화함으로써 비로소 우리는 개념과 범주와 이름의 일상적인 존재자 세계를 구성하여 살아간다. 그것이 기의의 세계이며, 현상학의 생활세계이다.

기호학은 어떤 냄새 기표가 어떤 냄새 기의로 의미화하는지 그 분별의 생성, 공유, 변환을 탐구한다. 어떤 소리 기표가 어떤 말로 의미화하며, 어떤 그림 기표가 어떤 글자로 의미화하는지를 탐구한다. 당연시되기 쉬운 언어와 상징의 질서를 기호로 해체하고 환원하여 탐구한다(기호학연대, 2002). 기호학을 창시한 소쉬르(de Saussure)는 기호학의 철학적 배경을 제시한 비코(Vico)가 "사물의 참된 성질은 사물 자체가 아니라, 우리가 구성하고 지각하는 관계들 속에 있다고 본다."(van Manen, 1990: 241)라고 한 지론을 학문체계로 구성하였다. 소쉬르는 기호의 의미가 실재적이고 실체적인 상관물에 대응하는 것이 아니라, 기표들 사이의 차이가 만들어 내는 자의적인 관계의 산물이라고 보았다. 기호학은 기표들 사이의, 그리고 기표와 기의 사이의 관계, 구조, 체제, 계열, 위계 등을 주목함으로써 언어와 상징을 비롯한 기호의 의미를, 나아가 현상의 의미를 독해한다. 기호는 언어보다 더 원초적이고 포괄적인 것으로서 언어적 자료뿐만 아니라 비언어적 자료들을 분석하는 데 유용하다. 레비-스트로스(Lévi-Strauss, 1962)는 원시부족사회의 문화를 연구할 때 언어 이전의, 혹은 그 이면의 상징과 기호를 연구해야 한다고 하였다. 언어가

발달하지 않은 어린이, 언어장애를 가진 사람들에 대한 질적 연구에서 기호
학적 연구는 필수적이다. 오늘날의 기호학은 북미권에서는 'semiotics', 유럽
에서는 'semiology'로 달리 표기하는 경향이 있다.

9) 내러티브 연구

내러티브 연구는 기본적으로 삶(life)과 이야기(story)의 나선형적 반복을
통해서 문질빈빈을 수행하는 연구이다. 우리 인간은 이야기를 나누지 않고
는 살 수 없는 존재이다. 이야기는 인간의 본질 가운데 하나이다. 사르트르
(Sartre, 1938: 78-79)는 "인간은 늘 이야기를 하는 자이며, 자기의 이야기와 타
인의 이야기에 둘러싸여서 살고 있다. 그는 이야기를 통해서 그에게 일어나
는 모든 일을 본다. 또 그는 마치 남에게 이야기나 하는 것처럼 자신의 삶을
살려고 애쓴다. 사느냐, 이야기하느냐 둘 중 하나를 택해야만 한다."라고 하
였다. 그래서 사람들은 누군가 이야기를 못하게 막으면 몸과 마음의 병을 앓
게 된다. 이야기를 통해서 우리는 자신의 삶을 구성하고 해석한다. 즉자적 존
재의 삶을 대자적 존재자로서 의미화를 하는 것이다. 이야기를 함으로써 우
리는 삶을 돌아보고 또 내다본다. 그리고 어떻게 다시 살까를 염려하고 기획
한다.

이러한 이야기를 연구자와 참여자가 거듭해서 나누는 과정이 내러티브 연
구의 골자이다. 내러티브는 삶의 문제, 주제, 사태, 사건 등에 관련된 체험을
일련의 텍스트로 구성한 이야기이다. 내러티브 연구는 현장의 텍스트(field
text)를 연구의 텍스트(research text)로 전환하는 과정을 거친다. 내러티브의
구성에는 존재사건과 체험을 독특한 방식으로 연관 짓고 구조화하는 문질
빈빈의 긴장이 있다. 질문지조사의 질문과 반응 사이에는 그러한 긴장이 없
다. 질문지조사가 '이야기'가 아닌 '정보'를 다루기 때문이다. 내러티브는 시간
적 지속성과 연계성, 인과성을 가지는 이야기이다. 실존적 상황성과 의미화

의 지향성을 가지는 이야기이다. 특히 시간적 지속성은 내러티브 연구의 핵심 조건이다. 한병철(Han, 2009: 65)은 이를 두고 "삶을 더욱 충만하게 만드는 것은 사건들의 수가 아니라 지속성의 경험이다."라고 하였다. 내러티브는 살아온 이야기(lived story), 이야기된 삶(storied life), 다시 사는 이야기(relived story), 다시 이야기 하는 삶(restoried life)의 중층적 순환 구조를 가진다. 내러티브는 상징적 상호작용성을 가진다. 이야기는 사실(fact)이 아닌 현사실(facticity)의 상징적 체제이다. 체험은 체험을 만나서 서로 영향을 주고받는다. 이야기도 그렇다. 참여자의 이야기가 연구자에게 영향을 미치고, 연구자의 이야기가 참여자에게 영향을 미친다.

내러티브 인터뷰는 일반적인 질적 연구의 인터뷰와 결코 같지 않다. 그럼에도 불구하고 국내의 많은 내러티브 연구가 단순한 면담 연구와 구별이 되지 않은 채 이루어지고 있다. 참여자를 만나 몇 차례 인터뷰를 하고서는 덥석 '내러티브 연구'라 이름을 붙인다. 이야기가 삶에 스며들고, 그 삶이 다시 이야기되는 과정의 거듭남이 전혀 없이 말이다. 변화를 도모하고 추적한다는 점에서 내러티브 연구는 실행연구와 비슷한 점이 있다(조용환, 2015a). 질적 연구 일각에서는 '내러티브 탐구(narrative inquiry)'와 '내러티브 연구(narrative research)'를 구분한다. 전자가 사건과 체험을 이야기로 접근하여 인식론적이거나 존재론적인 관심을 공유하는 방법 일체라면, 후자는 내러티브 탐구를 활용하는 질적 연구의 한 가지 방법이라 구별할 수 있다. 그리고 이러한 내러티브 전반을 다루는 학문을 '내러티브학(narratology)'이라 부르기도 한다.

10) 대화분석 연구

우리는 말로써 서로 소통하며 산다. 의사소통은 대단히 다양한 형태로 이루어진다. 대화는 그 다양한 형태 가운데 하나이다. 대화는 상대방을 마주하며 주고받는 소통의 전형이다. 단도직입적으로 말해서 대화는 '설득'이 아니

다. 해답을 가지고 상대방의 동의를 얻고자 하는 설득과 달리, 대화에는 내
내 상호이해와 공동해법을 찾아가는 소통의 문답이 있을 뿐이다. 하버마스
(Habermas, 1981)가 역설했듯이 대화는 탐구와 발견의 과정이며, 그러기 위
해서 모든 질문과 반론에 열려 있어야 하고 모든 가설과 비판이 허용되어야
한다. 대화에서 불성실, 편향, 폐쇄, 속단 등은 금기사항이다. 대화는 더 나은
대화를 추구하는 '상생(相生)과 상생(上生)'의 지속 과정이다. 하버마스는 "다
양한 관념이 있는 세계가 모두가 하나의 관념에 동의하는 세계보다 더 나은
세계"(Putnam, 2002: 191에서 재인용)라고 하였다. 그런데 이런 이념형으로서
의 대화와 달리 현실태의 대화는 대단히 복잡다단한 형태로 이루어진다. 질
적 연구의 한 가지 방법으로서 대화분석 연구는 이념형과 현실태 사이에서
대화의 양상을 기술하고, 그 구조를 파악하며, 기능과 갈등을 논의하는 연구
이다.

　대화분석의 한 예로 메한(Mehan, 1979)은 학교 수업의 관찰을 통해서 그
기본적인 커뮤니케이션 구조가 교사 '주도(Initiation)'의 질문, 지시, 제안 등
에서 출발한다는 사실을 밝혔다. 이어서 학생들의 답변, 이행, 의견 등의 '반
응(Response)'이 있기 마련이며, 그러면 다시 교사가 나서서 그 반응들에 대
한 '평가(Evaluation)'를 한다. 그리고 그 평가에 기초해서 다시 질문을 하거
나 지시를 하거나 제안을 하도록 되어 있다. 이 '주도-반응-평가'가 반복되
는 수업의 양태를 메한은 영어 첫 글자들을 따서 'IRE 구조'라 하였다. 국내
외 대부분의 학교 수업은 이 'IRE' 커뮤니케이션의 순환고리로 이루어진다.
질적 연구방법으로서 대화분석 연구의 성과와 그 사례들은 'ethnography of
communication'(Saville-Troike, 1989) 분야에 많이 축적되어 있다.

11) 담론분석 연구

　담론은 의사소통의 다른 한 가지 중요한 유형이다. 담론 연구자들은 언어

를 사회적 실천으로 보며, 그 실천이 사회구조에 뿌리를 두고 있다고 본다. 이를 두고 맥도넬(MacDonell, 1991: 14)은 "다양한 사회계급은 같은 단어들을 다른 의미로 사용하며 사건과 상황을 해석하는 데에도 제각기 다르다."라고 하였다. 따라서 담론분석 연구는 단순히 언어 그 자체에 대한 분석이 아니라, 언어 행위에 참여하는 사람들 사이의 미시적이거나 거시적인 권력 관계를 분석한다. 달리 말해 담론의 물질성을 주목하는 것이다. 담론분석은 세계와 세계 속의 언행들에 대한 복잡다단한 부조리, 부조화, 불균형을 파악하고 그 타결을 모색하는 과정이다. "한 담론은 다른 담론과의 직접적 혹은 간접적인 관계를 통해, 즉 다른 담론에 말을 건넴으로써 효과를 갖는다."(MacDonell, 1991: 15)

담론은 범열(範列, synchronic placement)과 연사(連辭, diachronic placement)의 중층적 절합(articulation)으로 구성된다. 범열은 한 문장에서 특정 위치의 요소를 바꾸어 나가면 새로운 의미의 문장이 생성되는 구조이다. 예컨대 '나는 밥을 먹는다'가 '나는 죽을 먹는다', '나는 빵을 먹는다' 등으로 변환된다. 이와 달리 연사는 한 문장에서 특정 요소의 위치를 바꿈으로써 새로운 의미의 문장을 생성하는 구조이다. 예컨대 '나는 밥을 먹는다'가 '밥을 나는 먹는다', '먹는다 밥을 나는' 등으로 변환된다. 이렇게 문장 속에서 특정 위치의 요소를 바꾸거나 특정 요소의 위치를 바꾼다고 해서 의미상의 큰 변화가 없는 것으로 보일 수도 있다. 그러나 담론분석에서는 문장의 이러한 미묘한 구조화와 의미화를 주목해야 한다. 그 속에 언어 행위자의 여러 의도가 개입되기 때문이다. 담론이 의미 투쟁의 장이기 때문이다. 요컨대 담론은 권력, 이데올로기, 헤게모니, 아비투스 등의 관계가 내재된 이해(利害) 집단적인 이야기 방식이다. "담론들은 그것이 형성되는 제도와 사회적 실천의 종류에 의해, 그리고 말하는 사람들과 그들이 말을 하는 상대의 지위에 따라 모습을 달리한다."(MacDonell, 1991: 14)

담론분석은 일반적으로 커뮤니케이션 자료를 텍스트의 관점에서, 특히 서로 다른 개념과 범주의 관점에서 반복적으로 살펴보는 작업부터 시작한다.

그리고 언어-비언어 연관의 단위들을 특성별로 정리하고, 그것들이 텍스트와 콘텍스트 속에서 반영하거나 생성하는 사회적 가치, 이데올로기, 헤게모니 등을 찾아서 정리한다. 이어서 커뮤니케이션 상황을 지배하고 대립 갈등하는 담론들을 구조화고 유형화한다. 달리 말해 "상이한 담론이 가지는 효과, 그들을 형성하는 정치적 관계, 그런 담론을 사용하는 사람들이 취하는 입장들에 주의를 기울이고, 또 이 담론들이 다양한 제도와 갖는 관계를"(MacDonell, 1991: 20) 분석한다.

12) FGI(Focus Group Interview) 연구

흔히 초점집단면담 연구라고 번역한다. 초점집단은 연구문제와 관련하여 관심이 가장 높거나 이해관계가 밀접할 것으로 간주되는 고객, 소비자, 이용객 등을 의미한다. 연구문제에 따라서 성별, 연령별, 계층별, 지역별, 학력별, 직업별로 다양한 초점집단을 표집하여 선정하게 된다. 초점집단의 구성은 처음에는 최대한 다양하게 하고, 차차 구조화된 구성으로 나아가는 것이 좋다. 연구의 취지를 잘 이해하는 참여자에게 초점집단을 스스로 구성해 보도록 하는 것도 하나의 방법이다.

면담에 치중하는 다른 질적 연구방법에서와 달리 FGI는 개별면담이 아닌 집단면담을 특징으로 한다. 일상적이기보다는 공식적이고, 비구조적이기보다는 구조적이거나 반(半)구조적인 성격의 면담을 주로 활용한다. 따라서 일종의 면담조사(interview survey) 성격이 강하다. 다시 말해 면담자(interviewer)와 진행자(moderator)의 개입이 강한 면담이다. FGI 전후에 사전검사-사후검사 형태로 체계적인 질문지조사를 행하는 경우도 적지 않다. 집단면담에서 참여자들은 자신의 입장과 견해를 집단적 역동 속에서 형성하고 표현하게 된다. 바꾸어 말하면, 집단면담에서 한 참여자의 이야기는 다른 참여자에게 자극, 통제, 지배, 동조, 반감 등의 여러 가지 복잡한 영향을 미친다.

참여자들의 독립적이고 주관적인 견해가 중요하거나 연구윤리 문제에 민감한 사안의 경우에는 개별면담을 병행하기도 한다.

FGI는 사회학자 머튼 일행(Merton et al., 1990)이 제2차 세계대전 당시 전시 선전 활동의 설득력을 평가하기 위해서 처음으로 행했다고 한다. 그 이후 경영학에서는 신상품에 대한 고객의 평가, 마케팅 전략 수립, 각종 경영관리 방식에 대한 구성원의 요구와 만족도 등을 조사하는 방법으로 FGI를 활용해 왔다. 언론정보학에서는 각종 언론, 정보, 광고, 홍보 등의 매체와 그 프로그램들에 대한 접촉, 의견, 효과를 분석하는 데 활용하고 있다. 연예, 오락, 스포츠 등 대중문화의 여러 현상에 대한 연구에도 쓰인다. 관광학에서는 관광 상품, 서비스, 제도, 여건에 대한 고객의 수요, 기대, 만족도를 조사하는 데 널리 쓰이고 있다. 그 밖에도 관광에 관련된 경제적 · 사회문화적 · 심리적 · 지리적 · 기술공학적 요인들에 대한 연구에도 활용한다. 그리고 행정학에서는 여러 제도, 정책, 기관, 지도자에 대한 평가와 민원사항의 수집과 대책 수립에 많이 활용되고 있다. 이 분야들과 달리 교육학 분야의 질적 연구에서는 FGI가 많이 이루어지지 않고 있다.

질적 연구의 3E 중에서 '심층면담(Enquiring)'에 거의 전적으로 의존하기 때문에 FGI는 '질적 연구다운 질적 연구'라고 보기 어려운 점이 있다. 그 면담조차도 현지인의 생활세계 속에서 현지인의 주도하에 이루어지는 것이 아니기 때문에 탈맥락적이며 연구자 중심으로 편향될 가능성이 높다. 단적으로 말하여 FGI에서는 질적 면담의 특징인 '심층성(in-depth)'을 확보하기가 어렵거나 불가능하다고 말할 수 있다. 그러나 여러 차례(round) 혹은 여러 단계(stage)에 걸친 면담조사를 통해서 나름대로 심층적인 자료수집을 기할 수도 있다. 면담 참여자를 준거적 선택(criterion-based selection)이 아닌 통계적 표집(statistic sampling)의 원리에 준하여 선정함으로써 어느 정도 양적인 일반화 효과를 기대한다. 연구자가 면담자와 진행자의 역할을 주로 겸하지만, 경우에 따라서 별도의 면담자와 진행자를 두기도 한다. 이 경우에는 연구에 대한 이해를 위한 사전 협의는 물론, 자료의 수집과 분석에 관련된 협의를 연구도중에 지속적으로 수행해야 한다. 대체로 집단별로 따로 면담조사를 한 연후에 비교 분석을 하지만, 집단을 섞어서 교차토의(cross-group discussion) 효과를 노리기도 한다. 이는 최근에 와서 실행연구와 결합된 형태로, 즉 FGI-실행-FGI-실행-FGI 형태로 연구를 설계하고 수행하는 경향도 늘어나고 있다.

내가 보기에 FGI에서 유의해야 할 사항은 세 가지이다. 첫째, 구조적이거나 반구조적인 면담을 하더라도 상황에 따라서 최대한 유연하게 열린 면담을 지향해야 한다. 둘째, 면담자와 진행자는 풍부하고 다양한 의견이 자발적으로 제시될 수 있도록 면담의 분위기를 조성하는 자세와 역량을 갖추어야 한다. 셋째, 집단토의의 범위 설정(range), 질문 주제의 세분화(specificity), 면담의 심층성 확보(depth), 개인적 맥락의 고려(context) 등에 유의해야 한다. 연구자가 중요하다고 생각한 문제, 쟁점, 반응, 의견, 정서 등에 집착하지 말고, 연구자나 면담자나 진행자가 예기치 않았던 것들까지 폭넓게 토의 범위에 포함시키는 것이 좋다. 그리고 참여자들의 이야기를 섣불리 요약하거나 추상화하지 말고, 최대한 구체적인 의견과 체험을 듣도록 해야 한다. 면담의 심층성을 확보하기 위해서는 참여자들과 친밀관계(rapport)를 조성하고 방해요인을 제거해 주어야 한다. 또한 다양한 참여자의 각양각색 반응을 각자의 독특한 조건, 상황, 관점과 함께 듣고 이해해야 한다.

그 밖에도 FGI는 한 차례/단계 면담조사를 하고 수집된 자료에 대한 잠정적인 분석을 한 연후에, 다음 차례/단계의 면담조사를 행하는 것이 바람직하다. 면담을 활성화하고 질을 높이기 위해서 관련 자료(예컨대, 동영상, 신문기사, 방송 프로그램, 통계자료 등)를 준비했다가 활용하는 것도 필요하다. 집단면담의 진행자는 한 번에 한 사람씩 이야기하도록 하고, 모든 참여자가 최대한 고르게 발언 기회를 갖도록 배려해야 한다. 특정 참여자나 하위집단이 분위기를 지배하지 않도록 유의하고, 면담의 전체적인 맥락을 파악하고 조절해 나가야 한다. 진행이 원활하지 않을 때에는 지혜롭게 '분위기 조성(ice breaking)'을 하고, 다양하고 풍부한 의견이 나올 수 있도록 시종일관 세심하게 신경을 써야 한다. 그러나 진행자 자신의 관점이나 판단을 성급하게 드러내어서는 곤란하다.

카테랄과 맥클라렌(Catterall & Maclaran, 2006)은 FGI를 통상 90분 정도 진행하며, 하나의 초점집단을 8명 내외로 구성하고, 한 초점집단의 구성원들이 서로 모르는 사이여야 한다는 지침들을 제시하고 있다. 국내의 많은 연구자가 어리석게도 이 지침들을 교조적으로 따르고 있다. 내가 보기에 이는 잘못된 것이다. 무엇보다도 집단면담의 시간은 분위기에 따라서 조절하되 집중력이 있게, 면담의 심층성 확보가 가능하면 된다. 그리고 초점집단의 구성은 면대면 소통이 가능한 규모라면 얼마든지 상황에 맞게 유연하게 구성할 수 있다. 다만 한 초점집단 구성원은 통계적 특성상 동질적이어야 한다. 그러나 1차 FGI-ABCDEF, 2차 FGI-ABGHIJ, 3차 FGI-ABGHKL, 4차 FGI-KLMNOP와 같이 이질적인 교차 구성을 하는 것이 좋을 수도 있다. 한 초점집단의 구성원들이 서로 아는 사이라도 무방하다. 오히려 상관-부하나 주인-고객처럼 짝패(dyad) 구성이 필요할 수도 있다.

13) 내용분석 연구

내용분석은 "이미 생산된 커뮤니케이션 내용에 대한 객관적이고, 체계적이며, 설명적이고, 양적인 분석 방법"(Berelson, 1952: 18)으로 출발하였다. 광고학과 홍보학을 포함하는 언론정보학 분야가 이 방법을 개척하고 활용한 선구적인 분야이다. 단적으로 신문, 라디오, 텔레비전을 비롯한 전통적인 대중매체의 프로그램 내용을 통계적으로 분석하는 작업이 주를 이루었다. 대중매체가 다루는 기사, 드라마, 기획물을 분류하는 데 그치지 않고, 그것들을 취급하는 방식으로서 담론화, 주제화, 정치화 등을 분석하는 데까지 나아갔다. 최근에는 각종 인터넷, 이메일, SNS, 유튜브 등의 매체 내용을 분석하는 연구도 늘어나고 있다. 내용분석이 질적 연구의 방법으로 각광을 받으면서 각종 행사, 이벤트, 연극, 연주회, 전시회 등의 자료까지도 내용분석의 텍스트에 광범위하게 포함되고 있다. 아울러 유물, 문화재, 건축물, 공원, 여행지 등의 물질적인 자료까지 내용분석의 텍스트로 삼는 연구도 있다. 교육학 분야에서는 주로 교과서 내용을 분석하는 데 활용되었다(조용환, 1990).

　질적 연구의 한 가지 방법으로서 내용분석은 그 연조가 그리 오래지 않은 편이다. 그러나 주관적이고, 맥락적이며, 해석적인 분석을 통해서 양적 연구보다 훨씬 더 총체적이면서도 심층적인 내용분석 작업이 점점 더 다양하고 활발하게 이루어지고 있다. 내용분석은 여러 가지 여건 때문에 현장연구가 불가능하여 차선책으로 수집 가능한 기존 자료에 의존했던 연구사적 배경이 있다. 제2차 세계대전 중에 현지 접근이 불가능하여 정보당국이 제공한 적국 일본에 관련된 자료를 인류학적으로 분석한 베네딕트(Benedict, 1946)의 『국화와 칼』이 그 단적인 예이다. 그러나 내용분석이 질적 연구다운 질적 연구의 방법으로 거듭나기 위해서는 현지조사와 어떤 형태로든 결합되어야 할 것이다.

　내용분석은 이미 만들어져 있는 각종 커뮤니케이션 텍스트들의 내용을 연구의 목적과 문제에 맞게 선택하여 분석의 자료로 삼는다. 바꾸어 말하면 생활세계의 커뮤니케이션 현장이 아닌 그 구성물로서의 텍스트를 소재로 연구한다. 따라서 내용분석에는 연구자가 있을 뿐 연구참여자가 없다. 내용분석은 질적 연구의 3E 중에서 '현지자료(Examining)'에 치중하는 연구라고 할 수 있다. 그러나 현지에 가서 현지인과 함께 현지의 자료를 수집하거나 구성하지 않는다는 점에서 그렇다고 말하기도 어렵다. 내용분석의 자료가 현지자료가 아닌 간접적이고 탈맥락적인 자료라는 사실은 질적 연구의 관점에서 치명적인 약점일 수 있다. 하지만 최대한 '참여관찰(Experiencing)'과 '심층면담(Enquiring)'을 병행하고, 상황과 맥락을 고려한 내용분석을 한다면 독특한 강점을 가진 질적 연구방법으로 거듭날 수도 있을 것이다.

　특정 연구주제에 대한 분석을 1차 내용분석이라고 한다면, 그 주제에 관련된 연구동향의 분석은 2차 혹은 메타 내용분석이라 할 수 있다. 거의 모든 학술논문은 '이론적 배경' 혹은 '선행연구개관'의 형태로 연구동향에 대한 내용분석을 나름대로 하고 있다고 볼 수 있다. 그러나 각 연구물, 학술지, 학파 등을 맥락 속에서 깊이 문질빈빈하지 않는다면 지극히 피상적인 내용분석에 그치게 될 것이다.

객관적이고 효율적인 내용분석을 위해서 컴퓨터 소프트웨어(예: CAPTAC)를 활용하는 경우가 늘어나고 있으나, 질적 연구의 관점에서 볼 때 단점 또한 적지 않다. 이를테면 컴퓨터는 프로그램에 입력되어 있는 한정적인 의미와 의미관계만을 추적할 뿐이다. 특히 언어와 문화가 다른 텍스트의 경우 그 속에 포함된 어휘나 문장이 의미가 있는지 없는지, 어떤 의미가 있는지를 컴퓨터 소프트웨어는 물론 연구자 자신도 미리 알 수가 없다.

내용분석과 해석적인 일반 질적 연구는 공히 텍스트를 그 재료로 삼지만, 텍스트를 다루는 양자의 접근방식에는 현저한 차이점이 있다. 무엇보다도 분석대상인 텍스트를 보는 관점, 왜 텍스트인가에 대한 철학적 관심이 서로 다르다. 특히 양적인 내용분석 연구의 철학적 배경이 실증주의라면, 해석적 연구의 철학적 배경은 현상학이라 할 수 있다. 달리 말해 내용분석이 텍스트를 '설명'하려고 하는 데 비해서, 해석적 연구는 텍스트를 '이해'하고자 한다. 종래의 내용분석은 정확하고 신뢰할 수 있는, 보편적이고 정통적인 분석을 중시해 왔다. 그와 달리 해석적 연구는 다양하고 중층적인 열린 이해, 즉 상호텍스트성(intertextuality)을 중시한다. 내용분석은 텍스트의 맥락을 주로 체제이론(systems theory)의 관점에서 다룬다. 반면에 해석적 연구는 그것을 총체적이고 포괄적인 '영향사'(Gadamer, 1960)의 관점에서 다룬다. 세계와 문화 속에서 해석적 순환이 어떻게 이루어지는가를 중시한다. 내용분석은 독자, 시청자, 관객의 관점에 크게 관심을 두지 않는다. 그러나 해석적 연구는 텍스트 그 자체보다도 텍스트가 독자, 시청자, 관객에게 어떻게 이해되고 해석되는지, 즉 의미의 공유 방식과 과정에 더 관심을 가진다.

양적 연구로 수행되는 내용분석의 일반적인 절차는 연구문제와 가설의 설정, 분석할 메시지의 표집, 분석유목과 분석 단위의 결정, 분석 결과의 통계적 처리, 그 성과에 대한 논의 작업 순이다(차배근, 1979). 그러나 질적 내용분석의 경우 에믹 코딩과 에틱 코딩의 교차 작업을 통해서 개념화, 범주화, 주제화, 의미화를 반복하는 해석적 순환을 주된 절차로 삼는다. 그러나 객관적이거나 기계적인 코딩의 한계에 유의하여, 동일한 기표(언어)의 서로 다른 사회문화적 기의(의미)를 최대한 주목한다.

내용분석에서 말하는 분석항목(categories of analysis)은 분석하고자 하는 텍스트의 내용을 분류하여 유목화하는 기준을 말한다. 분석범주 혹은 분석변수라고 부르기도 한다. 예컨대, 신문에 대한 내용분석의 경우 기사의 주제, 게재면, 유형, 중시도, 방향, 편중성 등이 될 것이다. 신문사별 차이점을 분석항목으로 잡기도 한다. 외국 교과서 한국 관련 내용분석의 경우(조용환, 1990) 흔히 교과 영역, 주제 구성, 시대별 취급방식, 오류의 유형 등을 분석항목으로 선정한다. 미국 사회과 교과서에서 남미 국가들이 어떻게 다루어지고 있는가를 검토한 그린필드(Greenfield, 1986)의 연구에서는 포괄성, 균형성, 고정관념, 복잡성에 대한 민감성, 객관성, 시사성의 여섯 가지 질적 분석항목을 제시하고 있다. 포괄성은 남미 각국이 어느 정도의 범위로 다루어지고 있으며, 각 부분이 전체와 어떻게 연계되는지를 분석한다. 균형성은 남미 국가들의 특정한 모습이 필요 이상으로 강조되어 왜곡된 이미지를 갖게 하지는 않는가를 다룬다. 고정관념은 제시된 내용이 남미와 남미 사람들에 대한 고정관념 또는 오해를 부추기고 있지는 않은가를 주목한다. 복잡성에 대한 민감성은 특정 행동이나 사건을 설명하는 인과관계의 복잡성과 맥락적인 요인들을 얼마나 깊이 인식하여 다루고 있는지를 분석한다. 객관성은 특정 이데올로기의 입장이 정보의 선택, 제시, 해석에 얼마나 영향을 미치고 있는가를 주목한다. 끝으로 시사성은 최근의 새로운 연구 결과를 얼마나 반영하고 있는가를 다룬다.

이러한 분석항목에 포함시킬 세부 요소들을 포함하는 일종의 코딩체제(상위-중위-하위범주체계)를 만들어 가면서 분석하는 것이 좋다. 그리고 분석항목을 설정할 때 다음 사항을 고려해야 한다. 첫째, 연구목적과 연구문제에 부합하는 항목일 것, 둘째, 필요한 항목들을 빠짐없이 설정할 것, 셋째, 각 항목이 상호 독립적이고 배제적일 것, 넷째, 분석항목들이 하나의 통일적인 체제

에 속하도록 할 것, 다섯째, 분석항목이 종속변수가 아닌 독립변수의 지위를
가질 것 등이다.

　내용분석에서 말하는 분석 단위(units of analysis)는 각각의 분석항목 속에
분류하여 집계할 수 있는 메시지 내용의 단위를 말한다. 차배근(1979)은 분석
단위를 코딩 단위와 문맥 단위로 구분하였다. 코딩 단위는 항목별로 집계 또
는 점수화할 때 사용되는 객관적인 단위이다. 교과서 내용분석의 경우(조용
환, 1990) 단어, 문장, 행, 문단, 페이지, 단원 등이 양적으로 쉽게 집계할 수 있
는 단위이다. 반면에 문맥 단위는 메시지를 읽어 나가면서 그 내용의 문맥을
고려하여 구분하는, 따라서 연구자의 주관이 개입될 수도 있는 단위이며 질
적 내용분석이 중시하는 단위이다.

14) 영상분석 연구

　쇠약해지거나 소멸해 가는 민족의 삶과 문화를 최대한 생생하게 기록해 두
기 위해서 인류학자들은 전통적으로 사진기와 녹음기를 다각도로 활용하였
다. 그러다가 그것들이 결합된 영화 매체가 발달하면서 인류학적 동영상 기
록도 함께 발전하였다. 특히 북미권, 뉴기니, 남태평양 제도 등지 사람들의
삶과 문화를 기록한 다큐멘터리가 많이 만들어져 전해지고 있다. 이러한 작
업의 성과를 정리하고 그 배경 이론과 방법론을 체계화하는 학문이 영상인류
학(Heider, 1976)이다. 이후 휴대용 캠코더의 보급으로 인류학자만이 아니라
다양한 분야의 질적 연구자가 동영상 기록물을 연구 자료로 대거 활용하게
되었다. 대중매체 전반에 걸친 질적 미디어 연구(Jensen & Jankowski, 1991)에
서 우리는 그 과정을 살펴볼 수 있다. 지금 우리는 스마트폰의 동영상 기능을
활용하여 언제 어디서든 간편하게 동영상 기록물을 만들고 공유할 수 있다.
그리하여 이제는 동영상 기록물을 연구의 보조 자료가 아닌 주 자료로 삼는
연구가 활발하게 이루어지고 있다. 이 맥락에서 등장한 것이 질적 연구의 한

가지 방법으로서 영상분석 연구이다.

영상분석은 일찍부터 'ethnography of communication'(Saville-Troike, 1989) 연구자들에 의해서 기초가 다져지고 정교화되었다. 교육학에서의 영상분석은 유아교육과 스포츠교육 분야가 선구적인 편이었으며, 지금은 수업분석과 놀이분석에 두루 긴요하게 쓰이고 있다. 영상분석은 영상자료 속에서 연구의 문제와 가설을 찾고, 영상자료를 분석하여 그 답을 찾아가는 연구의 전체 과정에 폭넓게 활용되고 있다. 심지어 영상분석만으로 독자적인 연구물을 만들어 공유하는 새로운 형태의 학술 활동도 등장하였다. 영상이 아닌 사진을 분석하는 질적 연구방법으로 포토에세이(photo essay: 전가일, 2018)와 포토보이스(photo voice: Latz, 2017)가 유사한 계열에 속한다고 할 수 있다. 별도의 소개가 필요하겠지만, 간단히 말해서 포토에세이는 글이 아닌 사진과 영상으로 쓰는 논문이다. 그리고 포토보이스는 연구자와 참여자가 함께 사진자료를 만들고 함께 의미화 작업을 하는 연구방법이다.

15) 근거이론 연구

근거이론은 글레이저와 스트로스(Glaser & Strauss, 1967)의 책 제목인 『The Discovery of Grounded Theory』에서 유래한 이름이다. 인류학적 현지조사를 중시하는 시카고학파에 속하는 이들은 사회과학이 관념적이고 추상적인 거대이론이 아닌, 실제적이고 구체적인 현장이론을 생산하고 활용하는 것이어야 한다고 주장했다. 생활세계 현장에 뿌리를 둔 이 실제적이고 구체적인 이론이 바로 'grounded theory'이다. 그렇다면 그러한 이론은 어떻게 '발견'할 수 있는가? 글레이저와 스트로스는 그것이 질적 연구를 통해서 가능하다고 보았으며, 그 구체적인 전략을 선구적으로 제시하였다. 이러한 전통은 이후 스트로스(Strauss, 1990)와 그 제자인 콜빈(Corbin & Strauss, 2008) 그리고 동료 후학들에게 계승되었다.

신경림 교수는 1997년에 『질적 간호연구방법』이라는 번역서(원저: Morse & Field, 1995)를 통해 이 전통을 '근거이론 연구'라는 이름으로 국내에 소개하였으며, 이후 간호학을 위시한 여러 분야에서 많은 질적 연구를 낳는 데 기여하였다. 근거이론 연구는 현장에서 얻은 자료를 지속적으로 비교하고 귀납적으로 코딩하는 작업에 기초한다. 이 작업은 개방적 코딩, 축 코딩, 선택적 코딩으로 이어진다. 간략히 말해서 개방적 코딩은 자료를 단위화하고 개념화하고 범주화하는 작업이다. 축 코딩은 그에 근거하여 패러다임이라는 구조 속에서 인과적 조건, 맥락적 조건, 중재적 조건과 그 역동적 상호작용을 찾아서 도식화하는 작업이다. 그리고 선택적 코딩은 그 패러다임 구조에 근거하여 핵심적인 범주를 중심으로 의미화를 하고 이론화를 하는 작업이다.

그런데 이러한 작업들이 체계적이지만 다분히 도식적이고, 구체적이지만 다분히 일반적인 한계를 가지고 있다고 국내외에서 지적되었다. 달리 말해, 양적 연구에 비견할 만한 체계성, 일반성, 구조성을 갖는 데 치중하여 오히려 질적 연구 특유의 역동성, 특수성, 구성성을 약화시켰다는 지적을 받게 된 것이다. 이러한 비판에 대응하여 모스(Morse, 2001)와 차르마즈(Charmaz, 2006) 등의 근거이론 연구는 좀 더 유연하고 구성주의적인 방향으로 선회하고 있다 (O'Toole, 2010). 그럼에도 불구하고 자료수집이 면담에 치중하고 있다는 점, 이해가 아닌 설명 지향의 분석을 여전히 중시하고 있다는 점, 질적 연구 특유의 사례성을 표집(sampling) 논리로 극복하고자 하는 점 등이 줄곧 지적되고 있다.

16) 미학적 연구

미학적(aesthetic)이라는 말의 그리스어 어원 'aisthetikos'는 'sensitive'를 뜻하는 것이었다. 알다시피 'sense'는 감각, 방향, 의미를 함축하는 말이다. 지극히 단순하게 말해 미학은 감수성(感受性, perceptivity)의 문제를 다룬다. 우리 인간의 몸과 마음이 다르면 서로 다르게 느끼고 서로 다르게 받아들인다. 이를 나는(조용환, 2006) '느낌 예찬'으로 표현한 바 있다. 느낌과 받아들임의 주관성은 질적 연구의 요체 가운데 하나이다. 그 점에서 모든 질적 연구는 미학적이며, 미학적이어야 한다. 특히 질적 연구의 한 가지 방법으로서 미학적 연구는 어떤 사람, 사물, 사태를 사람마다 서로 어떻게 다르게 느끼고 받아들이는지 주목한다. 그것이 개개인의 성향, 관심, 입장 차이 때문인지, 아니면 사회적이고 문화적인 방식화와 의미화의 차이에 기인한 것인지를 분석하고 논의한다.

　예술교육론자 아이스너(Eisner, 1998)는 질적 연구의 미학적 접근을 안목(appreciative eye 혹은 enlightened eye)의 문제로 다룬다. 안목은 사람, 사물, 사태의 가치를 판단하여 분별하는 역량이다. 그 판단과 분별의 기준이 명확하지 않고 표준적이지 않을 때 감식(鑑識) 또는 감정(鑑定)의 문제가 대두된다. 안목은 오랫동안 하나의 세계에 깊숙이 몸담은 사람에게 형성되는 귀한 눈이다. 희귀한 미술품이나 골동품의 가치를 판단하고, 애매모호한 커피나 포도주의 맛을 분별할 때와 같이 안목이 필요한 연구가 질적 'connoisseur research'이다. 우리는 이 예를 미국 히스토리 채널의 'Pawn Star' 프로그램이나 우리나라의 'TV 진품명품' 프로그램에서 볼 수 있다. 아이스너는 교육의 목적, 내용, 방법 등에 대한 평가가 이러한 미학적 주관 연구 또는 전문적 감식 연구를 요구한다고 하였다. 교수-학습 관련 사태에 객관적으로 측정하거나 설명하거나 확정할 수 없는 문제가 너무나 많기 때문이다. 물론 판단과 분별의 엄밀함, 신뢰도, 타당성이 연구윤리와 더불어 항상 논란거리가 될 수 있음을 유의해야 한다.

17) 생태적 행동 연구

우리 인간은 항상 이미 세계-내-존재이며 문화적인 존재이다. 하지만 인간에게 다른 생명체와 크게 다르지 않은 점, 다른 사물과 크게 다르지 않은 점이 아예 없는 것은 아니다. 그러한 생물성과 사물성은 특히 어떤 세계와 문화에 충분히 내속되지 않았을 때의 인간에게서 두드러지게 나타난다. 이를테면 언어로 자신을 설명하거나 보호할 수 없는 젖먹이의 행동은 고등 동물의 그것과 흡사한 점이 많다. 비의지적인 운동 상태에 놓였을 때 사람은 사물의 운동 방식과 크게 다르지 않은 현상을 나타낸다. 생태적 연구는 이와 같이 인간-비인간의 분별논리와 고정관념을 벗어나서 오롯이 생태계에 처한 존재로서 인간을 연구하는 질적 연구방법이다. 연구의 장을 인간-비인간의 스펙트럼 관계와 상호작용으로 설정하는 연구방법이다. 근자에 주목을 받고 있는 포스트휴머니즘(posthumanism)과 신물질주의(new materialism)는 생태적 연구의 배경적 이론이라 할 수 있다(조용환, 2019b). 이 연구는 이론적으로나 방법론상으로 아직까지 충분히 체계화가 되지 않아서 연구사례가 많지 않다. 그러나 향후 개척의 여지가 큰 연구임에는 틀림이 없다.

18) 임상적 사례연구

사례연구라고 적시한 국내 연구논문은 대단히 많지만, 임상적 사례연구로 분류할 수 있는 연구는 찾아보기 어렵다. 사례연구는 실상 모든 질적 연구에 붙일 수 있는 이름이라 할 수 있다. 요즘의 질적 연구는 거의 모두가 전수조사를 하지 않거니와, 모집단을 염두에 둔 확률적 표본조사를 하지도 않기 때문이다. 연구의 폭보다 깊이를 더 중시하는 질적 연구의 성격상 국지적 사례를 연구하는 것은 표집(sampling)의 제약이 아닌 전략적 선택(selection)이라고 보아야 한다(조용환, 1999). 이때, 그 선택의 전략이 얼마나 타당한가는 연구자가 치밀하게 방어해야 할 몫이다. 질적 사례연구는 대체로 세 가지 부류가 있을 수 있다. 첫째, 유일하거나 극히 희귀한 사례인지라 불가피하게 사례연구를 하는 경우이다. 이것이 내가 앞에서 언급하는 임상적 사례연구이다. 둘째, 가장 전형적인 사례를 선택함으로써 그 사례가 속한 전체에 다가가고자 하는 경우이다. 국맛을 보기 위해서 솥의 국물을 다 먹어 볼 필요가 없는 것과 비슷한 이치이다. 그런데 대부분의 연구 세계 혹은 현장에서 어떤 사례가 가장 전형적인 사례인지는 연구를 시작하여 진행해 보지 않고는 알 수 없다. 설혹 웬만큼 알 수 있다 하더라도 '판단중지'를 해야 할 판이니 섣불리 전형성을 예단해서도 안 된다. 셋째, 사례를 선택하는 여러 가지 전략 가운데 하나를 취하여(조용환, 1999), 사례성을 충실히 감안하는 연구를 하는 경우이다. 사례성을 감안하기 위해서 질적 연구자들은 자신이 선택한 사례가 아니지만 밀접하게 관련이 있는 대조사례들을 여력이 닿는 대로 함께 연구한다. 남교사를 연구할 때 여교사와 비교하고, 저학년을 연구할 때 고학년과 대조하는 방식이다. 이를 나는 '비교사례적 대조분석'이라 칭한다. 사례를 다룬 모든 질적 연구에서, 특히 질적 사례연구를 표방한 연구에서조차 이 사례성의 문제를 깊이 체계적으로 검토하고 반영한 연구는 흔치 않다.

임상적(clinical)이라는 말은 의학에서 실험실이 아닌 병실, 치료세계가 아닌 생활세계의 것들을 의미한다. 간접적인 실험 연구가 아닌 직접적인 참여관찰 연구를 뜻하기도 한다. 표준적 잣대가 아닌 개별적 잣대로 질병과 병리를 살핀다는 의미도 있다. 임상적 연구는 유일하거나 극히 희귀한 사례에 대해서 이루어질 수도 있고, 어떤 사례에 대해서든 그 유일성과 희귀성을 전제하면서 이루어질 수도 있다. 임상적 접근의 특징은 직접성, 현장성, 개별성, 맥락성에 있다. 임상적 연구는 제한된 사례를 그 개별성을 중시하면서 총체적으로 장기간 생활세계의 맥락 속에서 직접 연구한다. 따라서 공시적(synchronic)이고 횡단적인 접근보다는 통시적(diachronic)이고 종단적인 접근을 취한다. 흔히 참여적 실행연구(participatory action research)의 방식으로 이루어지기도 한다.

19) 연행적 연구

질적 연구의 등장과 확산에는 '재현의 위기(the crisis of representation)'를 극복하고자 하는 연구자들의 노력이 담겨 있다. '재현의 위기'는 마커스와 피셔(Marcus & Fischer, 1986)가 『Anthropology as Cultural Critique』에서 만들어 쓴 용어이다. 마커스와 피셔는 사회 현실을 온전히 설명할 방법을 찾지 못함으로써 인문학과 사회과학 전반에 불확실성의 위기가 초래되었다고 지적하였다. 사람들의 체험을 직접 그리고 충실하게 이해할 수 없다는 좌절감을 표현하기도 하였다. 이는 언어와 세계의 부정합, 기호의 자의성에 기인한 것이다. 모든 학문적 서술이 '질적 세계 그 자체'가 아닌 '세계의 문적 텍스트'에 불과한 데 기인한 것이다. 그 결과, 모든 학문적 텍스트가 실제 경험세계를 온전히 다루지 못하고, 모든 학문적 이해와 설명이 불완전하고, 환원주의적이며, 불충분하고, 타당성이 약할 수밖에 없다는 지적을 '재현의 위기'라 하고 있는 것이다. 요컨대, 학문의 재현적인 언어가 현실을 망각, 왜곡, 은폐하고 있다고 비판하는 것이다.

연행적 연구(performative research)는 바로 이런 비판에 연원하여 전개된 질적 연구방법이다. 간단히 말해서, 연행적 연구는 2차원 지필 형태의 연구와 보고에서 벗어나고자 한다. 연구의 생산자-소비자 관계를 해체하고, 연구자와 독자(혹은 관객) 사이의 혼연일체와 공감적 타당성을 중시하는 방향으로 나아가고 있다. 머리로 하는 지식의 학문에 갇히지 않고, 온몸으로 하는 예술의 학문을 추구한다. 혹은 "인식론적 가능성과 미학적 요구 사이의 존재론적 긴장 상태에서 벼려진다"(Spry, 2011: 508). 연행적 연구는 연구와 학문이 전통적으로 지식과 그것의 진리성에 너무 치중해 왔음을 비판한다. 연행적 연구에서 지식은 체험적이고 체화된 지식(embodied knowledge)이다. 연행은 말과 글, 수와 양, 표와 모형으로 대표되는 근대적인 소통의 매체에 갇히지 않고, 우리 몸이 가진 본래적인 감각과 지각의 모든 가능성을 되살려 소통한다. 체화된 지식은 모든 몸에 똑같이 적용 가능한 일반적이고 보편타당한 지식이거나, 어떤 몸과도 상관이 없는 객관적이고 실증적인 몸 밖의 지식이 아니다. 그렇다고 해서 하나의 몸에만 관련된 개별적으로 특수한 지식 또한 아니다. 모든 몸이 항상 이미 '세계의 몸'이듯이(조광제, 2004), 모든 지식은 항상 이미 '세계의 지식'이기 때문이다. '체화된 지식인 동시에 세계의 지식'이라는 말은 지식을 통해서 우리 몸에 세계가 어떻게 새겨지고 재현되는지, 우리 몸이 세계를 향해서 어떤 지식의 주름을 접고 펼칠 수 있는지 주목해야 함을 시사한다. 우리 몸이 표현하고 재현하는, 생산하고 재생산하는 지식은 노예의 것일 수도, 주인의 것일 수도 있다(조용환, 2014). 소유의 지식일 수도, 존재의 지식일 수도 있다(Fromm, 1976). 이 대목에서 연행적 연구는 전자가 아닌 후자의 길을 선택한다.

우리는 알기 전에 먼저 느낀다. 앎의 근원에 느낌이 있다. 사람, 사물, 사태에 대해서 똑같이 느끼는 두 사람은 없다. 심지어 한 사람이 동일한 사람, 사물, 사태에 대해서 상황마다, 각기 그때마다 서로 다르게 느끼기도 한다. 요컨대, 느낌은 열려 있다. 느낌은 인간이 세계를 만나는 원초적인 통로이자 방식이다. 그래서 우리는 한시도 느낌에서 벗어날 수가 없다. 느낌을 주목하지 않고 흘려보낼 수는 있겠지만 느끼지 않고 살 수는 없다. 앞에서도 언급했듯이 영어로 미학 'aesthetics'는 어원상 '느끼다', '지각하다', '듣다' 등의 의미를 가진 말이다. 즉, 미학은 느낌을 다루는 학문이다. 나의 느낌이 다른 누구의 느낌과도 같을 수 없기에 우리는 다른 사람들의 느낌을 존중해야 한다. 색스(Sacks, 2003)가 말하는 '차이의 존엄함' 때문이다. 질적 연구가 중시하는 '공감적 타당성'은 바로 이러한 미학적 상호주관성, 상호신체성, 상호텍스트성에 근거를 둔 것이다. 연행적 연구는 바로 이 철학적 입장에 오롯이 서 있다. 방법적으로 연행적 연구의 글쓰기는 "체험에 부단히 질문을 던지고, 체험에 이름을 붙이고 떼고 다시 붙이는 작업이다. 그것은 기예와 열정과 유연한 몸으로 이루어진다"(Spry, 2011: 509). 연행적 연구는 지극히 미미한 주변적인 방법이지만, 질적 연구자가 재현의 위기를 극복하고자 할 때 반드시 관심을 가지고 실험에 동참해야 할 연구방법이라고 나는 믿는다. 참조할 만한 구체적인 연구물로는 가로이안(Garoian, 1999)과 덴진(Denzin, 2003)의 것이 있다.

20) 메타 연구

체이스(Chase, 2011)는 질적 연구가 급증하면서 그 성과를 이차적으로 종합하고 비교하고 통합하는 메타 연구가 절실하게 필요하다고 하였다. 기실 이 작업은 인류학에서 '문화지(ethnography)'와 '문화학(ethnology)'의 연계 작업으로 이미 이루어져 온 것이다. 그러나 문화학이 메타적 성격의 작업이기는 하지만, 그것을 메타 연구라고 하기에는 부적절한 점이 있다. 무릇 연구는 문제를 제기하면서 그 해답을 찾고 또 찾는 치열하고 치밀한 과정이다. 단순히 이전의 연구 성과를 학문적으로 정리하는 작업이 아니라는 말이다. 그 점에서 내가(조용환, 1997) 『사회화와 교육』에서 수행한 '이차적 문화기술지' 작업은 메타 연구의 일종이라 할 수 있다.

체이스(Chase, 2011)는 메타 연구의 과제와 방법 여섯 가지를 다음과 같이 제시하였다. 첫째, 동일한 문제나 주제나 쟁점을 다루는 연구들 사이의 패턴과 차이점을 발견한다. 둘째, 무엇이 그러한 패턴과 차이점을 생성하는지에 대해서 검토한다. 셋째, 동일한 현상에 대한 여러 연구를 비교하여 적합성과 타당성을 검토한다. 넷째, 다른 현상에 대한 연구들에서 발견되는 공통적인 패턴을 발견한다. 다섯째, 그 과정에서 아직까지 미처 연구되지 않은 '무지한 분야'를 파악한다. 여섯째, 연구에 등장하는 사람들의 삶과 문화의 구조를 총체적으로 분석하고 논의한다.

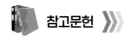 참고문헌 》》》

고병권(2003). 니체의 위험한 책, 차라투스트라는 이렇게 말했다. 서울: 그린비.

기호학연대(2002). 기호학으로 세상 읽기. 서울: 소명출판.

김고연주(2011). 조금 다른 아이들, 조금 다른 이야기: 십대 여성들의 성매매 경험과 치유에
　　　관한 기록. 서울: 이후.

김귀옥(2010). 구술사: 기억으로 쓰는 역사. 서울: 아르케.

김귀옥(2014). 구술사 연구: 방법과 실천. 서울: 한울.

신경림, 고명숙, 공병혜, 김경선, 김미경, 김은하, 노승옥, 노영희, 양진향, 조명옥
　　　(2004). 질적 연구방법론. 서울: 이화여자대학교출판부.

윤택림(1993). 기억에서 역사로: 구술사의 이론적, 방법론적 쟁점에 대한 고찰. 한국문
　　　화인류학, 25, 273-294.

이남인(2004). 현상학과 해석학: 후썰의 초월론적 현상학과 하이데거의 해석적 현상학. 서
　　　울: 서울대학교출판부.

이남인(2006). 후설의 현상학과 현대철학. 서울: 풀빛미디어.

이남인(2012). 현상학과 질적 연구방법. 현상학과 질적 연구. 2012년 한국교육인류학회 ·
　　　한국현상학회 공동워크숍 자료집, 3-24.

전가일(2018). 한 호주 놀이터의 물질성을 통해 본 놀이의 의미에 대한 포토에세이 연
　　　구. 교육인류학연구, 21(4), 121-166.

조광제(2004). 몸의 세계, 세계의 몸: 메를로-퐁티의 '지각의 현상학'에 대한 강해. 서울: 이학사.

조광제(2013). 존재의 충만, 간극의 현존: 사르트르의 '존재와 무' 강해. 서울: 그린비.

조용환(1990). 외국 교과서 한국 관련 내용 연구의 종합적 검토. 서울: 한국교육개발원.

조용환(1997). 사회화와 교육: 부족사회 문화전승 과정의 교육학적 재검토. 서울: 교육과학사.

조용환(1999). 질적 연구: 방법과 사례. 서울: 교육과학사.

조용환(2004a). 왜 교육인류학회인가?. 교육인류학소식, 10(3), 1-3.

조용환(2004b). 질적 연구와 질적 교육. 교육인류학연구, 7(2), 55-75.

조용환(2006). 느낌 예찬. 교육인류학소식, 12(1), 1-2.

조용환(2011). 질적 연구논문의 작성과 평가. 서울: 서울대학교 교수학습개발센터.

조용환(2014). 차라투스트라는 이렇게 수업했다: 교육인류학의 눈으로. 교육인류학연구, 17(4), 35-74.

조용환(2015a). 현장연구와 실행연구. 교육인류학연구, 18(4), 1-49.

조용환(2015b). 현상학과 현상학적 연구. 연구방법론 특강 자료집.

조용환(2019a). 질적 연구의 원리와 기법. 서울대학교 교육연구소 질적 연구방법론 워크숍 자료집.

조용환(2019b). 포스트휴머니즘과 신물질주의. 한국교육인류학회 추계학술대회 자료집 질적 연구, 포스트휴먼을 만나다, 3-53.

조용환(2020). 질적 연구의 계획과 예비조사. 한국교육인류학회 하계 워크숍 자료집 질적 연구의 계획과 설계, 3-16.

조용환(2021). 교육다운 교육. 서울: 바른북스.

차배근(1979). 커뮤니케이션 연구방법. 서울: 세영사.

최문연(2018). 다문화 학습주체의 갈등-상생에 관한 자전적 생애사 연구. 서울대학교 대학원 박사학위논문.

Arendt, H. (1958). *The Human Condition*. 이진우 외 공역(1996). 인간의 조건. 서울: 한길사.

Baritt, L., Beekman, T., Bleeker. H., & Mulderij, K. (1983). *A Handbook of Phenomenological Research in Education*, 홍기형 역(1995). 교육연구와 현상학적 접근. 서울: 문음사.

Benedict, R. (1946). *The Chrysanthemum and the Sword: Patterns of Japanese Culture*. 김윤식, 오인석 역(1975). 국화와 칼. 서울: 을유문화사.

Berelson, B. (1952). *Content Analysis in Communication*. New York: Hafner.

Blumer, H. (1969). *Symbolic Interactionism: Perspective and Method*. Englewood Cliffs, NJ: Prentice-Hall.

Brydon-Miller, M., Kral, M., Maguire, P., Noffke, S., Sabhlok, A., Denzin, N., & Lincoln, Y. (2011). Jazz and the Banyan Tree: Roots and Riffs on Participatory Action Research. In N. Denzin & Y. Lincoln (Eds.), *The Sage*

Handbook of Qualitative Research (4th ed., pp. 387-400). London: Sage.

Bunkse, E. (2007). Beyond Images: The Phenomenology of Travel versus Tourism and Implications for Rural Landscapes. In Z. Roca et al. (Eds.), *European Landscapes and Lifestyles: The Mediterranean and Beyond* (pp. 385-395). Lisbon: Edicoes Universirarias Lusofonas.

Camus, A. (1942). *L'Etranger*. 김화영 역(2011). 이방인. 서울: 민음사.

Catterall, M., & Maclaran, P. (2006). Focus Groups in Marketing Research. In R. Belt (Ed.), *Handbook of Qualitative Research Methods in Marketing* (pp. 255-267). Northampton, MA: Edward Elgar Publishing.

Charmaz, K. (2006). *Constructing Grounded Theory: A Practical Guide through Qualitative Analysis*. 박현선 외 공역(2013). 근거이론의 구성: 질적 분석의 실천 지침. 서울: 학지사.

Chase, S. E. (2011). Narrative Inquiry: Still a Field in the Making. In N. Denzin & Y. Lincoln (Eds.), *The Sage Handbook of Qualitative Research* (4th Ed., pp. 421-434). London: Sage.

Clandinin, D., & Connelly, F. (2000). *Narrative Inquiry: Experience and Story in Qualitative Research*. 소경희 외 공역(2007). 내러티브 탐구: 교육에서의 질적 연구의 경험과 사례. 서울: 교육과학사.

Colaizzi, J. (1973). *Reflection and Research in Psychology*. Dubuque, IA: Kendall Hunt.

Corbin, J., & Strauss, A. (2008). *Basics of Qualitative Research: Techniques and Procedures for Developing Grounded Theory*. Thousand Oaks, CA: Sage.

de Saussure, F. (1915/1966). *Course in General Linguistics*. New York: McGraw-Hill.

Deleuze, G. (1968). *Différence et Répétition*. 김상환 역(2004). 차이와 반복. 서울: 한길사.

Deleuze, G. (1988). *Le Pli, Leibniz et le baroque*. 이찬웅 역(2004). 주름, 라이프니츠와 바로크. 서울: 문학과지성사.

Denzin, N. K. (2003). *Performance Ethnography: Critical Pedagogy and the Politics of Culture*. London: Sage.

Denzin, N. K. & Lincoln, Y. S. (Eds.) (1994). *Handbook of Qualitative Research* (1st ed.). London: Sage.

Derrida, J. (1967). *L'Ecriture et la Difference*. 남수인 역(2001). 글쓰기와 차이. 서울: 동문선.

Derrida, J. (1976). *Of Grammatology*. Baltimore, MD: The Johns Hopkins University Press.

Eisner, E. (1998). *The Enlightened Eye: Qualitative Inquiry and the Enhancement of Educational Practice*. 박병기 외 공역(2001). 질적 연구와 교육. 서울: 학이당.

Fromm, E. (1976), *To Have or To Be*. 차경아 역(1996). 소유냐 존재냐. 서울: 까치.

Gadamer, H. -G. (1960/1990). *Wahrheit und Methode: Grundzüge einer Philosophischen Hermeneutik* (6th ed.). 이길우 외 공역(2012). 진리와 방법: 철학적 해석학의 기본 특징들(제1부). 서울: 문학동네.

Gadamer, H. -G. (1960/1990). *Wahrheit und Methode: Grundzüge einer Philosophischen Hermeneutik* (6th ed.). 임홍배 역(2012). 진리와 방법: 철학적 해석학의 기본 특징들(제2부 · 제3부), 서울: 문학동네.

Gadamer, H. -G. (1976). *Philosophical Hermeneutics*. Berkeley, CA: University of California Press.

Gadamer, H. -G. (1989). *Truth and Method* (2nd Rev. ed., Trans. by J. Weinsheimer & D. Marshall). New York: Continuum.

Garoian, C. R. (1999). *Performing Pedagogy: Toward an Art of Politics*. Albany: State University of New York Press.

Gatson, S. N. (2011). The Methods, Politics, and Ethics of Representation in Online Ethnography. In N. Denzin & Y. Lincoln (Eds.), *The Sage Handbook of Qualitative Research* (4th ed., pp. 513-527). London: Sage.

Geertz, C. (1973). *The Interpretation of Cultures*. 문옥표 역(1998). 문화의 해석. 서울: 까치.

Giorgi, A. (1970). *Psychology as a Human Science: A Phenomenologically Based Approach*. New York: Harper & Row.

Glaser, B. G., & Strauss, A. (1967). *The Discovery of Grounded Theory: Strategies for Qualitative Research.* Chicago, IL: Aldine Publishing Co.

Goffman, E. (1959). *The Presentation of Self in Everyday Life.* Garden City, NY: Doubleday Anchor Books.

Greenfield, G. (1986). Latin America. *Social Education, 50*(5), 351-356.

Habermas, J. (1981). *Theorie des Kommunikativen Hadelns.* 장춘익 역(2006). 의사소통행위이론 1·2. 서울: 나남.

Han, B. -C. (2009). *Duft der Zeit.* 김태환 역(2013). 시간의 향기: 머무름의 기술. 서울: 문학과지성사.

Harari, Y. N. (2015). *Homo Deus: A Brief History of Tomorrow.* 김명주 역(2017). 호모 데우스: 미래의 역사. 서울: 김영사.

Heidegger, M. (1927/1979). *Sein Und Zeit* (15th ed.). 이기상 역(1998). 존재와 시간. 서울: 까치.

Heider, K. (1976). *Ethnographic Film.* 이문웅 역(1992). 영상인류학에의 초대. 서울: 일신사.

Holland, D., & Quinn, N. (Eds.) (1987). *Cultural Models in Language and Thought.* London: Cambridge University Press.

Husserl, E. (1911). *Philosophie als Strenge Wissenschaft.* 이종훈 역(2008). 엄밀한 학문으로서의 철학. 서울: 지만지.

Husserl, E. (1936). *Die Krisis der Europaischen Wissenschaften und die Transzendentale Phanomenologie.* 이종훈 역(1997). 유럽 학문의 위기와 선험적 현상학. 서울: 한길사.

Jensen, K., & Jankowski, N. (1991). *A Handbook of Qualitative Methodologies for Mass Communication Research.* 김승현 외 공역(2004). 미디어 연구의 질적 방법론. 서울: 일신사.

Jo, Y. -H. (1989). *Understanding the Boundaries of Make-Believe: An Ethnographic Case Study of Pretend Play among Korean Children in a U.S. Community.* Unpublished Doctoral Dissertation, Urbana-Champaign: University of Illinois.

Kuhn, T. (1970). *The Structure of Scientific Revolutions* (2nd ed.). Chicago: The

University of Chicago Press.

Lacan, J. (1977). *The Four Fundamental Concepts of Psycho-analysis*. London: The Hogart Press.

Latz, A. O. (2017). *Photovoice Research in Education and Beyond: A Practical Guide from Theory to Exhibition*. 김동렬 역(2018). 포토보이스 연구방법. 서울: 학지사.

Lévi-Strauss, C. (1962). *La Pensée Sauvage*. 안정남 역(1996). 야생의 사고. 서울: 한길사.

MacDonell, D. (1991). *Theories of Discourse: An Introduction*. 임상훈 역(2002). 담론이란 무엇인가(개정판). 서울: 한울.

Marcus, G. E., & Fischer, M. J. (1986). *Anthropology as Cultural Critique: An Experimental Moment in the Human Sciences*. 유철인 역(2005). 인류학과 문화비평. 서울: 아카넷.

Mead, G. H., & Morris, C. W. (1935). Mind, Self, and Society from the Standpoint of a Social Behaviorist. *Philosophy, 10*(40), 493-495.

Mehan, H. (1979). *Learning Lessons: Social Organization in the Classroom*. Cambridge, MA: Harvard University Press.

Merleau-Ponty, M. (1945). *Phenomenologie de la Perception*. 류의근 역(2002). 지각의 현상학. 서울: 문학과 지성사.

Merleau-Ponty, M. (1964). *Le Visible et l'invisible*. 남수인 외 공역(2004). 보이는 것과 보이지 않는 것. 서울: 동문선.

Merton, R., Fiske, M., & Kendall, P. (1990). *The Focused Interview* (2nd ed.). New York: Free Press.

Morse, J. M. (2001). *Situating Grounded Theory in Qualitative Inquiry*. 신경림 외 공역(2011). 근거이론의 발전: 제2세대. 서울: 하누리.

Morse, J., & Field, P. (1995). *Qualitative Research Methods for Health Professionals* (2nd ed.). 신경림 역(1997). 질적 간호연구방법. 서울: 이화여자대학교 출판부.

Moustakas, C. (1994). *Phenomenological Research Methods*. London: Sage.

O'Toole, P. (2010). Locating Space in Qualitative Research: Questioning Culture through the Corporeal. In Savin-Baden & Major (Eds.), *New Approaches to Qualitative Research: Wisdom and Uncertainty* (pp. 121-130). London:

Routledge.

Peshkin, A. (1985). From Title to Title: The Evolution of Perspective in Naturalistic Inquiry. *Anthropology and Education Quarterly, 16*, 214-224.

Putnam, H. (2002). *The Collapse of the Fact-Value Dichotomy and Other Essays*. 노양진 역(2010). 사실과 가치의 이분법을 넘어서. 서울: 서광사.

Sacks, J. (2003). *Dignity of Difference: How to Avoid the Clash of Civilizations*. 임재서 역(2007). 차이의 존중: 문명의 충돌을 넘어서. 서울: 말글빛냄.

Sartre, J. P. (1938). *La Nausée*. 방곤 역(1999). 구토. 서울: 문예출판사.

Sartre, J. P. (1943). *L'etre et le Neant*. 정소성 역(2009). 존재와 무(제2판). 서울: 동서문화사.

Saville-Troike, M. (1989). *The Ethnography of Communication: An Introduction* (2nd ed.). New York: Basil Blackwell.

Schwandt, T. A. (2001). *Dictionary of Qualitative Inquirty* (2nd ed.). London: Sage.

Spry, T. (2011). Performative Autoethnography: Critical Embodiments and Possibilities. In N. K. Denzin & Y. S. Lincoln (Eds.), *The Sage Handbook of Qualitative Research* (4th ed., pp. 497-511). London: Sage.

Strauss, A. (1990). *Basics of Qualitative Research: Grounded Theory Procedures and Techniques*. 김수지 외 공역(1996). 근거이론의 이해: 간호학의 질적 연구 수행을 위한 방법론. 서울: 한울아카데미.

Sünkel, W. (1996). *Phanomenologie des Unterrichts*. 권민철 역(2005). 수업현상학. 서울: 학지사.

Ulvik, M. (2014). Student-Teachers Doing Action Research in Their Practicum: Why and How?. *Educational Action Research, 22*(4), 518-533.

van Manen, M. (1990). *Researching Lived Experience: Human Science for an Action Sensitive Pedagogy*. 신경림 외 공역(1994). 체험연구: 해석적 현상학의 인간과학 연구방법론. 서울: 동녘.

Wittgenstein, L. (1958). *Philosophical Investigations* (Trans. by Anscombe, 3rd ed.). New York: Macmillan.

Wolcott, H. (1992). Posturing in Qualitative Inquiry. In M. LeCompte, W. Millroy,

& J. Preissle (Eds.), *The Handbook of Qualitative Research in Education* (pp. 3-52). New York: Academic Press.

제2장

인간 이해를 위한 문화기술지

박순용(연세대학교)

1. 문화기술지와 현장연구

필드워크(fieldwork) 또는 현장연구를 엄연한 실체로 현현(顯現)하는 가장 구체적인 결과물이 문화기술지(ethnography)이다. 그리고 일상 속의 문화적 과정을 손수 체험해 내며 장기간에 걸쳐 경험을 반추하여 한 줄씩 써 내려가는 작업이 문화기술적 연구(ethnographic research)이다. 연구자는 선별된 문화공유 집단(culture-sharing group)의 일상을 참여관찰, 심층면담, 관련 문헌자료 분석 등을 통해 파악해 가고 몸소 경험하는 과정에서 문화적 실재로서 식별될 수 있는 인간의 사회적 행위에 관한 통찰을 얻는다. 즉, 연구자는 연구현장에서 겪는 복합적인 경험을 상세히 기술하고 해석함으로써 연구대상 집단에 대한 이해와 의미를 이끌어 낸다. 이는 단기간에 수치(數値), 문자, 영상 등 다량의 데이터를 활용해 가치 있는 정보를 양산해 내는 빅데이터 시대를 역행하는 아날로그적 지식 생성 방식의 극단적인 전형이다. 많은 이가 효율과 가성비를 시대적인 가치로 추앙하는 마당에 문화기술적 연구는 어쩌면 학문의 시류가 지나치게 인스턴트화하지 않도록 중심을 잡아 주는 균형추의 역할을 도맡게 되었는지도 모르겠다. 실제로 문화기술적 연구는 현대적인 의미에서 질적 연구의 모태가 된 최초의 영향력 있고 주목받는 시도였다. 문화기술지는 사회문화적 현실을 숫자로 정리하는 방식에 권위를 부여하는 양적 연구가 맹위를 떨친 20세기 중·후반에 걸쳐 질적 연구가 너무 위축되지 않도록 버팀목 역할을 했다. 문화기술지는 오랫동안 다양한 삶의 양태를 보여 주고 그 가운데 우리가 발 딛고 살아가는 사회문화에 대한 새로운 시각과 지적 자극을 제공해 주었다. 이러한 유용성을 지속적으로 웅변한 선구자들은 바로 인류학과 사회학을 필두로 여러 영역에서 활동한 현장연구자들이다. 이들의 업적은 다양한 주제와 형식의 문화기술지로 대변된다. 미시적인 섬세함을 강점으로 내세우는 문화기술지는 이처럼 인류학과 사회학에서 발전시키고 다양한 학문 영역으로 확산한 학문적 소통방식이다.

인간사회는 사람들 간의 암묵적으로 통용되는 문화적 코드를 토대로 존재하고 유지된다. 문화기술적 연구는 기본적으로 집단적 삶을 들여다보는 의도적인 행위이다. 물론 개인을 포커스로 다룰 수도 있으나, 이때의 개인은 어디까지나 집단적 삶을 살아가는 개인이라는 차원에서 관심의 대상이 된다. 문화기술지는 집단적 삶을 살아가는 사람들의 이야기를 들려주는 창구이며, 연구자의 목적은 특정 집단 내에서 다양한 위치를 차지하고 있는 사람들의 일상 또는 특수한 사건을 통해 내부자들에게 통용되는 의미 있는 행위에 잠재된 문화적 과정(cultural process)을 부각하는 것이다. 다시 말해 문화기술적 연구는 누군가의 경험 이면에 놓여 있는 문화적 질서와 논리를 관찰과 체험을 통해 드러내는 방법이다.

문화기술적 연구는 질적 연구가 대부분 그러하듯이 다양한 상황이나 특수한 맥락을 간과하는 근대적 지식의 총체성을 거부하며 지식의 국부성, 우발성, 유동성을 인정하는 가운데 이루어진다. 따라서 문화를 공유하는 특정 집단에 대해 알고 싶을 때, 특히 문화적인 특징에 의거한 행위의 패턴을 식별하고자 할 때 매우 유용한 연구방법이다. 여기서 문화공유 집단이란 가족, 또래

집단, 교실, 동아리 등 상대적으로 단위가 작은 대상일 수도 있고, 학교, 회사, 동네, 마을 등 범위가 상당히 넓은 대상일 수도 있다. 이때, 중요한 전제는 특정 문화공유 집단에 대한 지식이 그 집단의 구성원인 참여자들과의 친밀함으로부터 얻어진다는 것이다. 이에 더해 문화기술적 연구는 연구자가 통제하지 않은 상태의 사회적 현실을 있는 그대로 바라보고 경험한 내용을 독자들에게 전달함으로써, 독자를 연구 장면에 초대하고 연구 환경의 일부가 되는 것이 어떤 것인지를 이해하도록 돕는 독특한 사회과학 연구방법이기도 하다. 따라서 문화기술지는 연구자 개인의 땀과 인내의 징표이자 연구생애사의 일부가 된다. 현장에서 보내는 긴 시간은 간헐적인 깨달음의 순간들과 더불어 인간 삶의 복잡성이 제공하는 다양한 결의 맥락적 성찰을 가능케 한다. 연구자의 통시적(通時的) 깨달음이 문화기술지의 줄거리를 이끌어 가기 때문에 자문화중심적 오만함이나 지적 허영심이 끼어들 여지가 적다. 오로지 끈기와 시간으로 한 걸음 한 걸음 나아가는 우직함이 문화기술지로 구현되는 스토리텔링(storytelling)의 밑거름이 되고, 연구자는 이를 통해 세상과 소통하게 된다.

　문화기술적 연구는 연구자가 연구현장의 광범위하고 포괄적인 일상의 과정을 다루면서 '심층 묘사(thick description)'를 통해 일상의 구석구석을 그려 나가도록 장기적인 현장 몰입을 요구한다. '심층 묘사'는 원래 인류학자 클리퍼드 기어츠(Geertz, 1973)가 상황과 맥락에 따른 인간행동의 고유한 의미를 해석하기 위해 도입한 개념인데, 현장에서 일어난 일을 그 고유한 맥락 및 상황적 조건과 함께 가능한 한 생생하고 치밀하게 현장의 언어로 풍부한 묘사를 하는 것을 일컫는다. 유효하고 신뢰할 수 있는 연구 결과로 이어지는 심층 묘사의 개념은 연구자가 많은 시간을 연구 환경에서 보내면서 관찰을 주요 자료수집 도구로 사용할 때 성립된다. 여기서 직접적인 관찰과 경험을 통한 자료수집은 실제 상황을 그려 내기 위한 가장 신뢰할 수 있는 방식으로 간주되어 궁극적으로 문화기술적 텍스트의 생성 과정에 오롯이 반영된다.

　이처럼 문화기술지는 진정한 삶의 현실(authentic lived realities)을 재현하는 데 중점을 두기 때문에 다양한 문화권에서의 삶의 경험을 투영하는 연구를 할 수 있는 방법론적 유용성을 제공한다. 견고한 문화기술적 접근은 문화나 집단정체성과 같이 더 넓은 범주의 관점에서 지역적 맥락을 연구할 수 있게 한다. 비록 문화기술지는 특정 시점의 상황적 현실(situated realities)에 초점을 맞추는 미시적인 연구행위의 결과지만, 연구자가 기록하는 삶의 복잡성은 거시적인 사회 구조나 종단적인 변화 또한 파악하게 한다. 이와 동시에 문화기술적 연구는 비교문화적인 통찰을 제공한다. 문화기술지의 핵심이 바로 지역적 맥락에서 삶에 대한 사람들의 목소리를 수집해 들려주는 것이기 때문이다. 즉, 문화기술지는 연구자가 알아가는 다른 문화집단의 다면적(multifaceted) 실재를 자신이 속한 문화의 그것과 연결 짓는 가운데 문화의 특수성과 보편성을 터득하게 되는 작업의 결과물이기도 하다. 개인 수준에서 일상을 영위하는 과정에 맞닥뜨리는 사회적 구조, 권력관계, 상호주관적 조우(遭遇)를 끊임없이 의식 · 무의식적으로, 또 시시각각으로 협상하는 인간 경험은 문화기술적 탐구를 통해 더욱 쉽게 비교되고 해석될 수 있다.

문화기술지를 탐독하는 독자에게 인류학에 대한 배경지식을 생략한 채 문화기술적 연구가 갖고 있는 인식론적(epistemological) 당위성을 적절하게 설명하기는 어렵다. 인류학은 인간을 연구하는 종합학문적인 성격을 지니고 있어서 인문학, 사회과학, 자연과학 및 기타 응용학문의 다양한 영역을 수시로 넘나들며 인간이해를 도모한다. 인류학 가운데 고고학, 생물인류학과 더불어 핵심 영역인 문화인류학(또는 사회인류학)은 생동하는 삶의 기록을 자료화해서 문화현상으로써의 집단적 삶에 대한 이해와 의미부여를 학문적으로 풀어가는 학술적 노력의 총체이다. 따라서 문화인류학은 문화기술지와 불가분의 관계이다. 20세기 후반부터 오늘에 이르기까지 문화인류학의 성장은 문화기술적 연구의 다양한 시도에서 비롯된 학문적 금기 깨기와 경계 허물기를 통해 이루어졌다고 해도 과언이 아니다. 이처럼 인류학에 기원을 둔 문화기술지는 오늘날 교육학, 사회학, 경영학, 간호학, 문화학, 미디어학 분야를 포함한 다양한 사회과학 분야에서의 방법론적 필요, 연구 맥락 및 연구 철학에 맞게 적응하고 변화하는 과정 가운데 있다. 이 과정에서 불가피하게 등장한 인식론적 논쟁으로 인해 문화기술지의 본질과 형식 또한 지속적으로 논의의 대상이 되었으며 관점의 차이에 따른 다양한 정의 또한 제시되었다. 문화기술지의 발전은 이처럼 다양한 분야의 여러 연구자가 인식론적 관점을 바꾸거나 경쟁하는 관점들 사이의 균형을 맞추기 위해 노력하는 가운데 이루어졌다고도 볼 수 있다.

집단생활을 하는 인간 대상 연구의 중요한 방식으로 자리 잡은 지 이미 100년을 훌쩍 넘긴 문화기술지는 그동안 수많은 지역에서 다양한 분야의 전문가들에 의해 애용되고 발전되어 왔다. 그런데 문화기술지가 무엇인가에 대해 명쾌한 대답을 하기는 여전히 어렵다. 지금도 변화와 분화의 과정에 놓여 있기 때문이다. 그렇지만 문화기술적 연구가 주어진 환경에서 사람들의 사회적 의미와 행위를 이해하는 데 맥락적으로 긴밀한 연관성과 참여 과정을 포괄적으로 다루는 방법임에는 이견이 없다. 또 다른 의미에서 문화기술적 연구는 자료수집과 분석의 특정한 기교나 요령으로서가 아니라 연구의 장르(genre)로 다룰 때 더욱 잘 이해될 수 있다. 이 장에서는 문화인류학-현장연구-문화기술지의 삼위일체가 어떻게 다양한 현실을 구현해 왔는지를 관련 약사(略史)를 통해 살펴보고, 문화기술지의 장르 분류에 따른 연구 경향과 그 함의를 알아보겠다.

2. 문화기술지의 발전사

1) 문화기술지의 기원

인류학이 학문 분야로 비로소 뿌리를 내리기 시작한 20세기 초반 이전에도 낯선 삶에 대한 기록은 이미 다양한 곳에서 시도되었다. 다른 문화권에 대한 대중의 호기심을 글로 해소하려는 노력이 이미 오래전부터 이루어졌음은 각종 역사적 기록물을 통해 확인된다. 이문화(異文化)에 대한 글은 흥미롭기도 하고, 기괴하기도 하며, 두려움의 원천이 되기도 하지만, 동시에 자신이 속한 문화권을 돌아보는 신선한 관점을 제공하기도 한다. 이러한 맥락에서 혹자는 문화기술적 서술의 기원을 고대 그리스 시대 헤로도토스(Herodotus)의 역작 『역사』에서 찾아볼 수 있다고 한다. 그리스-페르시아 전쟁을 중심으로 고대 지중해 세계의 여러 지역과 종족의 풍속과 문화를 기술한 기원전 5세기 저술인 『역사』는 이문화와 더불어 그리스인들의 세계관과 감수성, 정치·사회 질서의 이면 등을 다채로운 일화와 사건들을 중심으로 보여 주고 있다. 헤로도토스의 서술 방식이 때로는 허무맹랑하게 읽히지만, 다양한 각도에서 역사를 보고 그 행간을 채워 이야기를 들려주려는 시도였다는 점에서 어느 정도 문화기술적 의미를 부여할 수 있겠다(Curthoys & Docker, 2006). 그러나 문화기술지의 효시로 보기에는 헤로도토스의 상상력이 지나치게 개입하고, 공공연하게 그리스 중심의 세계관을 설파하려는 입장에서 글을 전개하므로 현대적인 의미의 문화기술지와는 상당히 동떨어진 구성의 역사서라고 평가된다.

문화기술지가 표방하는 저자의 직·간접 경험을 통한 지식 생성과 이를 전제하는 현장성이 반영된 글쓰기 형태는 헤로도토스의 『역사』 이후로도 우리에게 잘 알려진 혜초의 『왕오천축국전』이나 마르코 폴로(Maroco Polo)의 『동방견문록』 등과 같은 동서양의 다양한 기록물로 점철된다. 일례로 18세기 조선의 지식인 정운경(1699~1753)의 제주도에서의 일상 기록은 그가 만난 제주도민 중 일본, 대만, 베트남에 표류해 갔다가 구사일생으로 돌아온 사람들의 경험 이야기를 많이 다루고 있다. 이들을 통해 접한 외국의 풍물 이야기와 더불어 제주 문화를 탐구하여 집대성한 『탐라문견록』(정운경, 2008)은 관찰과 면담 및 문헌 연구가 실제로 꼼꼼히 이루어져서 문화기술적 요소를 두루 갖춘 조선 시대의 기념비적인 사료(史料)이다. 이 외에도 주목할 만한 예로는 1712년에서 1717년까지 거의 6년에 걸쳐 예수회(Jesuit) 선교사로 캐나다에서 이로쿼이(Iroquois) 원주민들과 함께 지내며 그들의 언어를 습득하고 문화에 대해 기록을 남긴 라피토(Lafitau)를 들 수 있다. 라피토의 공헌은 원주민 문화를 장기간 직접 체험하고 이를 바탕으로 내부자적 관점에서 참여관찰과 기록을 남긴 거의 최초의 시도였다는 데 있다.[1] 이처럼 오늘날의 문화기술지와 유사한 서술방식은 20세기 이전의 여행자, 사업가, 선교사, 파견관리 등의 이문화 경험에 대한 기록물 곳곳에서 찾아볼 수 있다. 그러나 체계적인 학술적 요건을 갖추기 이전의 이러한 기록물들은 모건[2]의 주장처럼 비교문화적 견지에서 학문적으로 접근하는 일관된 포커스가 결여되어 있으므로 민족학의 전단계(pre-ethnology) 산물로 간주된다.

그럼에도 불구하고 현대적인 의미의 문화기술적 시도를 찾아보면, 실제 현장에서 굳이 장기간을 체류하며 체험과 관찰을 통한 기록물을 만들어 내는 지식 생산의 원형은 주로 식민주의/제국주의 시대에서 찾아볼 수 있다(Asad, 2002). 식민 지배를 영속화하려는 의도를 노골화한 열강들은 복속시킨 지역을 원활하게 통치하기 위해 식민지에 뿌리내린 로컬문화와 통치 대상의 집단적 논리구조에 대한 이해가 필요하다는 것을 잘 알고 있었다. 그들은 식민지에서의 갈등을 해결하고 통치자에게 유리한 새로운 사회 질서를 구축해야 하는 현실적인 문제에 직면하면서 지배 논리를 강화하고 현지인들을 동화시키는 궁극적인 목표를 늘 염두에 두고 있었다. 현장에서의 직접적인 자료수집 방식으로 멀리 떨어진 곳이나 개척지의 원주민 문화에 대해 광범위한 현장연구를 한 초창기의 '문화기술적 활동'은 정복지의 지역문화를 이해하고 이를 공략하기 위한 기초지식을 제공했다. 특히 인류학이 학문 분야로 정립되기 이전에는 민속학자나 지리학자들이 정부의 지원으로 탐험대를 꾸려 개척지를 조사하는 경우가 많았는데, 그들이 남긴 기록물 가운데는 오늘날에도 주목할 만한 문화기술적 통찰이 종종 발견된다. 이들 가운데 대표적인 사례

---

[1] 조셉 프랑수아 라피토(Joseph François Lafitau, 1681~1746)는 현지에서 쓴 기록을 모아 1724년에 『Moeurs des sauvages Amériquains, comparées aux moeurs des premiers temps(아메리카 인디언의 풍습과 원시 시대의 풍습 비교)』라는 제목으로 책을 출간했다.

[2] 루이스 헨리 모건(Lewis Henry Morgan, 1818~1881)은 북미 이로쿼이 부족을 비롯해 다양한 원주민 집단을 현장에서 연구한 인류학자로 알려져 있으나 그 역시 당시 사상계를 지배하던 사회진화론의 틀 안에서 진보의 단계를 나누어 대상을 분류하려 했다. 현장연구를 했다는 점에서는 분명 '안락의자 인류학자'에서 진일보했지만, 현대 인류학의 관점에서는 모건 또한 현장경험이 풍부한 19세기의 사회이론가일 뿐, 현대적인 의미에서의 인류학자로 보기에는 논란이 따른다.

로 북미의 헨리 스쿨크래프트[3]나 러시아의 게르하르트 뮐러[4]를 손꼽을 수 있다. 그러나 이 시대 대다수 기록의 주체는 대상의 타자성(他者性)에 주목하고 문명과 야만의 경계 짓기를 당연시하면서 식민지 정복의 논리를 구축하는 데 자의 반 타의 반 일조하였다. 그 과정에서 주로 서구중심적 세계관과 타자에 대한 상상력을 덧씌워 자문화중심적 선입견을 강화하는 기록물이 대거 양산되었다.

19세기 후반에 이르러서는 현장에 가보지 않고 앉은 자리에서 2차 자료를 통해 조합해 낸 창작의 산물을 학술적인 형식을 빌려 일필휘지(一筆揮之)하여 독자들에게 떠먹여 주려는 유럽과 북미의 소위 '안락의자 인류학자(armchair anthropologist)'들이 등장하게 된다. 이들의 창작물은 유사인류학적(pseudo-anthropological) 기록물로 폄하되기도 하지만, 드물게 인류학 연구의 원형(prototype)으로 존중받는 사례들도 있다. 일례로 1890년에 출간된 제임스 프레이저 경(卿)의 『황금가지: 비교종교학 연구』(Frazer, 1890)는 저자 본인이 고백했듯이 사변적이고 추론에 의존한 글쓰기였음에도 불구하고 유럽의 현대 문학과 사상계 전반에 큰 반향을 일으켰다. 프레이저는 "나의 저서처럼 '다른 문화에 대해' 단지 추론에 기반을 둔 글쓰기는, 더 온전한 지식을 근거로 쓰인 귀납적 '연구' 결과물들에 의해 조만간 대체될 것이다."라고 하여, 차세대 인류학자들의 현장연구를 장려함과 동시에 자신의 집필 한계를 자인했다(Downie, 1970: 112).

20세기에 들어와서 프랑스 사회학자 에밀 뒤르켐(Emile Durkheim)이

---

3) 헨리 로 스쿨크래프트(Henry Rowe Schoolcraft, 1793~1864)는 지리학자 겸 민속학자로 19세기 초·중반 주로 미국의 중서부 지역에서 지형과 지질 조사를 하면서 만난 원주민들에 대해 다양한 기록물을 남겼다. 1846년에 미국 의회로부터 본격적인 원주민 연구를 위탁받은 후 장기간의 현장 탐사를 통해 1851년에서 1857년에 걸쳐 『미국의 인디언 부족(Indian Tribes of the United States)』 제하에 총 6권의 원주민 연구 결과 보고서를 책의 형태로 발간하였다.

4) 게르하르트 프리드리히 뮐러(Gerhard Friedrich Müller, 1705~1783)는 독일계 러시아인으로 역사가이자 민속학자이다. 뮐러는 1733년~1743년에 이른 제2차 캄차카 탐사에 참여하면서 우랄산맥 동쪽의 삶과 자연에 대해 조사했다. 탐사대와 함께 시베리아 곳곳을 다니며 지도 제작을 위한 기초자료를 수집하는 동시에 시베리아 지역 거주집단의 풍속, 복식문화, 종교, 의례 등을 상세하게 기록했다.

1912년 출간한 『종교 생활의 원초적 형태(Les Formes élémentaires de la vie religieuse)』는 호주 아룬타(Arunta) 원주민들의 종교가 어떻게 사회적 연대를 이끌고 사회를 유지하는 데 도움을 주었는지에 대한 기능주의적 분석을 했다는 점에서 최초의 학술적 참여관찰을 한 것으로 인정받기도 한다. 1920년대 초에 등장한 인류학의 선구자들은 관주도의 정치성에서 벗어나 본격적으로 자신들의 연구 의도와 관심을 체계적인 학술성과로 만들어가기 시작했다. 보아스(Boas), 말리놉스키(Malinowski), 래드클리프-브라운(Redcliff-Brown), 에반스-프리처드(Evans-Pritchard)를 포함해 미국과 영국 학계에서 왕성하게 활동한 1세대 인류학자들은 서양 문화와 동떨어진 소규모 사회를 연구할 목적으로 고전적 문화기술지를 정착시켰으며 현장연구와 관련된 이론적 당위성과 입장을 발전시켰다. 가령 말리놉스키는 "베란다에서 내려오라!"라는 선언을 통해 연구대상의 삶을 가까이서 직접 경험하면서 현지인들에 대한 존중과 공감을 바탕으로 식견을 넓혀 가는 현지조사연구의 중요성을 일깨워 주었다. 이처럼 1세대 인류학자들은 일상, 의식, 공동 신념, 언어, 종교 문제 및 사회 전반의 삶을 밀착해서 관찰하고, 사람들의 세계관을 구성하는 미묘한 부분들을 이해하여, 보다 큰 제도적·문화적 맥락과의 연결고리를 설명하는 데 주력했다.

2) 통섭(通涉, convergence)과 분화(分化, divergence)

문화인류학에서 지식의 원천으로 삼는 현장연구의 결과물인 문화기술지는 다양한 연구자의 문화적 통찰 과정을 기록하고 공유하는 방식으로 자리 잡게 되었다. 이러한 가운데 인류학자들에 의해 생성된 문화기술지들이 보여 주는 인간 이해의 확장 가능성과 그 파급력은 곧 인접 학문 분야에서도 주목받게 된다. 무엇보다 질적인 접근을 통해 인간사회에 대한 이해를 구하는 방식의 명분과 정당성을 확인할 근거를, 문화기술지를 통해 축적된 학술적 성과에서 발견할 수 있었다. 이와 더불어 논리실증주의의 편향성이 드러낸 한계와 맹점들로 인해 인간사회를 온전하게 파악할 수 있을까 하는 사회과학자들 사이의 회의감 또한 질적 접근의 여러 시도를 점화시키는 데 일조했다고 볼 수 있다. 즉, 다양한 학문 분야에서 연구자가 인식론적 한계에 부딪혔을 때 질적 접근을 방법론적 돌파구로 차용하게 되었으며 이러한 경향은 양적 사고로 경도된 지식관이 고루해지지 않도록 기능했다. 이때, 그들이 주저 없이 질적 연구를 수행할 수 있었던 자신감의 근원은 상당 부분 문화기술지라는 질적 접근의 터줏대감에 기댈 수 있기 때문이라고 말할 수 있다. 즉, 1세대 인류학자들에 의해 소개된 인간연구에서의 현장성을 중시하는 경향은 후속세대의 학자들에 의해 굳건한 전통으로 계승되어 인류학을 넘어 사회과학 전반에서 질적 연구방법을 견인했다고 볼 수 있다.

인류학과 더불어 문화기술지를 사회과학 연구의 한 축으로 정착시킨 공로는 시카고학파(Chicago School)로 명명되는 사회학자들에게 돌릴 수 있다. 시카고대학교를 중심으로 1920~1930년대 미국 사회학의 발흥 주체가 된 사회학자들은 미국 내 대도시의 삶에 대한 연구를 중심으로 사회학의 토착화를 주도했다.[5] 이를 뒷받침하는 구체적인 증거는 시카고대학교의 사회학자들이 1917년에서 1942년 사이에 양산한 다수의 문화기술지[6]뿐만 아니라 시카고대학교의 문화기술적 수련과정 관련 정규과목 편성에서도 찾아볼 수 있다. 시카고대학교에서는 경험적 연구를 통해 시카고의 사회적 다양성을 창조적으로 묘사하고 설명하기 위해 연구와 이론을 통합한 획기적인 방법론적 돌파구를 모색하였다. 시카고대학교는 선도적으로 독일 형식주의와 미국 실용주의와 같은 지적 전통과 상징적 상호작용주의나 민속방법론 같은 연구방법을 통합하여 문화기술적 텍스트를 만들기 위한 융합적인 학문 활동을 전개했다.

---

5) 19세기 말 유럽대륙으로부터 사회학이 들어왔지만, 미국 현실에 적합한 학문으로 사회학을 토착화하려는 초기 사회학자들의 시도는 이 시기에 이르러서야 본격화되었다(Calhoun, 2007).

6) 당시에는 이러한 고전적인 사회학 연구를 '문화기술지'라는 용어로 지칭하지 않았지만, 후대에 가서 '시카고 문화기술지(Chicago ethnography)'로 통칭하게 된다.

시카고학파의 주된 포커스는 민속, 이민자 공동체, 공업지대, 농장, 도시 빈민과 같은 소외된 집단 등을 연구하는 사회학적 관심사라는 점에서 초창기 인류학자들이 먼 타지의 낯선 문화를 주로 다루었던 것과는 색깔을 달리했다. 20세기 중반에 이르러 사회학자들은 인구통계학적 문제, 집단적 행동패턴, 종단적 사회상의 변화 등을 연구하기 위해 문화기술지의 적용 범위와 권한을 확장해 나갔다. 그 가운데 특히 일탈적이고 비행적이며 소외된 사회 집단의 행동 변화에 대한 근거 있는 설명을 제공할 목적으로 문화기술적 연구가 자주 시도되었다. 사회과학자들은 더 나아가 문화기술지를 활용하여 복잡한 조직과 직업구조, 예컨대 노동분업, 직업관행, 사회정책 등의 맥락에서 문화를 연구하였다.

　이러한 문화기술지 용례의 확대가 영·미를 중심으로 20세기 후반부터 점차 여러 학문 분야에서 확인되기 시작하였다. 문화기술지의 정의와 관련하여 일시적인 혼란이 생기기도 하였으나, 다양한 학문 분야에서의 문화기술적 접근 가능성은 비로소 활짝 열리게 되었다. 문화기술지는 시간이 지남에 따라 여러 장르로 분화하고, 전공 분야를 초월하며, 초점과 목표를 다변화하였다. 1990년대 들어 더욱 광범위해진 이러한 전환의 과정은 포스트실증주의, 비판이론, 구성주의, 포스트구조주의의 대두와 함께 질적 접근을 다채롭게 하였다. 이러한 토양 위에 인식론적 다원화에 힘입어 문화기술지도 통섭과 분화의 과정을 겪으며 성장하였다. 문화기술적 방법론은 교육학, 언어학, 의학, 문화학, 저널리즘, 영화학, 경영학 및 소비자 연구와 같이 전례 없이 다양한 학문적 연구 환경의 일부가 되었다. 새로운 문화기술적 시도는 동시다발적으로 각 학문 영역의 고유한 특징에 따라 문화기술지를 변용하는 방식으로 나타나기도 하고, 또 색다른 형태의 질적 연구방법을 잉태하기도 했다. 이 단계에서 문화기술적 연구는 목적, 초점 및 관심사를 다변화시키는 동시에 데이터 수집, 분석 및 표현 방법을 필요에 따라 개량해 갔다. 결과적으로 인식론적 입장, 데이터 수집 및 분석 수단, 표현 및 전달 방식이 서로 다른 여러 형태의 문화기술적 시도가 이어졌다. 또한 문화기술적 연구의 가치와 타당성[7]을 판단하는 기준 또한 현장연구에 대한 인식론적 관점과 연구자의 성향에 따라 다원화되었다. 이 가운데 문화기술지는 서로 다른 인식론에 기초하여 대표적으로 고전적 문화기술지, 비판적 문화기술지, 해석적 문화기술지라는 세 갈래의 포괄적인 문화기술적 장르로 분류할 수 있게 되었다. 이러한 문화기술적 장르는 각기 무엇이 연구할 가치가 있는지, 무엇을 알 수 있는지 그리고 어떻게 우리가 연구주제에 대한 지식을 얻을 수 있는지에 대한 철학과 접근방식을 달리한다.

3. 문화기술지의 장르별 분류와 이해

1) 문화기술지의 힘찬 첫걸음: 고전적 문화기술지

문화기술지의 특징은 연구자가 연구되고 있는 특정 집단의 사회 구조에 대해 알려고 할 때, 관련 문헌을 찾는 데 시간을 보내기보다 전개되는 삶의 현장에서 현재의 구조와 이를 떠받드는 구성원들의 역동을 직접 관찰하고 경험하여 파악하는 것을 가장 확실한 방법이라고 본다는 데 있다. 이는 앞서 소개한 '안락의자 인류학자'들이 주로 2차 자료 편집을 통해 타자를 재단(裁斷)하여 주류 백인들의 선입견을 오히려 강화해 온 것에 대한 반작용으로 시작되었다고도 볼 수 있다. 참여자들의 문화를 사실적으로 그려내기 위해서는 연구자가 연구대상 문화를 총체적으로 파악해야 하고 이를 위해 많은 시간을 연구 현장에서 보내게 된다. 따라서 특정 문화 내에서의 장기 체류와 몰입은 필수적인 과정이며 참여관찰과 심층면담으로 대변되는 현장연구는 문화기술적

---

7) 포스트모던 전환점 이전 문화기술적 연구는 실증주의 연구가 표방하는 '타당도'(validity: 데이터가 연구하는 현상을 얼마나 정확하게 반영하는가)의 개념을 느슨하게 원용하여 문화기술지에 적용될 수 있는 다른 준거와 함께 평가받았다. 가령 해머슬리(Hammersley, 1990)는 문화기술적 데이터에 대한 평가가 타당도와 함께 '타당성(relevance: 대상과의 연관성)'을 통해 이루어져야 함을 주장한다.

연구의 동의어로도 종종 이해된다. 문화기술적 연구에서 연구자는 현장체험이 부여하는 일종의 '권위'를 통해 신빙성 있는 분석과 해석을 본인의 방식대로 정리하고 설명한다. 이러한 설명은 연구대상 집단 내에 존재하는 문화적 요소들에 대한 일련의 위계적 · 다원적 항목화를 통해 구체화되고, 이는 연구 중인 사회 현상에 관한 가설과 이론의 생성으로 이어지는 일반적인 진술로 체계화된다.

그런데 고전적 문화기술지(classical ethnography)의 인식론적 토대는 문화적 실체가 개인 수준의 생각이나 가치와는 무관하게 존재하며 묘사 가능한 형태로 연구자에 의해 포착될 수 있다는 것을 전제한다. 즉, 사람들의 일상 경험은 개개인이 가진 동기나 의도에 의해서가 아니라 공유하는 문화코드를 통해 작동되는 질서에 의해 조정되는 것으로 본다. 따라서 문화적 현실은 연구자가 이를 매개하는 가운데 재창조되는 것이 아니라 이미 존재하는 것이며, 연구자는 이를 충실하게 드러낼 뿐이다. 즉, 집단 구성원 간에 사회적 행위와 상호작용이 일상적으로 전개되는 와중에 그 행위를 유발하고 반복하게 하는 질서가 존재하며 이는 더 큰 거대 구조 및 담론과 연결되어 있다고 보는 것이다. 이때, 사람들의 일상 경험은 개인적 동기나 의도보다는 구조를 떠받치는 제도적 질서에 의해 영향을 받는 것으로 본다.

고전적 문화기술지가 표방하는 이러한 인식론적 입장은 실제로 연구의 수행 전반에 걸쳐 상당한 영향을 미친다. 고전적 문화기술지는 연구자가 비록 현장에서는 현지인들과 충분한 교감과 교우의 경험이 있었을지라도, 자료를 정리하고 이를 글로 표현하는 단계에서는 가급적 감정이입을 절제하고 공정하며 냉정한 방식으로 쓸 것을 요구한다. 이러한 접근은 연구자와 연구과정 모두가 최종 결과물에는 명료하게 드러나지 않게 함으로써 소기의 목표가 달성된다. 예컨대, 문화기술지의 전범(典範)으로 인정받는 말리놉스키의 트로브리안드섬에서의 연구는 고전적 문화기술지의 특징을 그대로 보여 준다(Malinowski, 1922). 말리놉스키는 장기간 문화기술적 현지조사를 하며 원주민들과 혼연일체가 될 정도로 가까이 생활하여 그들의 삶을 속속들이 알게 되었다. 그 결과, 그는 이들이 '미개한 원주민'이 아니며 '문명'의 개념 자체가 지극히 상대적이므로 모든 사람은 서로 다른 방식으로 문명화되었음을 주장하였다. 그런데 문화기술적 서술과는 달리 사후에 공개된 말리놉스키의 개인적인 일기장에서는 필드워크 내내 겪었던 감정의 굴곡을 따로 고스란히 적어 놓았는데, 곳곳에 인종차별적 언사와 나르시시스트적 우월감이 발견되어 인류학계에 큰 파장을 일으켰다(Malinowski, 1989). 즉, 대상을 관찰하고 분석하는 연구자적 자아와 현장에서의 순간순간을 몸소 겪어 내는 개인적 자아가 분리된 것처럼 다루어졌음을 알 수 있다.

  이처럼 고전적 문화기술지에서 연구자는 문화적 현실이 연구자의 풍부한 심층 묘사와 참여자들의 광범위한 경험에 대한 직접 인용구들을 통해 정확하게 파악되고 재현될 수 있다는 믿음으로 임하지만, 발견한 내용을 청중(audience)과 공유할 때는 최대한 중립적이고 감정이입이 되지 않은 제3자의 위치에서 권위적인 목소리로 이를 소개하려 한다. 즉, 고전적 문화기술지는 현장에서 체득한 지식만이 지식으로서의 권위를 부여받는 일반적인 문화기술적 전통을 여전히 고수하지만, 연구자의 체험 영역을 부각시키거나 직관에 의한 상황판단을 고백하는 형식이 아니라 발견된 여러 근거를 통해 대상을 총체적으로 그려 가는 가운데 주제를 명료화하려는 경향을 보인다. 이때 고전적 문화기술지의 독자들은 글로써 접하게 되는 최종 결과물에서 객관적인 자료를 근거로 하는 정확한 설명과 논리적 추론을 토대로 타당성을 판단하게 된다.

  그런데 고전적 문화기술지로 통칭되는 주로 초창기 문화기술적 연구들은 연구대상 집단에 대한 역사성을 다루는 데 있어서는 인식론적 관점에서 차이를 보여 왔다. 우선, 말리놉스키의 기능주의와 래드클리프-브라운의 구조기능주의로 잘 알려진 20세기 초반 영국의 사회인류학자들의 경우, 사회적 실재와 문화적 현실이 주로 과거에 대한 역사적 추론이 연속성을 갖고 현재에 중요한 영향을 미친다는 사고에 배치(背馳)되는 반(反)역사적 태도를 보였다. [8] 따라서 그들은 시간의 흐름에 따른 변화 양상이나 추이보다는 연구 시점을 중심으로 발견되는 문화적 기능이나 사회적 구조에 주로 주목했다. 이는 어쩌면 식민지를 경영하는 주체인 유럽인들이 스스로를 문명의 정점에 서 있다고 자부하고 먼 곳의 식민지 원주민을 '역사가 없는 사람들(people without history)'로 치부하며 내려다보려 했던 20세기 전반기의 시류가 작용한 결과일 수도 있다(Wolf, 1982). 특히 래드클리프-브라운의 경우, 사회는 유기체적으로 체계화되고 조직된 것으로 간주되며, 기계적으로 구성된 사회 유기체의 구성 요소들은 전체 시스템의 균형을 유지하는 데 있어 특정한 역할을 수행한다고 보았다(Radcliff-Brown, 1957). 이때, 문화기술지의 역할을 사회 전체를 구성하는 여러 구성 요소 사이의 실제적 관계의 패턴을 설명하는 것으로 정의했다.

이와는 달리, 오늘날 인류학의 아버지로 추앙받는 프란츠 보아스(Franz Boas)는 역사의 연속선상에서 문화를 탐구할 필요성을 주장했다. 그가 창시하고 이끈 북미의 문화인류학은 연구대상이자 동시에 공존해야 했던 북미 원주민들의 역사적 연속성을 간과하면서 그들의 행위원리인 문화적 논리를 파악하기가 어렵다는 깨달음에서 출발하고 있다. 결과적으로, 원주민들이 구축해 놓은 문명에 대한 몰이해로 인해 문명파괴로 이어진 백인들의 오만함에 대한 통찰이 문화기술적 기록물 곳곳에 스며들게 되었다. 그러나 백인들의 이러한 오만함이 원주민들에 대한 폭력과 말살로 이어진 데 대한 고발 자체가 연구목적이 아니었다는 점과 원주민을 외부의 영향에도 불구하고 공고한 문화집단으로 대상화하였다는 점에서 고전적 문화기술지의 테두리를 벗어나지 않았다고 볼 수 있다. 이처럼 소위 1세대 인류학자들로 일컬어지는 영미 인류학자들은 몇 가지 차이점이 있었음에도 불구하고 공통적으로는 장기적인 현장 체험을 통해서만 확인 가능한 문화의 실재를 정확하고 객관적으로

---

8) 공교롭게도 이들의 제자 중 일부는 현지조사를 통해 관습, 제도, 사회적 구조를 이해하기 위해서는 해당 지역의 역사에 대한 지식이 필수 불가결하다고 보았고 역사인류학(historical anthropology)을 파생시켰다.

포착하려고 노력하고 기술(記述)하는 가운데 이를 본질적으로 재현할 수 있다고 믿었다. 이러한 유형의 문화기술지는 객관적으로 '있는 그대로'를 보여 주려는 시도를 주로 한다. 즉, 우발적인 관찰을 고정적이고 구조화된 설명으로 변환하여 문화현상을 역동적이기보다는 정적(靜的) 실체로 파악하고 사실주의적으로 표현하려는 경향을 보인다. 문화기술지의 원형으로 간주될 수 있는 고전적 문화기술지는 인류학의 선구자들에 의해 힘차게 출발했으며 후속 세대 인류학자 및 타 영역의 사회과학자들에 의해 점진적으로 보다 성숙하고 다채로운 문화기술지의 형태로 발전되어 나아갔다고 볼 수 있다.

2) 변화에 대한 기대를 담다: 비판적 문화기술지

비판적 문화기술지(critical ethnography)는 1950년대 후반과 1960년대 초 무렵의 지배적인 사회문화적 현실에 의해 시작되었다. 이 시기는 제2차 세계 대전 종전 후 식민주의의 종말과 냉전으로 인한 국제질서의 재편이 진행되던 때이다. 이러한 배경에서 문화기술지의 관심사는 오지나 타지의 낯선 삶에서 연구자가 소속된 사회 내의 각종 조직이나 소외된 집단의 삶을 적극적으로 탐구하려는 내부지향적 전환이 이루어졌다. 이는 문화기술지가 인류학자들의 전유물이 아니라 이미 다양한 사회과학 영역으로 확산이 진행되고 있었음을 방증하는 것이기도 하다. 이러한 추세는 이문화를 주로 다루던 고전적 문화기술지의 방식으로 사회의 소외되거나 억압받거나 일탈적인 집단을 연구하는 데 한계가 있다는 깨달음으로 이어졌고, 문화기술적 연구에서 비판적 접근의 필요성이 대두되었다. 실제로 고전적 문화기술지에서는 문화상대주의(cultural relativism)에 따라 연구자가 가치판단의 개입을 의식적으로 경계하는 성향이 있어서 사회적 문제의 본질을 비판하기보다 문화적 현실의 상황을 있는 그대로 그려 가는 데 그치는 경우가 많았다. 그뿐만 아니라 내재되어 있는 구조적 폭력이나 억압과 차별의 기제를 사회정의 문제로 연결 짓거나, 변화를 가져오기 위한 적절한 해결책을 제시하는 경우가 드물었다. 반면에 비판적 연구는 특정한 사회문제에 대한 연구자의 책무의식에서 시작되는 경우를 자주 볼 수 있다.

비판적 접근의 필요성을 주장하는 문화기술적 연구자들은 연구자가 현장에서 경험하는 현실이 모호할 뿐만 아니라, 때에 따라 왜곡되고 조작되어 진정한 현실을 재구성하는 데는 많은 어려움이 따른다고 본다. 그래서 유기적으로 구조화되어 사회적 현실을 유지하는 상태에 대해 의구심을 갖고 바라본다. 비판적 연구에 내재된 가정은 현대 사회가 인간 존재를 제약하는 문화에 의해 복잡하게 유지되고 재생산되는 불평등의 체제를 대부분 의식하지 못하고 있다는 점이다. 집단 내의 의미생성의 주체들 간에 힘의 차이가 존재한다는 것을 인정함으로써, 비판적 문화기술지는 권력의 편성과 이를 지탱하는 문화적 체제의 실태를 밝히고 사회정의를 재고하도록 유도하는 데 중요한 역할을 한다. 대표적인 예로 폴 윌리스의 문화기술적 연구인『학교와 계급재생산』(Willis, 1977)은 영국에서 학교가 노동자 계층의 가정을 배경으로 가진 학생들을 노동자 계층의 일자리로 유도하는 매개체라고 보고 청년들의 문화와 사회화의 과정을 설명하려고 한다. 학교는 학생들에게 학교 규율에 대해 순종하고 즐거움을 유보하도록 요구하지만, 그 대가로 제공하는 보상은 상대적으로 미미해 학생들로 하여금 학교문화에 저항하게 만들고 이는 결국 자발적인 교육 포기로 이어져서 노동자 계층에 편입될 수밖에 없는 상황을 만든다.

비판적 문화기술지와 고전적 문화기술지는 연구자가 누군가의 경험에 관해 연구를 시작하고, 누군가의 처지에서 지식을 산출한다는 공통점이 있으나 본질적으로 상반되는 일련의 특징과 지향점으로 인해 확연히 구별된다. 가장 일반적으로 거론되는 차이점은 고전적 문화기술지가 서술적 절차에 치중하는 데 반해 비판적 문화기술지는 분석적 절차에 주력한다는 것이다. 이러한 구분은 지나치게 단순할 수도 있지만, 실제로 비판적 문화기술지의 생성을 위한 분석적 매핑(mapping)에서 글쓰기 단계에 이르기까지 연구자는 의식적으로 비판적 관점을 고수하기 위한 다양한 전략과 방법을 사용한다. 비판적 문화기술지에서는 참여자의 세계를 단선적이면서 어느 정도 완성된 하나의 실체로 표현하는 것이 아니라, 전개되는 현실을 만들어 내는 근본적인 구성과 역동을 드러내려 하고 그 과정에서의 불합리함, 모순, 개선 가능성에 주목한다. 이는 연구자가 연구주제 선정에 있어서 낯설거나 단순한 호기심만으로 시작하는 것이 아니라 주제와 주관적으로 관련되며 성찰을 통해 이러한 주관성을 가감 없이 제시하는 형식적 · 내용적 절차를 추구함을 의미한다. 또한 연구참여자들은 연구자가 일상적인 모습을 포착하기 위해 무작위로 만나고 관찰하는 대상이 아니며, 참여자들이 알고 있는 지식과 처한 현실에 대한 스스로의 생각을 듣기 위해 가능한 한 의도적으로 선발되는 사람들이다. 연구 과정에서는 연구자와 참여자 사이의 대화적(dialogic) 상호작용을 통해 문화 전반에 걸쳐 일상적이고 당연한 것으로 간주되는 제도, 규범, 관습 등을 다른 차원에서 점검하고 의식화한다. 즉, 행위자로서의 연구참여자에게 일상의 논리를 다시 생각해 볼 기회가 주어진다. 궁극적으로 연구의 과정과 결과 모두를 기존 질서에 도전하는 자극적인 텍스트로 변환하여 사회의 통념이나 구조의 변화를 촉구한다. 따라서 비판적 문화기술지는 안정적인 현실의 재현에 우선순위를 두기보다 연구자와 참여자 사이의 대화를 통해 해방(liberation)과 임파워먼트(empowerment)를 경험하고 근원적인 문제의식을 싹트게 함으로써 역동적 삶이 구성하는 현실에 긍정적인 변화를 가져올 수 있도록 한다.

이처럼 고전적 문화기술지와는 확연하게 다르게 비판적 문화기술지는 명시적인 정치적 목적과 사회적 행동 요소를 담아서 기존 질서에 도전하고, 작동하는 사회 구조에 대한 변화 가능성을 보여 줌으로써 사람들이 그들의 정치적 · 사회적 지위를 변화시키는 데 일조한다. 이를 위해 연구자는 보이는 것이 전부가 아님을 전제하여 사회적 삶의 어둡고 억압적인 면을 드러내고 겉으로 보이는 평온한 일상 이면의 실재를 세세하게 들여다보는 데 주저하지 않는다(Thomas, 1993).

비판적 문화기술지의 두드러진 강점은 어떤 절대적인 의미에서 옳고 그름에 대한 가치판단을 하려는 것이 아니라, 무엇이 유용하고 실용적인지, 어떻게 실천의 과정을 통해 일상의 현실을 보다 나은 상태로 변화시킬 수 있는지를 다루는 데 있다. 예를 들어, 비판적 문화기술지는 사회적 현실 이면의 가부장적 · 젠더적 · 인종적 · 권위적 실체와 구조적 불평등을 밝혀내고 문화적 기제가 어떻게 작동하여 이를 유지하게 하는지를 사회 구성원 개인 수준의 경험에 접근하여 집단적 역동을 이해시킴으로써 이를 의식하게 할 수 있다. 따라서 문화기술적 연구에서 비판적 접근을 선호하는 연구자들에게 고전적 문화기술지는 주어진 현실을 '있는 그대로' 전달한다는 핵심 목적마저도 종종 놓치고, 오히려 지배적인 집합표상(集合表象, collective representation)을 강화하고 주류의 목소리를 대변하는 것처럼 보인다. 실제로 많은 고전적 문화기술지의 경우, 일관된 문제의식에서 출발하기보다는 주어진 사회문화현상에 대한 사실적인 서술에만 치중하는 경우가 많아 그 자체로써 변화의 기폭제가 되기에는 상당한 한계가 있었다. 예컨대, 고전적 문화기술지에서 재현하려는 문화적 현실은 종종 참여자들이 스스로를 바라보는 생각의 범위를 넘어서지 못해 자성(自省)과 의식화의 단계로 나아가지 못한 채 마무리된다. 그 결과, 연구대상 집단에 대한 피상적인 이해에 그치고 마는 경우가 있을뿐더러, 이 과정에서 수립된 이론들이 본의 아니게 비주류 집단 구성원들의 소외되고 억압된 지위를 영속시키는 데 이바지할 여지도 있다.

　비판적 문화기술지의 한계로 지목되는 점은 소외되거나 특이한 집단에 대한 지나친 강조로 인해 주제의 범위가 한정적인 경향을 보인다는 것과 사회 내의 주류에 해당되는 사람들이 억압이나 배제의 차원에서가 아니라 순수하게 이러한 집단을 어떻게 바라보는지가 상대적으로 덜 다루어진다는 것이다. 이 밖에도 비판적 문화기술지에서는 흔히 연구대상 그 자체를 '문제'로 여기고 연구자 자신을 스스로 해결책을 제시하는 '해결사'로 격상시켜서, 참여자들이 연구자의 해법과 담론을 수동적으로 받아들이도록 영향력을 행사하는 위험도 배제할 수 없다(Bruni, 1995). 또한 연구자 자신이 소외된 집단의 일원인 경우, 스스로의 의식적인 노력에도 불구하고 연구에 정치성이 스며들 수밖에 없으므로 여러 방법론적 · 윤리적 · 전문적인 문제를 초래할 수

있다. [9)]

실제로 고전적 문화기술지에 대한 불만을 표출한 연구자 중 다수는 그들 자신이 소외되거나 억압받는 집단 출신이며, 이러한 배경 때문에 스스로 다양한 오해나 편견의 대상이 되었다고 주장한다. 이러한 맥락에서 비판적 문화기술지의 주제는 종종 연구자 자신이 사회적 존재로서 열정적으로 다루거나 개인적으로 연관될 수 있다(Thomas, 1993). 공교롭게도 비판적 문화기술지가 각광 받기 시작한 시점은 '주류 사회의 백인 남성 연구자'가 아닌, 문화기술지를 통해 자신에 대한 그릇된 묘사를 당한 경험이 있으며 그 원인을 탐구하고자 했던 '비주류 연구자'들에게 미국과 유럽의 학계가 본격적으로 문호를 개방해 준 1980~1990년대부터이다. 게다가 이러한 비주류 학자들의 견해가 초기에는 마르크스주의, 신마르크스주의, 베버주의 이론과 접목되었고, 궁극적으로 페미니즘, 비판 이론, 비판적 인종 이론(Critical Race Theory) 등과 만나 비판적 문화기술지라는 장르로 급격히 발전되었다.

비판적 문화기술지는 가치중립적이고 객관적으로 사회 현실을 보여 주려는 인식론적 접근에 머무르지 않는다. 실제로 착취당하고 힘없는 집단 사람들의 목소리를 들려주고 적극적으로 변화와 사회정의를 추구하는 인식론의 전환과 함께 확산하였다. 즉, 20세기 후반에 이르러 고전적 문화기술지가 추구하는 '있는 그대로 보여 주기'는 비판적 문화기술지의 '목소리 부여하기'로 서서히 대체되는 것으로 보였다. 비판적 접근이 삶의 원리에 대한 진리를 발견하기보다 주어진 현실을 흐리고 왜곡하고 조작하는 일상 이면의 작동원리와 그 주체를 드러내는 데 주력하듯이, 비판적 문화기술적 연구 또한 기존 사회가 지닌 내재적 모순과 부정의를 파헤치는 일련의 학술적인 활동으로 추진력을 얻었다. 이러한 추세는 21세기에 들어서도 여전히 주목받고 있으나, 고전적 문화기술지를 완전히 대체할 것이라고 예견할 수는 없다. 오히려 고전

---

9) 이와 관련해 콰마르(Qamar, 2021)는, '원주민 문화기술지(native ethnography)'의 경우 연구자는 연구 상황에서 몰입(immersion)보다 거리두기(distancing)에 신경 써야 한다고 주장한다.

적/비판적 장르의 구분이 모호해지는 경우가 늘어났는데, 예컨대 기본적으로 고전적 문화기술지의 형태와 성격을 갖고 있지만 곳곳에 비판적인 요소가 반영된 문화기술지들이 심심찮게 등장하고 있다.

3) 기록과 창작의 느슨한 경계: 해석적 문화기술지

비판적 문화기술지가 현실에 대한 지식의 추구 자체를 부차적인 것으로 보고 연구자의 적극적인 개입을 통한 참여자들의 임파워먼트(empowerment)와 상황인식을 목적으로 삼고 있었다면, 또 다른 무리의 연구자들은 이러한 접근방식이 논쟁의 여지가 많고 무엇보다도 연구의 본질을 자의적으로 접근할 소지가 있다고 보았다. 이들은 해석적 문화기술지(interpretive ethnography)를 중용하는 연구자들로, 비판적 문화기술지는 적어도 두 가지 점에서 잠재적으로 문제될 수 있다고 주장한다.

첫째는 연구자의 참여자들과의 의도된 관계지향성이 의식화와 해방을 가져다줄 수도 있지만, 한편으로는 또 다른 현실을 강요하게 된다는 점이다. 가령 연구에 참여하는 개인이 처한 현실세계의 억압 기제와 구조적 모순을 스스로 깨달을 수 없을 정도로 진실이 조작되고 왜곡되었다면, 이 왜곡에서의 해방이 단지 연구자가 참여자들과 만들어 낸 또 다른 허구적(따라서 왜곡된) 현실이 아님을 장담할 수 없다는 것이다. 즉, 대안적 현실이 과연 최선이고 정의로운가에 대한 불확실함으로 인해 비판적 접근 자체가 자가당착에 봉착할 수 있다. 과연 '정의로움'의 판단 기준을 연구자가 세울 권한이 있을까?

둘째는 비판적 문화기술지가 시사하는 바와 같이, 기득권의 현상 유지를 위해 의도적으로 편성된 거대 구조와 이를 체화하도록 하는 문화적 토양에서 개인을 해방시키기 위한 선명한 목표의식이 문화기술적 통찰을 유도한다면, 목적에 의해 연구 과정에서의 유연성이 떨어질 가능성이 커진다. 즉, 문화기술지의 종결점이 연구자의 의도된 목표의식으로 인해 비슷한 형태

의 결론으로 나아가게 되는 것은 문화기술적 연구의 묘미인 우연한 만남, 예
상치 못한 통찰, 관점의 이동 등의 장점을 희석할 소지가 있다. 더욱이 의식
화와 해방의 목적을 달성시키는 주체가 연구자이고 그 대상이 연구참여자
가 되는 이분법적인 기조가 유지된다면, 역설적으로 문화기술지의 존재가치
가 더 이상 성립하지 않는다. 그 이유는 연구자 자신보다 연구대상의 깨달음
에 집착하는 것이 알고자 하는 문화에 대한 선이해(先理解)를 전제하기 때문
이다.

해석적 문화기술지에서는 사회적인 이슈에 대한 해법을 강구하거나, 주어
진 현실에 대한 의식화를 통해 변화를 도모하려는 것을 주된 관심사로 삼지
않는다. 궁극적으로 연구는 사회적인 문제를 전제하지 않고 문화적 상황과
이에 관여하는 개개인의 주관적 연결고리가 어떠한지를 마치 실타래 풀듯 알
아가는 과정이 된다. 또한 이 과정에서 연구자의 목소리가 연구 텍스트 전체
를 지배하지도 않는다. 연구는 연구자와 참여자의 관점에서 각각 구성된 최
소한 두 개의 이질적인 줄거리를 결합하는 이야기를 만들어 낸다. 즉, 연구주
제에 따른 목적의식을 갖고 연구와 관련된 질문을 던지고 해석을 부여하려는
연구자 자신의 이야기와, 이야기를 들려주고 연구자에게 행위나 사고의 의미
를 해독하게 하거나 체득할 수 있도록 조력하는 참여자들의 이야기로 이원화
된 내용을 의미 있게 통합하려는 노력이 수반된다. 이에 따라 수집하는 자료
또한 구태여 에틱(etic)-에믹(emic)의 이원적인 시각[10]으로 접근하기보다는,
연구참여자와 연구자가 연구 결과의 근거가 될 정보에 대해 합의를 본 협상
된 자료(negotiated data)를 비중 있게 다룬다. 이처럼 연구참여자들과의 지속
적인 소통을 통해 수집한 자료는 다각도로 재해석될 수 있다.

해석적 문화기술지는 1980년대를 기점으로 한 사회과학에서의 포스트모

---

10) 에틱과 에믹은 인류학에서 도입한 개념으로 주로 수집된 현장자료를 해석할 때 견지하는 관점과 관
   련이 있다. 에틱은 외부 관찰자의 기준에 따른 체계적이고 보편적인 분석 위주의 관점인 반면, 에믹은
   연구대상 집단의 언어, 개념, 표현양식, 분류 등을 통해 구성원들의 세계관이 여과 없이 드러나는 고
   유한 내부자적 관점을 의미한다. 언어학의 음성(phonetic)과 음운(phonemic)에서 차용한 용어이다.

더니스트 및 포스트구조주의로의 전환과 동시에 나타났다. 푸코(Foucault)와 데리다(Derrida)와 같은 포스트구조주의 철학자들로부터 영감을 얻은 사람들은 지식의 객관성에 대한 의구심을 갖게 되면서 지식이 궁극적으로 사회의 개선으로 이어질지에 대해서도 회의적인 태도를 보였다. 지식을 상대적인 것으로 보면서 지식 생성의 주체 또한 연구자로 한정해서 보지 않게 되었다. 연구참여자와의 교감과 연구자의 성찰적 자아의 부각이 중요하게 다루어지고, 생활세계의 변화무쌍하고 모호함을 전제한 채 지식 생성을 시도하게 된다.

　이러한 가운데 등장한 해석적 접근은 기본적으로 진리는 인간의 사고로부터 독립적으로 존재할 수 없으므로 발견되는 것이 아니라고 본다. 사람들이 발 딛고 살아가는 사회문화적 맥락 위에 각자의 관점에 따라 다른 실재가 경험되므로 '하나의 일관된 현실'은 존재하지 않는다. 마찬가지로 연구에서의 텍스트 생성 또한 언제나 특정 관점을 견지한 인간의 산물로 본다.[11] 해석적 문화기술지는 연구자가 연구된 맥락을 그 어떠한 형식을 빌려 흠잡을 데 없이 모방하려 해도 결코 텍스트가 현실을 충실하게 재현할 수 없다는 것을 전제한다(Denzin, 1997; Geertz, 1973). 그 이유는 언어가 자아(self)와 현실 사이의 단순한 매개체가 아니므로 정확하게 자아나 현실 그 어느 것도 제대로 표현하기 어렵다고 보기 때문이다.[12] 즉, 현실과 텍스트 간의 상응(相應) 자체가 불안정하여서 '있는 그대로의 실재'를 담아내려는 작업이 애초에 불가능하다고 보았다. 이때, 연구자는 언어가 자아와 세상 양자를 모두 창작하고 특정한 실체로 그려내는 도구로 사용되는 인간의 창조물이기 때문에 언어로 표현된 모든 것이 불완전하고 임의적이라고 본다. 그 연장선상에서 해석적 문화기술지는 애초에 텍스트의 형식을 빌려 현실 세계를 '있는 그대로' 재현하는 것이 불가능하다고 보고 텍스트의 생성을 재현이 아닌 창작행위로 간주한다. 이때

---

11) 이는 로티(Rorty, 1989: 5)가 다른 맥락에서 주장한 "세상은 저 밖에 있지만, 세상에 대한 묘사는 그렇지 않다."라고 주장한 것과 맥을 같이한다. 그는 "세상은 일단 우리가 우리 자신을 언어로 프로그래밍하면, 우리에게 특정한 신념을 갖도록 한다."라고 했다(Rorty, 1989: 6).
12) 리쾨르(Ricoeur, 1971)에 따르면 텍스트화 과정에서 실제적 맥락의 상실은 불가피하다.

연구자는 성찰적 상상력을 이용해 익숙한 것을 다른 사회적 시선으로 재구성하여 새로운 이미지와 은유를 창작한다.

이러한 제약 가운데 해석적 문화기술지의 목적은 연구대상 집단에 대한 다방면의 정보를 정제하지 않은 채 수집하여 제공하는 것이 아니라, 참가자들이 경험하는 세계를 심층적이고 세세하게 다루어 그들의 감정적 뉘앙스와 상상력을 최대한 이해할 수 있도록 한 가지의 '설명 가능성'을 제공하는 것이다. 해석적 문화기술지는 연구 맥락을 조화로운 환경 내의 검증 가능한 완성체가 아니라 변화무쌍하고 불안정하며 연구자가 늘 새롭게 정의내리는 파편화된 상태로 간주한다. 또한 애초에 구상했던 것과는 달리, 연구가 나아갈 수 있는 너무나도 많은 잠재적인 방향으로 인해 혼란스러울 수 있다. 그래서 해석적 접근에 기반한 연구 텍스트는 종종 하나의 결론으로 완결되지 않고, 주로 완성을 지향하거나 그 과정에서 다시 해체되는 상태에 놓여 있다. 이러한 상황에서 해석적 문화기술지를 추구하는 연구자가 할 수 있는 것은 연구된 세계에 대한 즉각적인 인상과 주관적인 통찰을 창작의 형태로 제시하는 것이다. 다시 말해, 해석적 문화기술지는 기존 문화나 사회적 질서에 대한 구성원들의 이야기를 연구자가 수용한 대로 창의적으로 풀어내어 새로운 방식으로 다시 이야기하려는 의도를 숨기지 않는다. 해석적 문화기술지의 텍스트는 언어적 규범이나 글쓰기의 정형을 거부하고 학술적 표현이나 공유방식의 형태를 실험적으로 시도하기 때문에 무한한 가능성이 열려 있다. 때로는 이러한 방식이 사실(fact)과 허구(fiction)의 경계를 흐릿하게 할 수도 있다. 본질적으로 해석적 문화기술지는 "연구자에 의해 창작되고 글쓰기 관습에 의해 형상화된 일련의 이야기들이다"(Daly, 1997). 현장에서 연구자가 만난 대상들과의 경험을 재구성한 후 독자들에게 들려주는 이야기는 연구자의 해석을 틀로 하여 경험의 의미를 반추하는 데 도구로 활용될 뿐이다.

일반적으로 문화기술적 연구에서 자료수집은 대상집단의 다양한 공간, 시점, 사건 등을 두루 섭렵하며 이루어진다. 연구자는 상황적 의미를 추론하기 위해 일상뿐만 아니라 갈등이나 위기 상황과 같이 드문 순간에 특히 주목하게 된다. 해석적 문화기술지에서 두드러진 점은 자료수집 과정이 적나라하게 드러나고 연구자 개인의 문화 체득의 순간들이 고백적 서술로 전개되는 경우가 대부분이라는 것이다. 글쓰기는 '영웅적인' 연구자의 행보에 대한 기록이 아닌, 수많은 실패와 좌절의 과정이 사실적으로 포함되어 현장성이 극대화된 연구자의 성장기이다. 그래서 연구자의 관점 이동이나 사고의 확장을 보여 주는 방식으로 시간의 흐름에 따라 변화 또는 성장하는 자신의 이야기가 반영되도록 한다. 자료수집 과정은 주로 연구자의 개인적인 만남 또는 목격으로 구성되며, 문화 활동의 특정 순간에 초점을 맞추는 연구자가 여러 현장, 맥락, 층위에서 의미를 추론하는 가운데 자료가 축적된다. 이를 기반으로 연구자는 시간과 공간 속의 행위자들의 관계를 병치(竝置)시키고, 서로 관련이 없어 보이는 다채로운 경험에 대한 연구자의 성찰과 서술적 일관성이 양립될 수 있도록 줄거리 구성을 하게 된다.

이러한 특징으로 인해 글쓰기는 연구자 자신의 세계관이나 감정적 굴곡을 고스란히 드러내는 행위가 된다. 개인의 일상 기록처럼 연구노트가 채워지며 이를 통해 연구자는 확고히 텍스트 생성 과정의 일부가 되어 간다. 이렇게 구성되는 텍스트는 연구자의 주관적 성찰이 곳곳에 스며들어 있다는 것을 독자들에게 알리는 징표가 된다. 즉, 저자로서의 연구자는 연구참여자들뿐만 아니라 스스로를 연구대상화하여 텍스트를 생성한다. 따라서 해석적 문화기술지에서는 되도록 그 안에 연구자의 주관과 성찰적 해석을 포함해야 하고, 전지적 3인칭 시점의 글쓰기 방식보다는 주로 1인칭 시점으로 서술해 나감으로써 주관적 체험 영역을 적극적으로 독자와 공유한다. 이때, 분석 과정의 연구자는 실재하는 것을 그대로 옮기려고 작업하는 것이 아니라 참여자의 일상적 시점과 관찰자의 그것을 넘나들며 주어진 현실 세계를 재구성하고 만들어 내는 의역(意譯)의 임무를 맡는다. 다시 말해 중계자가 아니라 창작가로서 자료를 분석해 내는 것이다. 따라서 분석은 필연적으로 연구자의 실제 현장경험을 통해 부여되는 저자로서의 권위를 바탕으로 작성되는 텍스트의 구조화 작업인 셈이다. 여기서 한 걸음 더 나아가 맨추커스(Mantzoukas, 2004)는 연구의 결과물이 완성되어 공유되었을 때, 독자가 텍스트를 해체하고 창조적인 방식으로 재구성하여 결국에는 연구자뿐만 아니라 독자도 연구 과정의 일부로 만든다고 했다.

4. 장르를 넘어: 직관과 논리의 타협

문화기술지의 두드러진 장점은 방법론적 · 이론적 입장이 현장몰입의 체험 데이터로 입증될 수 있도록 설명하는 데 있다. 이를 위해 풍부한 미시적인 경험 자료를 활용한다. 그런데 이와 같은 장점의 이면에는 연구자가 일단 현장에 들어오면 수집 가능한 자료의 방대한 양에 의해 압도되는 어려움이 따른다. 최대한 빈틈없는 연구 진행을 기획하고 이를 이행하려는 연구자라도 현장에서 직접 경험하는 것을 모두 꼼꼼히 기록하고 분석해 낼 수는 없다. 문화기술지를 연구방법으로 택한 연구자는 자신의 연구가 관리 가능한 수준에서 현장 작업을 순탄하게 할 수 있도록 몇 가지 선택을 해야 한다. 연구자는 언제, 어떤 현장에 머물고, 누구를 만나고, 누구의 목소리를 중용하고, 언제 그곳을 떠나야 하는지 등 늘 판단과 선택의 기로에 선다. 이 가운데 연구의 근간이 되는 인식론적 선택은 집단적인 인간 삶의 어떠한 측면을 데이터 수집과 분석을 통해 부각할 것인가와 관련된다. 연구자는 문화기술지에서 주로 다루는 집단 구성원들의 상호작용에서 발견되는 미시적 소통의 고리들이나 집단 내에서 작동되는 논리와 역동, 그리고 이를 통제하는 거시적인 권력의 작용 등을 포착해 내는 데 있어서 연구주제와의 연관성을 선명하게 드러내기 위한 가장 좋은 선택을 심사숙고할 것이다. 고전적 · 비판적 · 해석적 접근은 이러한 선택의 갈래에서 연구자가 포용할 수 있는 문화기술지의 지향점을 각기 보여 준다.

흔히들 양적 연구와 질적 연구를 구분하는 몇 가지 기준 중 인식론적 배경의 차이를 들지만, 그렇다고 해서 문화기술지를 포함한 다양한 질적 연구방법을 양적 연구와 대비되는 인식론적 진영으로 함께 묶어 버릴 수는 없다. 예컨대, 초창기의 고전적 문화기술지는 사회진화론적 패러다임에서 벗어나기는 했지만 여전히 실증주의 기반의 지식 철학 성향을 지니고 있었다. 이러한 유형의 문화기술지는 무엇보다도 연구대상 집단의 문화적 현실을 정확하고 객관적으로 제시하려 한다. 반면에 비판적 문화기술지는 실행연구나 비판적 이론의 인식론에 기초한다. 이러한 유형의 문화기술지는 연구된 문화에 대한 정확한 설명보다는 연구된 집단의 행동과 규범, 정신에 영향을 미치는 미묘한 사회 구조에 대한 심층적인 분석에 주력한다. 연구자의 역할은 사회적 정의 차원에서 기존의 사회 질서를 떠받드는 문화적 기제가 다층위적으로 어떻게 작동되는지를 드러내고 사람들의 세계관과 행위에 영향을 미치는 것이다. 문화기술적 서술 또한 일반인들에게 목소리를 부여하고 그들의 정치적·사회적 지위를 변화시키기 위한 참여와 행동을 구체화하는 형태를 취한다. 즉, 비판적 문화기술지는 현실이 긍정적인 방향으로 어떻게 변화될 수 있는지를 상상하도록 도와준다. 한편, 해석적 문화기술지는 포스트모던적·구성주의적·포스트구조주의적 인식론의 성향을 반영한다. 해석적 문화기술지는 지배적 담론의 영향력을 기정사실로 받아들임으로써 새로운 담론의 구성이 제한받는 상태에 저항한다. 이러한 유형의 문화기술지는 연구자의 체험이 녹아 들어간 형식파괴적 창작행위의 과정으로서 특정 시점과 맥락에서 연구집단에 대한 정교하고 다원적인 해석을 부여한다. 따라서 해석적 문화기술지의 최종 산물은 의미를 찾거나 창조하고, 일상의 현실을 주관적 개입을 통해 재구성하는 잘 짜여진 이야기의 형태로 제시된다. 이처럼 독자들에게 들려주는 이야기는 굳이 완성된 결론에 도달하지 않고, 종종 독자 스스로 해체하고 창의적으로 재구성하도록 내버려 둔다. 따라서 해석적 문화기술지를 대하는 독자들에게 연구의 타당성을 가늠하는 기준은 검증 가능한 척도가 아니다. 중요한 것은 성찰적 텍스트를 관통하는 설득력과 주제 연관성이며, 이는 연구자의 수사(修辭)와 필술(筆述)을 통해 효과적으로 전달되어야 한다.

장르를 불문하고 문화기술적 연구는 일련의 보편적 기준에 따라 그 가치와 타당성을 판단할 수는 없다. 문화기술지를 평가할 때 적용할 수 있는 합의된 기준이 존재하지 않기 때문에 문화기술지는 연구자가 표방하는 문화기술적 장르를 참작하여 읽히고, 연구의 토대가 되는 인식론적 입장에 따라 이해된다. 따라서 연구자는 어떤 유형의 문화기술지가 자신의 연구 의도에 부합하는지를 곰곰이 생각해 봐야 한다. 그리고 선택한 문화기술지의 인식론적 배경이 연구목적, 연구 수행 방식 및 글쓰기와 일치하는지를 점검할 필요가 있다. 연구 철학의 선택과 함께 구성하는 일관된 분석체계에 따라 현장에서 시시각각 맞닥뜨리는 상황을 그려 내기 때문이다.

그러나 연구자가 특정 연구 철학을 견지한다고 해서 스스로 자신의 연구를 하나의 장르 안에 가두어 둘 필요는 없다. 예컨대, 해머슬리(Hammersley)는 모든 지식이 가정(假定)에 기초하고 인위적으로 구성된다는 점은 인정하지만, 해석적 접근에서처럼 진리의 개념 자체를 부정하려는 입장에 대해서는 반대하며 진리의 개념을 포기하기보다는 진리에 다가가기 위한 합리적인 준거를 마련할 것을 주장한다(Hammersley, 1992: 52). 이처럼 문화기술지에서의 재현(representation)과 권위부여(legitimation)의 문제를 포스트모더니즘적 상대주의와 회의론의 수렁에서 구해 내기 위한 새로운 체계를 만들 필요성 또한 대두되었다(Altheide & Johnson, 1998; Brewer, 1994; Hammersley, 1990). 실제로 누구나 현장연구의 경험치가 쌓일수록 장르파괴적인, 또는 절충적이거나 전혀 새로운 문화기술지를 구상하고 시도해 볼 수 있다. 문화기술지가 근본적으로 현상을 포착하고 행위자들 간의 사회적 관계와 이를 지탱하는 의미체계에 주목한다는 점에서 장르를 불문하고 새로운 문화기술적 시도를 할 수 있는 가능성은 늘 열려 있기 때문이다. 특히 글로벌 연결망이 촘촘해진 오늘날, 연구현장이 국경이나 지역과 같은 인위적인 경계 안에서 이루어지지 않는 유동적인 상태[13]이거나, 경계가 아예 무한대로 확장된 사이버 공간일 경

---

13) 예를 들어, 난민, 노동이주자, 결혼이주민, 다국적기업, 국제학교 등에 대한 연구관심사의 증대를 들 수 있다.

우 기존의 현장연구 방식과는 사뭇 다르게 접근할 필요가 있으며 전혀 새로운 형식의 실험적인 문화기술지가 요구된다.

그런데 장르를 뛰어넘는 독창적인 시도를 위한 중요한 전제는 연구자의 직관과 논리의 조합이 연구를 잘 이끌어야 한다는 점이다. 경우에 따라 직관이 논리를, 논리가 직관을 제어하면서 상황이해를 서두르거나 데이터를 경솔하게 다루지 않도록 해야 한다. 이 둘의 타협과 조율은 연구자가 견지한 문화기술적 입장(ethnographic stance)을 통해 이루어진다. 즉, 일관된 포커스를 견지함으로써 연구자는 임의적이지 않고 한결같은 자신만의 스타일로 문화기술지를 만들어 나가면 된다. 이렇게 작성된 문화기술지는 설득력을 극대화한 수사적(修辭的) 영향력과 전달력 있는 글솜씨의 완성도를 통해 최종적으로 독자에게 평가될 수 있다.

문화기술적 연구는 모든 사회의 광범위하고 실용적인 관심사를 다룰 수 있으며, 다양한 이론적 렌즈를 적용할 수 있다. 교육현장연구에 국한하여 살펴보면 21세기에 진입하면서 20세기 말의 연장선상에서 포스트식민주의, 포스트구조주의, 상징적 상호작용, 마르크시즘, 페미니즘에 이르기까지 다양한 이론적 근간 위에 교육 분야의 다채로운 주제에서 발견되는 문화적 과정을 다루어 왔다. 실제로 교육 현장에서 교육 주체들 사이에 어떻게 이해관계가 형성되는지, 교육행위자 간 의미가 어떻게 협상되는지, 교수자와 학습자의 역할과 관계가 어떻게 전개되는지, 교육 불평등의 구조적 근원이 무엇인지, 교육과정이나 정책이 어떻게 수립되고 시행되는지에 이르기까지 폭넓은 주제 영역에 문화기술적 연구자들이 관심을 두어 왔다. 예컨대, 그들은 정치와 정책이 사회 관행과 과정에 미치는 영향이나 학교 일탈이 사회적으로 어떻게 구성되는지를 분석하기 위해 관련된 관찰노트와 면담자료를 통해 이야기들을 추출·발전시키면서 이론적 구조와 맥락적 공감을 이끌어 낼 수 있었다. 일상적인 과정에서 고려할 수 있는 많은 관점을 포용하는 문화기술지는 이처럼 교육과 삶의 복잡성을 파악하는 데 중요한 역할을 할 수 있다. 문화기술지의 현장성이 갖는 힘은 교육 실천이 개인의 삶에 어떻게 영향을 미치는지를 매우 구체적으로 보여 줄 수 있다.

이처럼 문화기술지의 현장성은 연구자가 참여자들과 함께 보조를 맞추고 교감하면서 시시각각의 일상적인 사회생활을 따르고 적응하도록 하며, 이 가운데 주어진 상황 속의 특이점들을 마주하면서 이해를 확장하게 한다. 문화기술적 연구를 연구방법으로 택한 연구자는 궁극적으로 이야기를 만들어 내는 이야기꾼인 동시에 해설자인 셈이다.

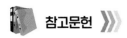 참고문헌 》》》

정운경(2008). 정민 역. 탐라문견록, 바다 밖의 넓은 세상. 서울: 휴머니스트.

Altheide, D., & Johnson, M. (1998). Criteria for assessing interpretive validity in qualitative research. In N. Denzin & Y. Lincoln (Eds.), *Collecting and Interpreting Qualitative Material.* London: Sage.

Asad, T. (2002). From the history of colonial anthropology to the anthropology of Western hegemony. In J. Vincent (Ed.), *The Anthropology of Politics: A Reader in Ethnography, Theory and Critique.* Oxford: Blackwell.

Brewer, J. D. (1994). The ethnographic critique of ethnography: Sectarianism in the RUC. *Sociology,* 28, 231–44.

Bruni, N. (1995). Reshaping ethnography: Contemporary postpositivist possibilities. *Nursing Inquiry,* 2, 44–52.

Calhoun, C. (Ed.) (2007). *Sociology in America: A History.* The University of Chicago Press.

Curthoys, A., & Docker, J. (2006). Herodotus and world history, In A. Cuthoys & J. Docker (Eds.), *Is History Fiction?* University of New South Wales Press: Sydney, Australia.

Daly, K. (1997). Re-placing theory in ethnography: A postmodern view. *Qualitative Inquiry,* 3, 343–365.

Denzin, N. (1997). *Interpretative Ethnography: Ethnographic Practices for the 21st Century.* Thousand Oaks, CA: Sage.

Downie, R. A. (1970). *Frazer and the Golden Bough.* London: Victor Gallancz.

Frazer, J. G. (1890). *The Golden Bough: A Study in Comparative Religion.* Macmillan & Company.

Geertz, C. (1973). Thick Description: Towards an interpretative theory of culture, In C. Geertz (Ed.), *The Interpretation of Cultures: Selected Essays by Clifford Geertz*. New York: Basic Books.

Hammersley, M. (1990). *Reading Ethnographic Research*. London: Longman.

Hammersley, M. (1992). *What's Wrong with Ethnography?* London: Routledge.

Malinowski, B. (1922). *Argonauts of the Western Pacific*. 최협 역(2013). 서태평양의 항해자들. 전남: 전남대학교 출판부.

Malinowski, B. (1989). *A Diary in the Strict Sense of the Term*. Stanford CA: Stanford University Press.

Mantzoukas, S. (2004). Issues of representation within qualitative inquiry. *Qualitative Health Research*, 14, 994-1007.

Qamar, A. H. (2021). At-home ethnography: A native researcher's fieldwork reflections. *Qualitative Research Journal, 21*(1), 51-64.

Radcliff-Brown, A. R. (1957). *A Natural Science of Society*. Chicago, IL: The Free Press.

Ricoeur, P. (1971). The model of the text: Meaningful action considered as text. *Social Research, 38*, 529-562.

Rorty, R. (1989). *Contingency, Irony, and Solidarity.* Cambridge University Press.

Thomas, J. (1993). *Doing Critical Ethnography*. London: Sage.

Willis, P. (1977). *Learning to Labor: How Working-class Kids get Working-Class Jobs*. 김찬호 외 공역(2004). 학교와 계급재생산: 반학교문화, 일상, 저항. 서울: 이매진.

Wolf, E. R. (1982). *Europe and the People without History*. University of California Press.

/ 제3장 /

내러티브 탐구

염지숙(건국대학교)

　실증주의 연구 패러다임에 대항하여 출현한 새로운 패러다임으로서 질적 연구는 오랜 논쟁의 역사를 지나 그 유형이나 방법에 있어서 많은 발전을 해 왔다. 내러티브 탐구는 질적 연구의 여러 유형 중의 하나이다. 내러티브 탐구의 원어는 'Narrative Inquiry'로서, 캐나다 앨버타대학교(The University of Alberta)의 교사교육개발센터(The Centre for Research for Teacher Education and Development: CRTED)의 클랜디닌(Clandinin) 교수와 토론토대학교(The University of Toronto) 온타리오교육연구소(Ontario Institute for Studies in Education: OISE)의 코넬리(Connelly) 교수가 1980년대 초부터 교사 연구를 통해 발전시킨 연구방법론이다. 연구방법론으로서 내러티브 탐구는 문화기술지나 현상학적 연구방법론보다 상대적으로 늦게 출발하였지만, 지난 40여 년 동안 국내외에서 수많은 학자의 관심과 연구를 통해 급격히 확산되어 왔다. 내러티브 탐구 방법론의 적용 학문 분야가 교육학을 포함한 인문사회과학 분야뿐 아니라, 실제로 의학과 공학 분야로까지 확대되었다. 탐구 주제의 다양화, 고유한 용어의 개발과 사용, 새롭고 다양한 표현(representation) 방식의 시도, 명확한 존재론적·인식론적 관점에 대한 언명 등은 필자가 30여 년 전 내러티브 탐구를 사용하여 박사학위논문을 작성하던 때에 비하면 대단한 변화와 발전이라고 볼 수 있다. 연구자들의 지역적 분포도 북미권으로부터 유럽, 오세아니아, 아시아와 아프리카 대륙까지 확장되었다. AREA(American Educational Research Association)에 전공관심분과(Special Interest Group: SIG)로서 '내러티브 연구(Narrative Research)' 분과가 생겨났고, 내러티브와 관련된 각종 저널도 발간되기 시작했다.

이제 내러티브 탐구는 더 이상 새로운 연구방법론이 아니며, 전 세계의 수많은 연구자가 관심을 갖고 연구에 활용하는 방법론이다. 상황이 이렇다 보니, 애초에 CRTED와 OISE를 중심으로 시작된 내러티브 탐구와는 다소 다른 관점을 취하는 다양한 연구가 내러티브 탐구 또는 내러티브 연구라는 명명하에 수행되어 왔다. 그럼에도 불구하고 이 장에서는 클랜디닌과 코넬리(Clandinin & Connelly, 1990, 2000)가 시작하여 발전시킨 내러티브 탐구에 대해 쓰고자 한다. 이 두 학자가 내러티브 탐구라는 용어를 처음 사용하였을 뿐아니라, 이들의 노력으로 지금의 내러티브 탐구가 연구방법론으로서 모양새를 갖추었기 때문이다. 또한 현재까지도 CRTED의 연구 모임을 중심으로 내러티브 탐구자들이 끊임없는 대화를 통해 내러티브 탐구를 연구방법론으로서 발전시키려는 노력을 지속적으로 기울이고 있기 때문이기도 하다.

1. 내러티브로의 전환

이 절에서는 인간의 삶에서 내러티브의 중요성, 이야기와 내러티브의 개념과 사용 그리고 내러티브 연구와 내러티브 탐구의 차이를 기술함으로써, 연구방법론으로서 내러티브 탐구를 이해하기 위한 기초를 제공하고자 한다.

1) 왜 내러티브인가

내러티브는 인간의 역사와 함께해 왔다. 인간이 존재한 이후 내러티브도 존재해 왔기 때문이다(염지숙, 2003). 문학 이론가 롤랑 바르트(Barthes, 1988)에 의하면, 내러티브는 인간이 있는 곳이라면 어떤 장소, 어떤 사회에서나 항상 있어 왔으며, 이 말인 즉 내러티브 없이 인간은 결코 존재할 수 없다. 바르트(Barthes, 1988: 95)는 내러티브를 개인적 · 사회문화적 수준에서 인간 삶의 최우선에 두면서, "삶 자체와 같으며 국제적이고, 역사를 초월하며, 문화를 초월한다."라고 보았다. 사람들은 개인적 수준에서 자신이 누구이며, 어디로 향하고 있는가를 설명할 수 있도록 해 주는 자신의 삶에 대한 내러티브를 가지고 있다. 사회문화적 수준에서 내러티브는 신념 공유와 가치 전수를 위한 응집력을 제공한다는 것이다. 바르트(Barthes, 1988)는 내러티브가 우리의 삶 도처에 있음을 다음과 같이 설명한다.

> 세상의 내러티브는 헤아릴 수 없을 정도로 많다. 우선 '내러티브'라는 용어는 계속해서 서로 다른 주제들로 분화되는 수많은 종류의 장르들을 다 포함한다. 그 어떤 재료도 내러티브의 구성요소로 적합하다. 즉, 내러티브는 구어 혹은 문어로 표현된 언어, 정지된 상태나 움직임, 제스처와 질서정연하게 배치된 모든 요소를 통합시킬 수 있다. ……내러티브는 신화, 전설, 우화, 짧은 이야기, 서사시, 역사, 비극, 코미디, 판토마임, 페인팅…… 등에도 나타난다. ……내러티브 없이 인간은 존재하지도, 존재할 수도 없다(Polkinghorne, 1988: 14에서 재인용)

브루너(Bruner, 1990) 또한 내러티브가 인간의 의사소통에서 가장 보편적이고 강력한 담화의 형태이며, 심지어 어린 아이들도 태어날 때부터 내러티브 인생의 첫 걸음을 내디딜 준비가 되어 있다고 주장하면서, 내러티브의 중

요성을 강조하였다. 이런 관점에서 볼 때 인간은 내러티브적 존재이다. 내러
티브적 존재로서 인간이란, 인간이 스스로 이야기의 주체가 되어 자신의 이
야기를 만들어 가는 존재일 뿐만 아니라 다른 사람의 이야기를 누군가에게
서술하는 존재임을 의미한다(염지숙, 2003). 즉, 이야기하기는 인간 본성 중의
하나이며, "인간은 개인적으로 사회적으로 이야기되는 삶을 살아가는 이야기
하는 유기체이다"(Connelly & Clandinin, 1990).

　인간은 이렇듯 예로부터 내러티브로 자신의 삶의 경험을 말하고 기록해 왔
으니, 내러티브야말로 인간의 경험을 이해하는 최선의 방법 중 하나(Connelly
& Clandinin, 1990; MacIntyre, 1981; Polkinghorne, 1988)임에 틀림없다. 논리-
과학적 사고와 대비하여 내러티브 사고의 특성을 설명하면서, 브루너(Bruner,
1986)는 내러티브 양식(mode of narrative)이 인간의 경험을 최대 관심사로 삼
으며, 경험에 의미를 부여하는 가장 좋은 방법이라고 하였다. 우리의 경험
을 우리 자신이나 다른 사람들에게 이야기하고 다시 이야기할 때, 우리는 내
가 누구였으며, 현재 어떤 사람이며, 어디로 향해 가고 있는지에 대해 성찰
하게 된다. 이 과정에서 우리는 우리가 처한 현재 상황을 의미 있게 만들려
고 노력하며, 앞으로 어디로 가야할지에 대한 통찰력을 얻게 된다(Carr, 1986;
Mattingly, 1991). 그러므로 내러티브는 단기간의 경험이나 행위가 아닌, 오랜
기간에 걸쳐 일어난 광범위한 행위, 경험, 사건들과 관계가 있다(Carr, 1986).
이러한 측면에서 내러티브는 "개인과 사회 모두로서 경험하고 행위하고 살
아가는 우리의 방식이며, 우리가 존재하고 시간을 다루는 방식"(Webster &
Mertova, 2007: 19)이다.

　이렇듯, 내러티브는 우리 삶의 구조와 세상의 구조를 해석하고 밝히는 문
제와 필연적으로 연관되어 있다. 즉, 내러티브는 삶의 문제에 관심을 갖는,
인간의 경험을 탐구하려는, 인간과 관련된 여러 다른 학문과 직접적으로 관
계가 있다. 이러한 이유로 그동안 내러티브를 사용한 연구는 교육학, 심리학,
간호학, 여성학, 심지어 의학이나 약학 등의 다양한 학문 분야에서 여러 학자
들에 의해 수행되었다. 예를 들어, 교육을 개인적 · 사회적 이야기를 구축하

고 재구축하는, 다시 말해 교사와 학생이 각각 자신의 이야기를 말하고 상대방의 이야기를 들어주는 행위(Clandinin & Connelly, 1990)라고 볼 때, 교육학에서 우리의 관심은 교사와 학생이 학교 안팎에서 살아 내는 삶의 경험이다. 교육 현장에서 일어나는 행위와 사건을 이러한 시각으로 본다면, 교육과 관련된 연구에서 내러티브의 사용은 필수적이라고 할 수 있다(염지숙, 2003). 마찬가지로, 각각의 다른 학문 분야에서 우리의 관심을 인간과 인간의 삶에 둔다면, 그것이 어떤 분야이든 연구에서 내러티브가 필요함은 당연한 일이다.

2) 이야기와 내러티브[1]

이야기(story)란 무엇이며, 내러티브(narrative)란 무엇인가? 이야기와 내러티브에 대한 정의는 문학 연구 분야에서 찾아볼 수 있다. 스콜스(Scholes, 1982: 59)는 이야기란 "일련의 사건들을 이야기하고 자세히 열거하는 것(recounting)"이라고 정의하면서, 이야기를 특별한 종류의 내러티브로 규정하고 있다. 스콜스(Scholes, 1981)에 의하면, 순서적으로 엮어 낼 수 있는 일련의 사건이라면 무엇이든 이야기로 서술(narrate)될 수 있는데, 예를 들어 식물이 성장하고, 질병이 진행되는, 그림을 그리거나, 자동차를 만들고 부수는, 또는 돌이 부식되는 모든 단계가 이에 속한다. 그러나 이야기는 매우 구체적이고 종합적인 모양새를 갖추며, 시작-중간-끝 또는 상황-변형-상황처럼 자료에 인간의 가치를 투사시키는 것을 허용하거나 고무시키는 주제를 가진 내러티브이다(Scholes, 1981).

이야기에서 무엇이 일어나고 있는가를 이해하기 위해서 우리는 사건들을 연결 지어야 하는데, 그러기 위해서는 그러한 사건들을 서로 연결하고 있는 일반적인 법칙이 존재한다는 것을 가정해야만 한다(Martin, 1986). 즉, 이야기는 인과관계와 의미를 함축하고 있는 시간적 순서로 배열된 사건, 인물, 상황

---

1) 이 절의 내용은 염지숙(1999, 2003)의 일부를 재구성한 것임을 밝힘

으로 구성된다(Carter, 1993). 이야기에 대한 이러한 관점들은 이야기가 "삶을 이해하기 위해 필요한 설명 양식"(Martin, 1986: 7)을 대표하게 되면서 연구에 활용되기 시작했다. 이야기는 우리가 직면하는 현상의 복잡성, 구체성, 상호 연관성을 포착하는 하나의 방법이 되었으며 나아가 실증주의적인 접근의 결점들을 보완해 주었다(Carter, 1993).

한편, '이야기'와 '내러티브'에 대한 정의는 학자들마다 조금씩 다르다. 폴킹혼(Polkinghorne, 1988: 13)에 의하면, 내러티브란 "이야기 형식으로 표현된 일종의 조직적 도식(organizational scheme)"이며, "이야기를 만드는 과정, 이야기의 인지적 도식, 과정의 결과"라는 의미를 지닌다. 이 각각은 '이야기(stories)', '설화(tales)', '역사(histories)' 등을 가리키기도 하는데, 그렇기 때문에 내러티브라는 용어를 사용할 때 저자는 이 세 가지 의미 중 어떤 의미로 사용하는지 그 맥락을 명확히 해야 한다(Polkinghorne, 1988). 이런 관점으로, 폴킹혼(Polkinghorne, 1988: 13)은 이야기를 일반적으로 모든 내러티브 산물로 규정하며, '이야기'를 '내러티브'와 같은 의미로 사용한다. 반면, 코넬리와 클랜디닌(Connelly & Clandinin, 1988: 24)은 내러티브를 다음과 같이 설명한다.

> 우리는 전체로서의 삶(life as a whole)을 생각할 때, 내러티브적으로 생각하는 경향이 있다. 우리는 역사적이고, 설명적이며, 미래를 예견하는 우리 자신에 대해 이야기를 한다. ……'내러티브'는 우리로 하여금 전체를 생각하도록 해 주는 용어이다. 내러티브는 삶을 구성하는 짧은 이야기라기보다는 더 크고 광범위한, 일종의 삶의 이야기이다.

이 인용에 의하면, '이야기'는 구체적인 상황에 대한 일화를 나타내는 것을, '내러티브'는 오랜 기간에 걸쳐 있는 삶에 대한 사건들을 뜻한다. 클랜디닌과 코넬리(Clandinin & Connelly, 1991)는 내러티브 탐구에서 단일한 현상을 언급하기 위해서는 '이야기'를, 탐구(inquiry)의 방법을 언급하기 위해서는 '내러티브'를 사용한다. 즉, 내러티브 탐구에서 이야기는 우리 삶에서 일어나는 소소한 사건들을, 내러티브는 삶의 경험 전체를 의미하는 것으로 볼 수 있다. 우리가 우리 삶에 대한 이야기를 하고 다시 이야기할 때 그러한 이야기 조각들이 서로 연결되어 넓은 의미에서 우리의 삶을 조망하는 내러티브가 된다(염지숙, 1999). 내러티브 탐구에서 내러티브는 우리가 연구하고자 하는 현상인 동시에 연구방법이다.

3) 경험 연구를 위한 연구방법론

연구방법론으로서 내러티브 탐구는 "우리의 삶이 이야기된 순간의 시간과 공간에서 실행되고, 내러티브 통일성과 불연속성의 측면에서 성찰되고 이해되는 내러티브 조각들로 채워져 있다."(Clandinin & Connelly, 2000: 60)라고 보는 데서 출발한다. 내러티브 탐구는 이처럼 우리가 삶에서 겪는 경험을 이해하는 방법이자, 경험에 대해 탐구하는 하나의 방식이다(Clandinin, 2013). 즉, 내러티브 탐구는 경험을 지식과 이해의 근원으로 존중하면서 인간의 삶을 연구하는 방법론이다. 내러티브 탐구를 위해, 자신들이 취하는 인간 경험에 대한 관점을 코넬리와 클랜디닌(Connelly & Clandinin, 2006: 477)은 다음과 같이 기술하고 있다.

사람들은 자신들이 누구인지 그리고 다른 사람들은 또 누구인지에 대한 이야기를 하고 이러한 이야기들로 과거를 해석함으로써 매일의 삶을 만들어 간다. 즉, 이야기는 개인이 세계로 들어가는 입구이며 세계에 대한 그들의 경험이 해석되고 개인적으로 의미 있게 만들어지는 포털 사이트이다. 그래서 내러티브 탐구는 이야기로서의 경험에 대한 연구이며 경험에 대해서 사고하는 데 가장 좋은 방법이다. 방법론으로서 내러티브 탐구는 현상에 대한 관점을 포함한다. 내러티브 탐구 방법론을 사용하는 일은 경험을 연구 중에 있는 현상으로 보는 특정한 관점을 채택하는 것이다.

비록 내러티브 탐구에서의 초점이 개인의 경험을 탐구하는 데에 있더라도, 탐구의 궁극적인 목적이 여기에 머물지는 않는다. 내러티브 탐구자는 개인의 경험 연구를 통해 탐구자 자신과 다른 사람들을 위해 그러한 경험을 풍부하게 하고 변형시키는 방법들을 찾게 되며, 그러한 경험이 구성되고 실행되는 사회적 · 문화적 · 제도적 내러티브를 탐구하게 된다(Clandinin, 2013).

클랜디닌과 코넬리(Clandinin & Connelly, 2000: 64)는 내러티브 탐구를 다음과 같이 정의하고 있다.

내러티브 탐구는 경험을 이해하기 위한 하나의 방법이다. 한 장소 또는 여러 장소에서, 환경과 사회적 상호작용 속에서 시간이 경과하면서 이루어지는 연구자와 참여자들 간의 협력이다. 연구자는 한창 진행 중에 있는 현장의 매트릭스로 들어가서 똑같은 정신(spirit)으로 탐구를 진행시켜 나가며, 사람들의 개인적이고 사회적인 삶을 구성하는 경험 이야기들을 여전히 살아내고(living), 이야기하고(telling), 다시 살아 내고(reliving) 다시 이야기하는(retelling) 가운데에서 탐구를 마무리 짓는다. 간략히 말하자면, 내러티브 탐구는 이야기로 살아 내는 삶의 이야기들이다.

이 인용문에서, 내러티브 탐구를 수행할 때 우리는 사람들의 일상적인 삶을 존중하면서 이야기된 삶으로 탐구를 시작하고, 여전히 사람들의 삶이 진행 중일 때 역시 이야기된 삶으로 탐구를 마친다는 것을 알 수 있다. 경험에 대한 이러한 탐구 방식은 관계적이고 참여적인 방법들로 알게 되는 전문적 지식(professional knowledge)과 앎(knowing)을 강조한다. 이때, 지식은 구체적이고 내러티브적이며 관계적인 것으로 개념화된다(Connelly & Clandinin, 1988, 1990). 이러한 관계적 앎(relational knowing: Hollingsworth, Dybdahl, & Minarik, 1993)은 내러티브 탐구가 연구자와 참여자 간의 협력에 의해 이루어진다는 특성을 반영하는 것이다.

한편, 내러티브에 대한 관심의 증대와 함께 다양한 분야의 학자들이 내러티브를 활용하여 연구를 수행해 왔다. 내러티브는 "자료서의 이야기, 표현적 형태로서의 내러티브 또는 이야기, 내용 분석으로서 이야기, 구조로서의 이야기 등 이야기를 사용하는 거의 모든 것"(Clandinin, 2013: 20)을 나타내는 데 사용되었다. 그러나 연구방법론으로서 내러티브 탐구는 단순히 내러티브라는 용어 사용을 넘어 방법론과 현상으로서 내러티브 탐구에 대한 인식론적이고 존재론적인 관점을 토대로 한다. 이에 클랜디닌과 로지엑(Clandinin & Rosiek, 2007)은 연구자가 자신의 연구에서 내러티브라는 용어를 어떤 의미로 사용하고 있는지 주의 깊게 바라보고 조심스럽게 사용할 필요가 있다고 단호하게 주장한다. 이는 내러티브 탐구를 다른 방법론과 구별함으로써 내러티브 탐구의 우월성을 주장하거나 특정 방법론을 배제하고자 하는 의도가 아니다. 오히려 내러티브 탐구에서 요구되는 기본적인 준거들을 잘 이해함으로써 탐구자가 질적으로 더 우수한 내러티브 탐구를 수행하는 데 도움이 되도록 하기 위해서이다. 특히 클랜디닌(Clandinin, 2013)은 내러티브 연구(narrative research)와 내러티브 탐구(narrative inquiry)의 차이를 분명히 하고자 한다.

내러티브 연구로 불리는 연구에서, 내러티브와 이야기는 연구자들에 의해 수집된 자료를 가리킨다. 예를 들면, 연구참여자와의 면담이나 연구자와 참여자가 함께 나눈 대화는 이야기나 내러티브의 형태를 띠며, 이때 이야기나 내러티브는 연구를 위한 분석의 대상이 된다. 또는 최종 보고서나 논문이 내러티브로 구성될 때 이러한 연구가 내러티브 연구로 불리는 경우도 있다. 수집한 자료가 내러티브나 이야기 형태인가와는 별개로, 연구를 이야기 형식으로 나타냈을 때 우리는 이러한 연구를 종종 내러티브 연구라고 부르기도 한다. 이런 관점에서 현상학, 문화기술지, 사례연구 등과 같은 다른 유형의 질적 연구방법론에서 내러티브가 분석의 대상으로 사용될 때 또는 이런 연구들의 연구 결과가 내러티브 형식으로 구성될 때, 이 연구 또한 내러티브 연구로 명명될 수 있을 것이다(Clandinin, 2013). 앞서 언급했듯이, 내러티브 탐구는 연구 현상이자 연구를 위한 방법이다. 그리고 내러티브 탐구는 인간의 경험을 어떻게 이해하는가와 관련된 연구방법이다. 특히 내러티브 탐구에서는 시간이 경과함에 따라 경험이 축적되면서 나타나는 경험의 변화를 기술하고, 그러한 변화가 다른 경험에 어떠한 영향을 미치는가를 탐구하는 데 관심을 둔다.

2. 내러티브 탐구의 출발과 전개

이 절에서는 현재 다양한 학문 분야에서 연구방법론으로 활용되고 있는 내러티브 탐구가 처음에 어떻게 시작되었으며, 이를 연구방법론으로 발전시키기 위해 어떠한 노력이 이루어졌는가에 대해 기술하고자 한다. 이를 위해 먼저, 초창기에 교사의 경험적 지식을 연구하는 데 활용되었던 내러티브 탐구가 이후 다양한 학문 분야에서 연구방법론으로 활용되고 있으며 내러티브 탐구를 연구방법론으로 발전시키기 위한 노력이 계속되고 있음을 기술하고자 한다. 다음으로, 내러티브 탐구의 이론적 기반이 되는 듀이(Dewey)의 경험 이론을 바탕으로 고안한 은유적인 용어인 '3차원적 내러티브 탐구 공간'에 대해 알아보고자 한다. 그다음으로, 내러티브 탐구의 핵심인 '관계적 윤리'에 대해 기술한다. 마지막으로, 내러티브 탐구의 특성을 나타내 주는 질적 준거에 대해 설명하고자 한다. 이러한 용어의 개발이나 관계, 윤리 등에 대한 관점과 이론은 내러티브 탐구자들의 연구와 OISE와 CRTED 같은 내러티브 탐구 학문 공동체 내에서 정기적이고 지속적으로 이루어진 탐구자들의 협력으로 이루어 낸 결실이라고 볼 수 있다.

1) 교사의 경험적 지식 연구로부터 다양한 학문 분야로의 확장

내러티브 탐구의 역사를 살펴보기 위해서는 우선 내러티브의 긴 역사가 내러톨로지(narratology)의 전통과 내러티브 이론 연구로부터 이어져 내려왔음을 이해할 필요가 있다. 내러톨로지는 주로 문학이론과 문학비평에서 사용되는 용어이다. 1960년대와 1970년대에는 레비-스트로스(Lévi-Strauss, 1963)나 라보프(Labov, 1966)와 같은 프랑스의 구조주의학자들이 언어학적 구조(linguistic structure)에 대해 관심을 가지고 연구를 해 왔는데, 내러티브 구조에 대한 이들의 견해는 내러티브의 문학적인 측면에 초점을 두고 연구해 온 내러티브 이론가들에게 큰 영향을 미쳤다(Huber, Caine, Huber, & Steeves, 2013). 이후 내러티브를 사용한 연구가 신학(Crites, 1971), 윤리학(MacIntyre, 1981), 철학(Green, 1995), 여성학(Gilligan, 1991), 정신의학(Coles, 1989), 심리학(Tappan & Brown, 1989), 교육학(Carter, 1990, 1993; Connelly & Clandinin, 1988, 1990) 등 다양한 학문 분야에 걸쳐 수행되었다.

한편, 진 클랜디닌(Jean Clandinin)과 마이클 코넬리(Michael Connelly)는 1980년대 초부터 오랫동안 교사 연구를 함께 수행하면서 내러티브 탐구를 연구방법론으로 개발하고 발전시켰다. 특히 클랜디닌과 코넬리는 교사지식과 교사교육에 대한 지속적인 연구에서, 교사의 경험을 이야기하고(telling), 다시 이야기하면서(retelling), 이들의 개인적 실천적 지식(personal practical knowledge)을 전문적 지식의 전경(professional knowledge landscapes)이라는 맥락 내에서 보고자(Clandinin & Connelly, 1986, 1995, 1999) 노력하였다. 이렇게 내러티브 탐구는 클랜디닌과 코넬리, 그리고 두 대학교의 여러 연구자가 내러티브 탐구로 연구를 수행해 오면서 연구방법론으로서 자리매김하게 되었다. 특히 코넬리와 클랜디닌(Connelly & Clandinin, 1990)이 『Educational Researcher』라는 저널에 출판한 「Stories of experience and narrative inquiry」라는 논문에서 인간의 경험을 연구하는 일에 대한 중요성을 피력하면서, 방법론으로서 내러티브 탐구에 대한 관심이 폭발적으로 증가하기 시작하였다.

내러티브 탐구에 관심을 갖는 학자들이 늘어나고 내러티브 탐구가 질적 연구방법의 하나로 더욱 주목을 받게 되면서, 클랜디닌과 코넬리(Clandinin & Connelly, 2000)는 그동안 내러티브 탐구를 연구방법으로 발전시켜 온 노력의 결실로 지금은 거의 고전이 된『Narrative Inquiry: Experience and story in qualitative research』를 출간하였다. 이 저서는『내러티브 탐구: 교육에서의 질적 연구의 경험과 사례』(소경희 외 공역, 2006)라는 제목으로 국내에서 번역되었다. 클랜디닌과 코넬리는 이 책에서 자신들의 연구 경험을 바탕으로 내러티브 탐구를 이론적·방법론적 측면에서 이해하는 데 기본이 되는 내용들을 체계적으로 소개하고 하고 있다. 내러티브 탐구에 대한 첫 번째 방법론 책이 출판된 지 13년만인 2013년에 내러티브 탐구를 방법론적으로 접근한 두 번째 책인『Engaging in Narrative Inquiry』(Clandinin, 2013)이 출간되었고, 『내러티브 탐구의 이해와 실천』(염지숙 외 공역, 2015)이라는 제목으로 번역되어 출판되었다. 첫 번째 책이 내러티브 탐구의 배경, 개념, 절차 등을 소개하면서 내러티브 탐구를 개념화하고 연구방법으로 체계화시킨 이론서라면, 두 번째 책은 실천적 안내서 역할을 하고 있다. 즉, 두 번째 저서는 방법론으로서 그리고 현상으로서의 내러티브 탐구에 대한 주요 아이디어는 물론, 내러티브 탐구를 활용하여 연구를 수행할 때 실제적으로 도움이 될 수 있는 전략과 기술 등의 실행방법을 특히 실제 사례를 통해 보여 주고 있다(염지숙, 2016). 이 외에 세계 각국의 내러티브 탐구자들이 방법론으로서 내러티브 탐구와 관련하여 출판한 저서들(Kim, 2016; Sisk-Hilton & Meier, 2017; Webster & Mertova, 2007) 또한 내러티브 탐구를 더 깊이 이해하는 데 도움이 될 것이다.

2) 듀이의 경험 이론에 기반한 3차원적 내러티브 탐구 공간

내러티브 탐구에서 연구자의 관심은 인간의 경험이며, 인간 경험을 "오랜 시간에 걸쳐 구성되면서 살아 있는 것으로, 내러티브 현상으로 연구되고 이해되는 것으로, 또 내러티브 형식을 통해 제시되는 것으로"(Clandinin, 2013: 24-25) 본다. 즉, 경험을 "개인의 사고와 우리의 개인적 · 사회적 · 물질적 환경과의 지속적인 상호작용으로 표현되는 변화하는 흐름"(Clandinin & Rosiek, 2007: 68)으로 간주한다. 이러한 관점은 내러티브 탐구를 "개인과 공동체의 살아 있는 경험 전체 안에서, 과거의 경험에 의해 형성된 목적에 따라, 오랜 시간에 걸쳐, 선택의 결과를 따라가는 일련의 선택"으로 보려는 의도를 바탕으로 한다.

내러티브 탐구에서 경험에 대한 관점은 듀이(Dewey, 1938)의 경험 이론, 특히 경험의 상황적 · 연속적 · 상호작용적 특성을 존재론적으로 이해하는 데에 토대를 두고 있다. 듀이는 "우리의 인식작용을 포함하여 모든 사물이 그 자체의 독립적인 본래 물체나 고정된 본질로 귀결됨 없이 상호작용하는 존재"(Dewey & Bentley, 1949: 101-102: 김무길, 2005에서 재인용)로 본다. 즉, 우리는 세상을 알기 위해 세상과 상호작용하는데, 이때 인식의 주제와 인식의 대상 그리고 앎과 행위가 분리되어 있는 것이 아니라, 교호작용을 통해 밀접하게 상호 영향을 주고받으며 변화해 간다(김무길, 2005)는 것이다. 또한 듀이는 경험을 단순히 시간상으로만 연결되어 있는 것이 아닌, 연속적인 것으로 보고 있다.

> 경험은 다른 경험으로부터 생겨나며, 경험이 또 다른 경험을 이끌어 낸다는 것이다. 경험은 스스로 이러한 연속선상, 즉 현재 상상하는 것, 과거에 상상했던 것, 미래를 상상하는 것의 어디에 위치하든지 그 지점은 과거의 경험에 토대를 지니고 있고, 미래의 경험을 이끌어 낸다(Clandinin & Connelly, 2000: 33).

클랜디닌과 코넬리(Clandinin & Connelly, 2000)는 듀이(Dewey, 1938)가 주장한 경험의 두 가지 준거, 즉 경험의 연속성과 상호작용적 특성에 기초하

여 시간성(temporality), 사회성(sociality), 장소(place)으로 구성되는 '3차원
적 내러티브 탐구 공간'이라는 은유적인 용어를 고안하고 발전시켰다. 3차원
적 내러티브 탐구 공간은 내러티브 탐구의 개념적 틀을 제시하기 위한 것으
로, 내러티브 탐구를 수행할 때 탐구가 추구하는 방향이며 일종의 "확인 항
목"(Connelly & Clandinin, 2006: 479)이다. 따라서 내러티브 탐구자는 연구의
시작부터 끝까지 시간성, 사회성, 장소라는 세 가지 차원을 동시에 염두에 두
면서 연구를 진행할 필요가 있다. 이때, 3차원적 내러티브 탐구 공간은 탐구
자가 경험의 내러티브적 개념에 주목하기 위한 토대가 된다(Clandinin, 2013).
3차원적 내러티브 탐구 공간에서 시간성 차원이란, 연구되는 사람, 사건, 장
소 등을 항상 변화의 과정 속에 있음을 이해하는 것이다. 사회성 차원은 실
제 상황, 환경, 개인의 맥락적 요소들 그리고 연구자와 참여자의 관계에 주의
를 기울이는 것을 의미한다. 장소 차원은 탐구와 사건이 일어나는 구체적이
고 물리적인 장소로서 각각의 장소가 참여자와 연구자의 경험에 미치는 영
향을 충분히 생각하기 위해 중요한 탐구의 차원이다(Clandinin, Pushor, & Orr,
2007). 3차원적 내러티브 탐구 공간에서 탐구를 수행하는 것은 탐구자인 우
리가 이러한 틀에 따라 우리 자신을 느낌, 희망, 심미적 반응, 도덕적 성향과
같은 내적 지향(inward), 외적 지향(outward)을 의미하는 안과 밖의 방향으
로, 과거·현재·미래로, 특정 장소로 이동시키면서 경험을 연구한다는 것
이다. 경험을 연구한다는 것은 안, 밖, 앞, 뒤의 4방향에서 동시에 그것을 경
험하는 것이며 각 방향을 향해 질문을 던지는 것이다(Clandinin & Connelly,
2000). 이는 연구 현상, 연구자의 경험과 참여자들의 경험, 연구자와 참여자
들의 관계를 다차원적이며, 계속 변화하는 삶의 공간에서 일어나는 것으로
이해하는 데 중요하다.

유치원에서 초등학교로 전이하는 기간에 유아들이 겪는 경험을 탐구한 나
의 학위논문(Yeom, 1996)에서 나는 3차원적 내러티브 탐구 공간에서 탐구한
다는 것을 "연구의 시작부터 끝까지 유치원에서 초등학교로의 시간의 흐름을
민감하게 인식하면서 유치원, 초등학교, 가정 등의 물리적 공간에서 일어나

는 그들(연구자를 포함하여 참여자들)의 사회적 상호작용에 주목하기 위해 항상 깨어 있음을 의미"(염지숙, 2009)하는 것으로 보았다. 즉, 내러티브 탐구를 설계할 때부터 시작하여, 현장에 머무르고 현장 텍스트와 연구 텍스트를 작성할 때까지, 연구자를 포함한 연구현장의 모든 구성원이 언제, 어떤 장소에서, 누구를 만나, 어떤 이야기를 나누고, 어떤 사건들이 일어났는지, 그 결과는 어떠했는지, 그리고 어떤 일이 일어날 것이라고 상상할 수 있는지 등에 주목하면서 탐구를 진행하는 것이다. 이렇게 내러티브 탐구자로서 3차원적 공간에서 경험을 연구할 때, 우리는 현재 일어나고 있는 일뿐 아니라 먼 기억 속에 있는 과거의 사건들까지도 이야기하게 되며, 이러한 이야기들은 우리에게 일어날 가능성이 있는 미래의 이야기거리들을 제공해 준다(염지숙, 2003). 이 3차원적 공간에서 우리는 필연적으로 우리의 과거, 현재, 미래와 만나게 되며, 이는 우리가 누구인가를 명백하게 드러낼 수밖에 없음을 의미한다.

3) 관계적이고 윤리적인 연구방법론으로서 내러티브 탐구

질적 연구이든 양적 연구이든 윤리성은 모든 연구에서 매우 중요한 쟁점이다. 연구윤리 문제는 본래 생물, 의학과 같은 자연과학 분야에서 다루어졌다(김소연, 2018). 그러나 최근에는 윤리적 문제가 인간을 대상으로 하는 연구로 확대되면서, 연구자는 연구 개시 전 기관생명윤리위원회(Institutional Review Board: IRB) 승인이나 학술단체의 연구윤리지침을 따라야만 한다. 이들 윤리위원회에서 제시하는 윤리지침에 대해 몇몇 연구자들은 '제조된 윤리(manufactured ethics)'(Thrift, 2003: 114), 또는 '절차적 윤리(procedural ethics)'(Ellis, 2007: 4)라고 비판한다. 그러한 윤리지침을 따라야 하는 것이 연구윤리를 윤리위원회의 영역에 두고 위원회가 연구의 윤리적 결과를 예측하도록 유도하는(Thrift, 2003) 방법이거나, 참여자 동의, 비밀보장, 사생활 보장, 위험에서 연구대상을 보호하기 등을 연구에서 적절하게 다루는가를 확인하기 위한 절차(Ellis, 2007)라는 것이다.

내러티브 탐구에서도 윤리적 문제는 오랫동안 이슈가 되어 왔다. 특히 내러티브 탐구를 연구자와 참여자가 삶을 살아 내고, 이야기하고, 다시 이야기하고, 다시 살아 내는 가운데 일어나는 '연구자와 참여자의 협력'(Clandinin & Connelly, 2000: 64)이라고 볼 때, 내러티브 탐구에서 윤리적 문제는 더 복잡해진다. 내러티브 탐구를 연구자와 참여자 간의 협력으로 본다는 것은 연구자를 단순히 이야기를 듣고 그것을 기술하는 사람이 아닌, 참여자들과 적극적인 관계를 맺으면서 관계적 존재론에 헌신하는 사람으로 본다(Clandinin, 2013)는 뜻이다. 연구참여자 또한 단순히 이야기를 말하는 '자료 제공자'가 아니라, 연구의 전 과정에 적극적으로 개입하고 협력하는 공동 연구자임을 의미한다. 이렇게 내러티브 탐구가 관계적 윤리에 기반을 둔 연구방법론임을 고려할 때, 가장 먼저 떠오르는 윤리적 문제는 연구참여자에게 동의서를 얻는 일이다. 연구 시작 전 진행되는 IRB 승인을 위해서는 연구자와 참여자가 관계 맺기를 시작하기 전에 연구자는 연구에 대해 명확하게 설명해야 하며, 참여자는 연구에 동의한다는 서명을 해야 하는 것이 모순임을 지적하면서, 슈뢰더와 웹(Schroeder & Webb, 1997: 239-240)은 다음과 같이 기술하였다.

연구 시작 단계에서 연구에 동의한다는 서명을 한 연구참여자들이 동의한 내용을 충분히 알고 있다는 기관의 기대는 연구 시작 전에 연구 프로젝트가 충분히 설명되었다는 것을 함의한다. 그러나 연구는 시간이 흐르면서 변하는 경향이 있기 때문에, 연구참여자와의 협력 연구의 현실도 시간의 흐름 속에서 변하게 된다. 연구참여자의 역할도 연구의 전반에 걸쳐 변할 수 있다. 연구참여자의 역할은 자료수집자, 자료의 해석자, 연구의 공동 저자라는 역할을 포함한다. 그러한 역할들은 연구자가 연구참여자에게 연구의 참여를 요청할 당시에는 기대되지 않았던 것일지도 모른다.

연구참여자의 동의서와 관련하여 또한 '연구에 참여하는 것에 동의할 권리를 갖고 있는 사람은 누구인가?'에 대해 질문해 볼 필요가 있다. 이는 유아나 청소년과 같은 미성년자와의 연구에서, 기관에 고용된 피고용인과의 연구에서, 병원에 입원해 있는 환자와의 연구에서 등 내러티브 탐구자가 종종 마주하는 상황에 해당된다. 가령 연구자와 오랜 기간 관계를 형성해 온 유치원 교사가 연구를 위해 자신의 교실을 기꺼이 개방하고자 하지만, 기관의 원장이 여러 다양한 이유로 유치원에서 연구가 이루어지는 것을 반대할 경우가 있다. 이때, 연구참여자는 교사이지만 연구 동의에 관한 권리는 교사보다는 원장에게 더 많이 주어지는 것이다.

클랜디닌과 코넬리(Clandinin & Connelly, 2000)는 내러티브 탐구에서 동의서에 대한 윤리적 승인을 관계의 관점에서 이해하도록 제안한다. 연구자로서 연구 전 과정에서 참여자에 대해 책임감을 갖는 것이다. 내러티브 탐구자로서 이러한 윤리적 이해는 "연구자와 참여자가 윤리적 이해를 체험하고, 복잡하고, 긴장감을 불러일으키는 관계적 공간에서 함께 살아감으로써"(염지숙, 2020: 364) 가능한 관계적 윤리의 실천을 통해 이루어질 수 있다. 염지숙(2020)은 관계적 윤리 실천을 위해 내러티브 탐구자가 염두에 두고 실행할 수 있는 몇 가지 내용을 다음과 같이 제시한다.

첫째, 참여자들과 함께 살아가는 '관계적 공간'으로 들어가는 것이다. 내러티브 탐구자는 연구 초기에 참여자와의 관계 속으로 들어가서 연구가 진행되는 동안 함께 살고 이야기를 공유할 '관계적 공간'을 만들고, 유지시키고, 발전시켜야 한다. 앞서 언급했듯이, 우리가 연구를 시작하는 시점은 연구자와 참여자 모두 자신의 삶을 한창 살아 내고 있는 중이라는 점을 염두에 두고, 우리 각자가 살아온 삶의 경험이 중단되지 않고, 협의를 통해 어떻게 '관계적 공간'으로 들어갈 수 있을지 고민해야 한다.

둘째, 참여자들의 이야기에 귀 기울이고 반응해 주는 것이다. 관계적 탐구 공간은 연구자와 참여자가 함께 삶을 살아가고, 이야기를 말하는 공간이다. 연구자가 참여자와 함께 살고 이야기를 들을 때, 연구자는 참여자와 어떤 공간을 함께 만들 것인가 그리고 어떤 현장 텍스트를 공동으로 구성할 것인가를 항상 생각하게 된다. 그러기 위해서 연구자는 이 공간에서 책임감을 가지고 참여자의 이야기에 귀 기울이고 반응해야 한다. 여기서 참여자의 이야기에 귀를 기울인다는 것은 단순히 청각적으로 듣는 것을 뜻하는 것이 아니라, 연구자가 지니고 있는 모든 감각을 동원하여 온몸으로 전 존재에서 눈을 떼지 않는 교육적 경청(염지숙, 2005)을 의미한다. 즉, 내러티브 탐구에서 귀 기울이기는 연구자가 "자신을 기꺼이 변화시키고자 하는 열린 자세"에서 출발하며, "차이와 타자에 대한 존경에 기초한 윤리적 관계로서의 경청하기"(Davies, 2014: 16)이다.

셋째, 참여자의 이야기에서 '긴장(tension)'이 일어나는 순간에 주목하는 것이다. 우리 모두는 서로 다른 사회, 문화, 가족, 언어, 제도적인 내러티브 안에서 형성된 이야기를 살아왔다. 그러므로 이러한 이야기들을 연구현장에서 말하고 들을 때, 연구자와 참여자가 갈등과 긴장감에 마주하는 것은 당연한 일이다. 그런데 내러티브 탐구에서는 이 긴장감을 의도적으로 피하고 외면해야 하는 이야기가 아니라, 오히려 더 주의를 기울이고 드러내 주어야 하는 이야기로 본다. 이야기 속에서 긴장감이 일어나는 장면을 연구자와 참여자가 함께 찾아내고 질문을 던지고 문제를 제기할 때, 지배적인 사회 · 문화 · 제도적 내러티브를 변화시킬 수 있는 가능성을 열 수 있기 때문이다. 이때 연구자와 참여자가 함께 살아가는 탐구 공간은 관계적이고 윤리적인 공간이 되며, 긴장과 침묵이 외면당하지 않는 "각 이야기의 다양성, 상호작용, 반향 등을 인정하는 사이 공간"(Clandinin et al., 2010: 84)이 된다.

넷째, 참여자를 보호하기 위해 연구 텍스트를 픽션화(fictionalization)하는 것이다. 참여자들의 경험 이야기가 더 큰 사회 · 문화 · 제도적 내러티브와 충돌하여 긴장감을 일으키는 순간에 주목할 때, 연구자는 현장 텍스트, 중간 연구 텍스트, 최종 연구 텍스트 구성에 대해 고민하게 된다. 왜냐하면 때로는 지배적인 내러티브에 문제를 제기하는 참여자들의 이야기가 탐구 공간 밖으로 나와 독자들에게 전해질 때, 참여자가 예상치 못한 위험이나 어려움에 처할 수 있기 때문이다. 이러한 위험성은 다른 유형의 질적 연구에서도 존재한다. 그래서 질적 연구에서는 참여자 보호를 위해 가명을 사용하거나, 비밀 보장의 방법으로 텍스트를 픽션화하는 방식을 가장 일반적으로 사용해 왔다. 이러한 방법은 참여자가 갈등, 긴장감, 불확실함이 내포된 경험 이야기를 말할 때, 독자들로 하여금 참여자가 누구인가를 인지하지 못하도록 함으로써 참여자를 보호(Clandinin et al., 2010; Clandinin, 2013)하는 것을 목적으로 한다.

그런데 내러티브 탐구에서는 텍스트의 픽션화에서 더 나아가 지배적인 내러티브에 저항하는 대항 내러티브(counter narrative)를 상상해 내는 작업을 시도한다. 이는 참여자의 이야기, 그리고 연구자인 우리의 이야기가 사회 · 문화 · 제도적으로 지배적인 이야기에 반대되는 '대항 이야기(counterstory)' (Clandinin et al., 2006)를 구성하고 있는 방식에 주목한 것이다. 즉, 참여자들의 이야기와 연구자인 우리의 이야기에서 지배적인 내러티브가 달라질 수 있었던 이야기들을 떠올리고, 그러한 상상에서 대항 이야기를 생성해 낸다. 대항 이야기란 우리가 당연하게 생각하는 제도적 내러티브를 거스르고 구성한 이야기로서, "새로운 해석과 결말에 열려 있으며 지배적인 이야기를 약화시키고 다시 이야기하면서, 화자의 도덕적인 자기 인식에 기여하는 이야기"(Lindemann Nelson, 1995: 23)이다. 상상력을 발휘하여 구성한 대항 이야기는 참여자와 연구자가 마주칠 수 있는 난처하고 어려운 상황으로부터 이들을 보호해 줄 수 있는 연구 텍스트 구성의 한 방법이 될 수 있으며, 연구자가 참여자와 관계적 윤리를 실천할 가능성을 제공해 준다.

4) 내러티브 탐구의 특성을 나타내 주는 질적 준거 정립

연구자라면 누구나 좋은 연구를 하고 싶을 것이다. 좋은 내러티브 탐구를 만드는 준거는 무엇일까? 내러티브 탐구가 처음 방법론으로 첫발을 내디뎠을 당시에는 다른 질적 연구방법론자들이 제시하였던 준거에 의존하였다. 예를 들어, 반 매넌(van Menen, 1988)이 언급한 분명함과 있음직함(apparency and verisi-militude), 링컨과 구바(Lincoln & Guba, 1985)의 전이 가능성(transferability) 등이다(Clandinin & Connelly, 2000). 나아가 "인과관계를 피하는 것이 중요"(Clandinin & Connelly, 2000: 324)함을 강조하면서, 설명적이고 초대적인(exploratory and invitational), 확실성(authenticity), 적절성(adequency), 그럴듯함(plausibility) 등(Clandinin & Connelly, 2000)을 좋은 내러티브의 속성으로 제시하였다.

이후 여러 연구자가 내러티브 탐구를 수행하면서 자신들의 연구에서, 그리고 내러티브 탐구 연구 공동체에서 좋은 내러티브 탐구를 위한 준거들을 발전시켜 왔다. 클랜디닌과 케인(Clandinin & Caine, 2012: 169-176)은 오랫동안 여러 연구를 통해, 그리고 내러티브 탐구자들과의 협력을 통해 좋은 내러티브 탐구라면 다음과 같은 12개의 준거를 볼 수 있어야 한다고 주장한다. 이 준거는 "① 관계적 책임을 다하기, ② (삶이) 한창 진행 중에 탐구를 시작하고 진행하고 마친다는 것을 이해하고 실행하기, ③ 관계를 협의하기, ④ 자서전적 글쓰기로 탐구를 시작하기, ⑤ 현장에 들어가기를 협의하기, ⑥ 현장에서 현장 텍스트로 이동하기, ⑦ 현장 텍스트로부터 중간 연구 텍스트와 연구 텍스트로 이동하기, ⑧ 시간성, 사회성, 장소를 보여 주는 방식으로 경험에 대한 내러티브를 재현하기, ⑨ 관계적 반응 공동체, ⑩ 탐구를 개인적 · 실제적 · 사회적으로 정당화하기, ⑪ 독자가 누구인가에 주목하기, ⑫ 삶이 진행 중임을 이해하기"이다. 이러한 준거는 연구 공동체에 의해 계속해서 발전될 것이다. 아마 이 순간에도 세계 곳곳의 내러티브 탐구 연구 공동체에서 좋은 내러티브 탐구를 위한 용어와 준거들이 개발 · 발전되고 있을 것이다. 내러티브 탐구자들은 다른 연구자들이 개발해 놓은 이 준거를 사용하여 좋은 탐구를 하는 것도 중요하지만, 자신의 연구에서 준거들을 스스로 개발하려는 노력을 기울일 필요도 있다. 이 준거는 이 글의 전반에 걸쳐 볼 수 있으며, 특히 다음 절인 내러티브 탐구의 설계와 실행 부분에서 더 자세히 언급될 것이다.

3. 내러티브 탐구의 설계와 실행

이 절에서는 내러티브 탐구를 활용하여 연구를 수행할 때 탐구의 진행 과정을 기술하고자 한다. 다른 유형의 질적 연구처럼, 내러티브 탐구도 시작부터 마침까지 연구가 순차적이고 직선적으로 진행되지 않으며, 그렇게 될 수도 없다. 왜냐하면 내러티브 탐구는 참여자들의 경험 이야기가 각 연구자를 이끄는 관계적 탐구 방법론이자 열려 있는 연구방법론(Clandinin, 2013)이기 때문이다. 따라서 이 절에서 제시하는 일련의 과정은 연구자가 순서대로 지켜야 하는 절차나 단계라기보다는 탐구의 과정에서 연구자들이 염두에 두어야 할 고려사항으로 볼 수 있다.

슈리히(Scheurich, 2013)는 질적 연구방법 각각의 유형에서 몇몇 학자가 특정 연구방법들을 발전시키기 위해 노력하며 선구적인 역할을 해 왔으나, 대부분의 연구자가 이들의 조언을 잘 따르지 않는다고 지적하였다. 그 결과 질적 연구의 질적 수준이 저하되는 것을 우려하였다. 비록 내러티브 탐구를 수행하는 데에 정답과 같은 정해진 절차가 있는 것은 아니지만, 좋은 내러티브 탐구를 수행하기 위해서는 탐구의 시작부터 마무리까지 각 진행 과정에서의 조언을 충실히 고려해 볼 것을 제안한다.

1) 내러티브 관점으로 경험을 이해하기: 삶을 살아 내기, 이야기하기, 다시 이야기하기, 다시 살아 내기

앞서 언급했듯이, 내러티브 탐구는 경험에 대한 내러티브 관점을 토대로 하며, 경험을 내러티브 방식으로 구성되는 것으로, 그리고 우리가 살아 내는 것으로 본다. 이러한 관점을 잘 설명해 주는 것이 바로 "삶을 살아 내기, 이야기하기, 다시 이야기하기, 다시 살아 내기"(Claninin & Connelly, 1998)이다.

"우리는 이야기를 통해 우리의 삶을 살아가고, 이야기 속에서 살아간다."(Okri, 1997: 46: Clandinin, 2013: 31에서 재인용) 즉, 사람들은 이야기로 자신들의 삶을 살아 내고, 그렇게 살아 낸 삶을 이야기로 말한다. 내러티브 탐구자로서 우리는 참여자들과 함께 '살아 내고 말한 이야기들(lived and told stories)'(Clandinin, 2013: 48)을 탐구한다. 이렇게 연구자가 참여자와 함께 이야기를 탐구하는 과정을 내러티브 탐구에서 '다시 이야기하기'라고 부른다. 그리고 우리가 살아 내고 살아가는 이야기들을 다시 이야기할 때, 우리는 그 이야기들을 다시 체험하면서 변화하는 우리의 모습을 보게 된다. 이를 내러티브 탐구에서 이야기를 '다시 살아 내기'라고 부른다.

삶을 '살아 내기(living)', '이야기하기(telling)', '다시 이야기하기(retelling)', '다시 살아 내기(reliving)'는, 내러티브 탐구가 단순히 참여자의 이야기를 연구자가 받아쓰고 다시 이야기하는 데에 머무르는 연구방법론이 아님을 이해하는 데 중요한 용어이다. 내러티브 탐구에서 연구자는 연구자와 참여자의 이야기를 '풀어내기(unpack)'(Clandinin, 2013: 48) 위해 3차원적 내러티브 탐구 공간에서 작업하면서, 이야기를 다시 살아 낸다. 이 과정에서 우리는 연구 참여자들의 성장과 변화의 이야기에 관심을 두면서, 이들 이야기가 우리가 살고 있는 사회적·문화적·제도적·언어적 내러티브를 변화시킬 수 있는 가능성을 보아야 한다.

2) 연구의 목적과 질문에 대한 개인적·실제적·사회적 정당성을 고려하기

연구를 시작하고자 할 때, 우리는 왜 이 연구를 하는지, 그 중요성과 목적에 대해 생각한다. 내러티브 탐구를 참여자들에게 이야기를 하도록 요청하고, 그 이야기들을 연구자가 이야기 방식으로 나타냄으로써 개인적 경험의 이야기에 머무는 것으로 오해하지 않도록 해야 한다. 그러기 위해서, 내러티브 탐구자들은 자신의 연구에 대해 '왜?'라는 질문에 대답할 수 있어야 한다.

이는 연구의 중요성과 목적을 개인적·실제적·사회적·이론적으로 정당화 (Clandinin & Connelly, 2000)할 수 있어야 함을 의미한다.

첫째, 개인적 정당화란 내러티브 탐구를 연구자 자신의 삶의 경험이라는 맥락 내에서 정당화시키는 것이다. 이러한 개인적 정당화는 탐구와 관련하여 연구자인 내가 어떤 사람이며, 어떤 사람이 되어 가고 있는가를 이해할 때 연구참여자의 경험에 주목하는 방법을 더 잘 이해할 수 있다는 점에서 중요하다. 내러티브 탐구에서 개인적 정당화는 다음에서 기술할 연구자 자신의 경험에 대한 자서전적 이야기 쓰기를 통해 가능하다. 둘째, 실제적 정당화란 내러티브 탐구의 중요성과 의의를 개인적 차원에 머무르도록 두지 않고, 관련 분야의 실천을 변화시키는 데 어떤 가능성을 제공하는가에 주의를 기울이는 것이다. 셋째, 탐구를 사회적 또는 이론적으로 정당화할 필요가 있는데, 이는 연구의 결과가 더 광범위한 사회적 이슈에 대해 생각해 보는 데 기회를 제공하는지, 탐구를 통해 새롭게 알게 된 학문적 지식이 무엇인지에 주의를 기울이는 것이다. 이렇게 내러티브 탐구에서 연구목적과 질문에 대해 개인적으로, 실제적으로, 사회적으로 그 정당성을 고려하는 일은 당연히 연구 시작 단계에서부터 이루어져야 하며, 연구가 진행되는 동안 그리고 최종 연구 텍스트를 작성할 때까지 계속되어야 한다. 특히 최종 연구 텍스트에서 이러한 정당성을 볼 수 있을 때, 독자들은 탐구의 중요성과 의의에 더 공감할 수 있을 것이다.

3) 연구자 자신의 경험 쓰기와 연구 퍼즐 고안하기

실증주의 연구에서는 저명한 학자들의 철학이나 이론적 틀로 연구를 시작한다. 실증주의 연구자들은 대서사(grand narrative)를 바탕으로 가설을 세우고 그러한 가설이 맞는지를 검증한다. 그러나 내러티브 탐구에서는 연구 설계를 위해 계획서를 작성할 때, 연구주제와 관련된 연구자의 경험을 자서전적 내러티브로 기술함으로써 탐구를 시작한다. 연구자의 자서전적 내러티브를 우리는 '내러티브의 시작(narrative beginnings)', '내러티브의 싹(narrative seed)', 또는 '나의 경험 이야기' 등으로 표현할 수 있는데, 이러한 자서전적 내러티브는 연구자가 수행하려는 연구가 개인적 · 실천적 · 사회적으로 왜 중요한가를 정당화해 주는 역할을 한다.

내러티브 탐구의 출발점에서 연구자는 자신의 경험을 3차원적 내러티브 탐구 공간에서 쓰고 탐구하게 된다. 이는 연구주제에 따라 멀리는 연구자가 아련히 기억하는 어린 시절의 경험부터 아주 최근의 경험에 이르기까지 기술하는 경험의 시간적 · 공간적 · 사회적 폭이 넓을 수 있음을 의미한다. 또한 여러 사건을 횡적으로 나열하기보다는 연구자의 삶에 강렬하게 영향을 주었던 사건들을 중심으로 깊이 있게 기술함으로써, 연구자 자신의 경험에 대한 고민과 성찰이 잘 드러날 수 있게 한다.

내러티브 탐구는 가설 설정과 검증을 통해 연구 문제에 대한 답을 찾는 것을 목적으로 하지 않기 때문에, 연구자는 연구 질문을 구조하여 제시하기보다는 자신이 궁금하게 생각하는 점들을 중심으로 지속적인 탐색을 통해 연구 퍼즐을 고안해 낸다. 따라서 연구 퍼즐을 고안하는 일은 "탐색-재탐색-또 다시 재탐색의 과정을 고려하는 감각", "지속적인 재구성의 관점"(Clandinin & Connelly, 2000: 231)을 가지고 이루어진다. 이러한 관점에서 탐구 초기에 이루어지는 연구자 자신의 경험에 대한 자서전적 내러티브는 연구 퍼즐의 한 부분이 된다. 모든 내러티브 탐구의 출발점에서 연구자의 자서전적 내러티브 쓰기가 진행된다 하더라도, 학위 논문에 이 부분이 반드시 포함되어야 하는 것은 아니다. 특히 지면상 한계가 있는 학술지 논문의 경우 연구자의 경험 이야기는 생략하는 경우가 많다. 또한 내러티브 탐구의 초기에 이루어지는 연구자의 자서전적 경험 이야기는 내러티브 탐구 전체가 저서전적으로 구성되는 자서전적 내러티브 탐구, 이후에 제시할 현장 텍스트로서의 자서전적 글쓰기와는 다르다는 점을 이해할 필요도 있다.

4) 연구현장에 들어가기

(1) '삶을 살아 내고 있는 중에 탐구를 시작하고 진행하기'의 의미 이해하기

내러티브 탐구에서는 연구자로서 우리의 삶과 참여자의 삶이 각각 진행되고 있는 가운데에 연구를 시작하게 된다는 점을 이해하는 것이 중요하다. 내러티브 탐구자로서 우리는 삶을 한창 살아가는 중에 연구현장으로 들어가게 된다. 마찬가지로 연구참여자도 자신의 삶을 살아가고 있는 과정에서 연구에 참여하게 된다. 다시 말해, 연구자의 삶 그리고 참여자의 삶은 연구의 시작과 함께 시작되어 연구의 종료와 함께 끝나는 것이 아니다. 연구가 마무리되더라도 연구자와 참여자는 각자 자신의 삶을 계속해서 살아간다. 따라서 내러티브 탐구를 설계할 때, 우리는 잠재적인 참여자들이 살아갈 가능성이 있는 삶을 시간성, 사회성, 장소와 관련하여 상상해 보면서 그들의 삶의 한 가운데에 우리의 삶을 가져다 놓아 볼 필요가 있다(Clandinin & Caine, 2012: 170). 이러한 작업은 우리가 언제 연구현장에 들어갈 것인지, 연구참여자와 어디에서 삶을 살아가고 삶의 이야기를 나눌 것인지, 참여자와 어떤 관계를 형성하고 유지하고 발전시켜 갈 것인지, 그리고 언제 연구현장을 떠날 것인지 등을 참여자와 협의하는 데 도움이 된다. 한편, 이러한 협의는 대부분 연구자가 현장에 들어가기 전에 IRB 작업과 함께 진행되고, 일단 연구자가 현장 작업을 시작하면 더 이상의 협의는 이루어지지 않는 것으로 생각되어 왔다. 그러나 내러티브 탐구에서는 연구자가 현장에서 참여자들과 삶을 살아가고, 이야기를 말하고, 다시 말하고, 삶을 다시 살아가기를 하는 동안 내내 이러한 협의가 이루어진다.

(2) 연구현장에서 살아가기

내러티브 탐구는 참여자가 자신의 이야기를 말하는 것을 출발점으로 또는 참여자의 살아가는 이야기를 출발점으로 시작할 수 있다. 참여자의 이야기 말하기로 시작할 경우, 연구자는 참여자에게 참여자 자신이 살아온 삶의 경험에 대해 이야기를 말하도록 요청한다. 이러한 이야기 말하기는 경우에 따라 일대일 또는 연구자와 여러 명의 연구참여자와 집단으로 이루어지기도 한다. 이야기 말하기가 때로는 면담 형식으로 이루어지는 경우도 있지만, 내러티브 탐구에서 참여자의 이야기 말하기는 다른 유형의 질적 연구에서 자료 수집을 위해 수행되는 면담과는 좀 다른 성격을 지닌다. 참여자가 자신의 경험 이야기를 할 때, 연구자 또한 자신의 이야기를 참여자와 공유하며 연구자와 참여자 간에 대화가 이루어지기 때문이다. 이때, 참여자와의 대화가 실제로 어떤 장소에서 이루어지든 연구자는 참여자와 대화가 진행되는 동안 참여자의 이야기를 따라 이야기 속의 장소로 옮겨 다니며 참여자의 경험을 이해하게 된다. 이야기 말하기로 연구를 시작하고 진행할 때, 연구자는 참여자의 삶에서 일어나는 경험을 실제로 볼 수 없다는 한계가 있다. 이 점을 고려하여 연구자는 참여자의 경험을 깊이 있게 이해하기 위해 충분한 기간 동안 이야기를 나누고, 경험을 3차원적 내러티브 탐구 공간에서 이해하도록 노력하는 것이 중요하다.

살아가는 이야기로 탐구를 시작하는 것은 연구자가 참여자의 삶이 진행되는 바로 그곳에 가서 참여자와 함께 삶을 살아가며 참여자의 삶에 초점을 맞추는 것이다. 낯선 연구현장에서 참여자들과 함께 삶을 살아가는 것은 연구자에게 쉬운 일이 아니다. 그러나 내러티브 탐구자로서 우리는 현장의 한쪽 구석에서 참여자들의 삶을 단순히 지켜보기만 할 수는 없다. 따라서 우리는 현장에서 참여자들과 살아가기 전에, 연구자로 어떤 역할을 할 것인가를 참여자와 협의할 필요가 있다. 예를 들어, 유치원이나 어린이집 교실 연구의 경우 단순한 관찰자보다는 보조교사 역할을 하며 이들과 적극적으로 상호작용한다면 관계 구축에 도움이 될 것이다.

내러티브 탐구는 연구참여자의 경험을 연구자가 경험하는 경험에 대한 경험 연구이다. 내러티브 탐구자가 참여자의 경험을 경험하기 위해서는 참여자의 삶 속으로 들어가 완전히 몰입하여, 참여자와 "사랑에 빠져야"(Clandinin & Connelly, 2000: 163) 한다. 동시에 내러티브 탐구자는 한 걸음 물러서서 탐구 속에 있는 자신의 이야기와 연구참여자들의 이야기뿐 아니라, 탐구자와 참여자가 살고 있는 더 넓은 전경을 보아야 한다(Clandinin & Connelly, 2000). 내러티브 탐구가 관계적 방법론이기 때문에, 이러한 몰입하기와 거리두기로 인해 내러티브 탐구자는 종종 긴장감을 경험한다. 이러한 긴장감은 탐구가 진행되는 동안 계속 반복될 수 있으며, 탐구자와 참여자의 지속적인 협의에 의한 이해가 필요하다.

5) 현장 텍스트 작성하기

현장 텍스트(Field texts)란 내러티브 탐구에서 자료(data)를 의미한다. 현장 텍스트는 현장노트, 대화 전화본, 연구자나 참여자가 작성한 저널, 사진 등을 포함하는 일종의 기록이다. 그러면 내러티브 탐구에서 이러한 자료를 왜 자료라고 부르지 않고 현장 텍스트라고 부르는 걸까? 내러티브 탐구에서 현장 텍스트는 연구자와 참여자의 경험을 반영하여 구성된 텍스트, 즉 연구자와 참여자의 관계적 측면의 경험을 이야기하고 보여 주는 텍스트로 이해될 필요가 있기 때문이다(Clandinin, 2013). 이러한 관점에서 현장 텍스트는 연구자와 참여자가 협력적으로 구성한 경험적이고 간주관적인 텍스트(Clandinin & Connelly, 2000)이다.

한편, 내러티브 탐구에서 연구자는 다양한 현장 텍스트를 혼합하여 활용할 수 있다. 여기서는 내러티브 탐구에서 가장 일반적으로 활용하는 현장 텍스트의 형태를 제시하고자 한다.

(1) 자서전적 글쓰기

자서전적 글쓰기는 우리 삶의 전체적인 맥락에 대해 기술하는 방식 중 하나이다(Clandinin & Connelly, 2000). 현장 텍스트로서 자서전적 글쓰기는 연구 텍스트 전체가 자서전적으로 구성되는 것과는 다르다. 그러나 현장 텍스트로 구성한 자서전적 글쓰기를 자서전적 연구 텍스트의 일부를 구성하는 데 활용하는 것도 가능하다. 자서전적 글쓰기는 연구자와 참여자 모두 또는 어느 한쪽만 구성할 수도 있으며 분량과 형식을 자유롭게 할 수 있다. 상황에 따라서 연구주제와 관련된 내용에 초점을 두어 작성할 수 있다. 예를 들어, 교사의 교육과정 실행 경험을 탐구하고자 할 때, 내러티브 탐구자나 연구참여자는 자신의 삶 전체를 교사가 된 과정이나 교사로서의 교수 실천 경험을 조망하는 내용으로 자서전적 글쓰기를 할 수 있을 것이다.

(2) 현장노트

현장노트는 내러티브 탐구자나 연구참여자가 현장에서 경험한 내용을 가능한 자세히 기술한 것이다. 현장노트를 작성할 때 탐구자는 현장과 어느 정도 거리두기를 함으로써 현장에 있을 때 참여자와 "사랑에 빠졌던" 것과 균형을 유지할 수 있다. 연구자 중에는 현장노트만으로 연구자와 참여자의 다면적이고 다층적인 경험을 충분히 포착하기 어렵다고 생각하여 비디오 녹화에 의존하는 경우도 있다. 그러나 비디오 녹화에 의존하다 보면 누구보다 현장을 예리하게 보고 기록해야 하는 탐구자로서의 역할에 소홀해질 수 있음을 주의해야 한다.

연구자나 참여자가 찍은 사진도 일종의 현장노트에 포함되지만, 그 자체가 현장 텍스트는 아니다(Clandinin & Connelly, 2000). 바크(Bach, 1997)은 음악, 드라마, 미술, 발레를 전공하는 여학생 4명과의 연구에서, 참여자들에게 일회용 카메라를 제공하고 일상의 중요한 경험들을 사진으로 찍어 오도록 요청한 후 대화에 그 사진들을 활용했다. 이 경우 사진들이 현장 텍스트와 연구 텍스트에 포함되었으며, 바크(Bach, 1997)는 자신의 연구를 시각적 내러티브 탐구(visual narrative inquiry)로 명명하였다.

(3) 저널

저널은 현장 텍스트를 구성하는 하나의 방법으로서, 자신의 경험을 나타낼 수 있는 매우 강력한 형태이다(Clandinin & Connelly, 2000). 저널은 또한 가장 "강도 높은 자기반성의 한 형태"로서 저널 쓰기를 통해 "자신의 경험을 검토해 보고, 새로운 관점을 얻으며, 경험 자체를 변화시키는 것"(Cooper, 1991: 99-101)이 가능하다. 저널은 개개인이 자신의 경험을 설명하는 가장 강력한 수단이다. 저널은 다른 형태의 현장 텍스트와 함께 연구 텍스트의 일부로 사용될 수 있지만, 저널을 가장 주요한 현장 텍스트로서 활용하여 연구 텍스트를 구성할 수도 있다. 예를 들어, 한미경(2009)은 교사양성과정에 입학할 당시부터 어린이집 원장으로서 내러티브 탐구를 수행하고 있던 20여 년 동안 자신이 작성해 온 저널을 현장 텍스트로 활용하여 자서전적인 연구를 수행하였다.

(4) 편지

연구자와 참여자가 주고받은 편지 또는 참여자들 간에 주고받은 편지는 내러티브 탐구에서 현장 텍스트로 활용될 수 있다. 편지는 면대면 대화로는 하기 어려운 이야기를 비교적 부담 없이 상대방에게 말할 수 있다는 장점이 있다. 일방향으로 전해진 편지가 아닌 이상, 편지는 대화적 성격도 지닌다. 정기적으로 주고받은 편지나 간헐적으로 또는 일회성으로 주고받은 편지 모두 현장 텍스트에 포함될 수 있다.

(5) 대화

대화는 연구자와 참여자 또는 연구자와 참여자 집단이 면대면으로 이야기하는 것이다. 대화는 내러티브 탐구에서 가장 일반적이며, 가장 많이 활용하는 현장 텍스트이다. 면담이 연구자로 하여금 연구문제에 대한 답을 얻는 것을 우선적으로 생각하도록 하는 반면, 대화는 연구자도 자신의 이야기를 공유하고 참여자로 하여금 자기 성찰로 이끈다는 점에서 내러티브 탐구에서는 면담보다 대화를 선호한다. 이는 내러티브 탐구의 관계적 속성을 반영한 것이라고 볼 수 있다.

이 외에도 현장의 각종 문서, 서류, 학교에서 가정에 보낸 통신문, 시도교육청, 교육지원청으로부터의 정책 문서 등이 현장 텍스트로 활용될 수 있다.

6) 중간 연구 텍스트 작성하기

내러티브 탐구자는 현장 텍스트로부터 중간 연구 텍스트와 연구 텍스트를 작성하게 된다. 이 작업은 상당히 복잡하고 탐구자의 주의집중이 요구되는 과정이며 계속 반복되는 순환적 과정이다. 중간 연구 텍스트를 작성하는 것은 현장 텍스트를 분석하고 해석하는 출발점이자, 다층적이고 다양한 현장 텍스트를 이해하고자 하는 시도로 볼 수 있다.

적게는 수십 쪽부터 많게는 수백 쪽에 이르는 엄청난 분량의 현장 텍스트를 마주하는 내러티브 탐구자는 어떻게 현장 텍스트를 분석하여 최종 보고서를 작성해야 할지 막막할 수 있다. 내러티브 탐구에서는 자료의 분석을 위해 단어, 어구, 문장 등에 번호나 부호를 부여하여 코딩하는 작업을 하지 않는다. 연구참여자의 삶을 분절하여 해체하기보다는 맥락 속에서 총체적으로 보고자 하기 때문이다. 이러한 이유로 내러티브 탐구자는 현장 텍스트를 반복하여 읽고 또 읽을 때 연구 퍼즐을 염두에 두면서, 시간성, 사회성, 장소를 동시에 주목하며 작업한다. 이는 곧 연구자가 3차원 내러티브 탐구 공간 안에서 살아가려고 노력해야 함을 의미하며, 이렇게 함으로써 연구자는 참여자의 경험을 더 의미 있게 이해할 수 있다(Clandinin & Caine, 2012). 깨진 거울이라는 은유를 통해 다우니와 클랜디닌(Downey & Clandinin, 2010)은 현장 텍스트에서 중간 연구 텍스트로, 중간 연구 텍스트에서 연구 텍스트로 이동할 때 주목해야 할 점에 대해 다음과 같이 쓰고 있다.

내러티브 탐구에서는 산산조각 난 거울에서 '수많은 조각'을 특정한 시간과 장소에서 한 개인이 살아 내고 말한(lived and told) 이야기들, 즉 삶으로 보면서 그 패턴에 더 주목한다. 이 순간에 불확실성이 존재하기도 하지만, 우리는 그 조각들을 다시 맞추려고 하기보다는 오히려 계속 진행되고 있는 삶 안에서 시간적·사회적·장소의 차원들을 이해하는 데 필요한 것에 주목한다. 즉, 관계적인 방식으로 한창 진행 중인 개인의 흩어진 삶의 조각들 한 가운데로 들어가려고 한다. 펼쳐지는 삶에서 볼 수 있게 되는 것의 다중성에 주목하면서, 내러티브 탐구자는 가능한 한 다양하게 다시 이야기하기(retelling)를 구성하기 위해 노력한다. 이를 위해 연구자는 각 '조각' 또는 파편의 고유성에 주의를 기울이거나, 상상적이고 내러티브적으로 일관성 있는 방식들로 나아가기 위한 방법들에 주목한다(p. 391).

중간 연구 텍스트의 부분으로서, 연구자는 연구 퍼즐과 관련된 참여자의 경험을 '내러티브 기술(narrative accounts)'(Clandinin, 2013: 131)의 형태로 작성할 수 있다. 연구주제와 상황에 따라 내러티브 기술의 편수는 달라질 수 있다. 예를 들어, 11명의 내러티브 탐구자가 공동으로 참여하여 학교를 중퇴한 19명의 청년과 수행한 내러티브 탐구(Clandinin et al., 2010)에서 클랜디닌은 자신이 만났던 앤드류(Andrew)라는 청년의 경험을 9개의 내러티브 기술로 작성했다(Clandinin, 2013). 공동 연구자들이 각 참여자의 내러티브 기술을 작성한 후, 이 연구의 최종 연구 텍스트에서는 19명의 참여자 각각에 대한 내러티브 기술, 즉 19개의 내러티브 기술을 제시하고 있다.

한편, 중간 연구 텍스트는 연구 관계를 다시 이야기하고(retelling), 다시 살아 내는(reliving) 데에 몰입하는 하나의 방법이다(Clandinin & Caine, 2012). 연구자는 내러티브 기술을 참여자와 공유하며(때로는 연구참여자가 내러티브 기술을 작성하는 데 참여하기도 한다.) 양측 모두 관계적인 방식으로 이 과정을 살아 내기 때문이다. 또한 연구자와 참여자는 중간 연구 텍스트를 작성하는 과정에서 모호한 점이나 궁금한 점이 있을 때 연구자는 현장 텍스트로 다시 돌아가서 작업하거나, 추가의 현장 텍스트 작업을 할 수도 있다. 이 과정에서 연구자와 참여자는 자신들의 관계를 다시 이야기하고 다시 살아 내는 기회를 갖게 된다.

7) 연구 텍스트 작성하기

연구 텍스트를 작성할 때 연구자는 여러 사항을 고려해야 하지만, 여기에서는 '독자를 염두에 두기', 중간 연구 텍스트보다 '더 높은 차원의 분석하기', 내러티브 탐구를 '이론적 · 방법론적으로 위치 짓기', '연구 텍스트의 형식 고려하기' 등에 대해 기술하고자 한다.

(1) 독자를 염두에 두기

연구 텍스트는 내러티브 탐구에서 최종 보고서에 해당한다. 연구 텍스트를 작성할 때 내러티브 탐구자는 우선 독자를 염두에 두어야 한다. 연구 텍스트를 읽는 독자들은 내러티브 탐구가 진행되는 동안 참여자가 어떤 경험을 했는지, 어떤 삶을 살아왔는지 전혀 알지 못한다. 따라서 내러티브 탐구자는 독자들이 마치 자신들도 참여자들이 살아온 삶을 그들과 함께 살아온 것처럼 느낄 수 있도록 가능한 한 생생하게 참여자들의 경험을 드러내 주도록 작성해야 한다. 또한 독자들이 참여자의 경험에 대해 공명을 불러일으키는 회상(resonant remembering: Clandinin, 2013)을 할 수 있도록 연구 텍스트를 작성하도록 한다. 이를 위해 연구자는 시간성, 사회성, 장소라는 세 가지 차원에 동시에 주목하여 연구 텍스트를 작성하려고 노력해야 하는데, 세 가지 차원 모두에 주목할 때 우리는 참여자들의 삶의 복잡성을 더 심층적으로 드러내 줄 수 있기 때문이다.

(2) 더 높은 차원의 분석하기

연구 텍스트 작성을 위해서는 중간 연구 텍스트를 위한 분석에서 한 단계 더 나아간 분석이 필요하다. 그 하나의 방법이 중간 연구 텍스트를 위해 작성한 여러 편의 내러티브 기술을 가로질러 검토하여 공명을 일으키는 줄거리나 패턴에 초점을 맞추는 것이다. 예를 들어, 학교를 중퇴한 19명의 청년과 수행한 내러티브 탐구(Clandinin et al., 2010)에서 연구자들은 공명을 일으키는 줄거리나 패턴에 주목하기 위해 각 청년들에 대한 내러티브 기술 19개를 전체적으로 살펴보았다. 그리하여 "대화공간, 관계, 정체성, 시간흐름에 따른 복잡성, 책임감, 문화적·사회적·제도적 내러티브를 형성하는 실재"(Clandinin, 2013: 184)라는 6개의 줄거리를 찾아냈다. 세 청년의 대학경험 탐구를 통해 대학의 존재를 이해하고자 한 내러티브 탐구에서 김아람(2020)은 대학 안팎에서 살아온 각 참여자들의 이야기를 내러티브 기술로 구성한 후, 이 내러티브 기술을 가로지르며 발견되는 공명하는 줄거리에 주목하였다. 김아람(2020)이 발견한 3개의 공명하는 줄거리는 '기대, 사건, 생성'이었다. 참여자인 세 청년들 모두 대학 입학 전 학교와 가정에서의 삶을 통해 대학에 대한 '기대'를 형성하였고, 각자의 기대를 안고 대학에서 살아갔다. 또한 참여자들은 대학에서의 삶에서 특정한 '사건'과의 마주침을 경험했다. 각자가 마주친 이러한 사건을 통해 "이들의 삶은 이전과 같은 수 없는 다른 세계의 출현으로 이어"(김아람, 2020: viii)지며 '생성'되었다.

(3) 이론적·방법론적으로 위치 짓기

실증주의 연구자들이 이론에서 연구주제를 생각해 내고, 이론적 틀 안에서 연구하는 것과 달리 내러티브 탐구자들은 자신이 살아온 삶의 경험에 대한 탐구로 연구를 시작한다. 따라서 내러티브 탐구에서 이론의 위치는 실증주의 연구에서의 그것과는 다르다. 현장 텍스트에서 중간 연구 텍스트로, 그리고 중간 연구 텍스트에서 연구 텍스트로 이동하면서, 연구자는 연구 텍스트를 이론적으로 위치 지을 필요가 있다. 내러티브 탐구는 단순히 연구자 자

신의 개인적 경험에서 시작하여 참여자의 이야기를 기술하는 데서 그치는 것
이 아니다. 연구자와 참여자의 경험 내러티브와 함께 이를 어떻게 이해할 것
인가에 대한 견해와 관점을 연구 전면에 드러내야 하는 것이다. 이는 연구를
사회적·이론적으로 맥락화하는 작업이며, 텍스트를 어떠한 담론으로 읽어
낼 것인가에 대한 고민이 수반되는 일이다. 이러한 작업을 위해 연구자는 다
양한 문헌과 연구를 읽고 그러한 연구물들이 자신의 연구와 어떻게 연결되는
지, 어떻게 연결시킬 수 있을지를 다양한 각도에서 상상하고 시도해 보아야
한다. 연구를 이론적으로 위치 짓는 일은 내러티브 탐구로 수행한 연구가 "사
회적 중요성을 갖는다"(Clandinin & Connelly, 2000: 249)는 것을 보여 주는 하
나의 방식이다.

또한 연구 텍스트를 작성할 때, 연구자는 다른 연구방법론이 아닌 내러티
브 탐구를 왜 연구방법론으로 선택하였는가에 대해서도 설명할 수 있어야 한
다. 예를 들어, 다른 연구로 수행했다면 알기 어려웠을 것을 내러티브 탐구로
수행했기 때문에 알게 된 것은 무엇인가? 내러티브 탐구가 연구주제와 관련
된 현상을 이해하는 데 어떠한 기여를 하였으며, 사회적 담론을 어떻게 확장
시키고 변화시키는가? 등과 같은 질문에 답할 수 있어야 한다.

(4) 연구 텍스트의 형식을 고려하기

사실 내러티브 탐구에서 연구 텍스트의 형식에 대한 고려는 내러티브 탐구
를 시작할 때부터 탐구가 진행되는 내내 이루어져야 한다. 다른 연구자들의 내
러티브 탐구를 읽으면서 자신의 연구 퍼즐과 현장 텍스트로 어떠한 형식의 연구
텍스트를 구성할 것인가를 미리 생각해 보는 일은 초보 연구자들에게 도움이 될
것이다. 물론 연구 텍스트의 형식은 연구를 진행하면서 변화될 수도 있다.

연구 텍스트는 자서전 형식, 소설 형식, 연극 대본 형식, 편지 형식, 사진.
그림, 시, 콜라주 등을 사용한 시각적이고 예술적인 형식 등 다양한 방식으로
구성될 수 있다. 연구자는 자신의 내러티브 탐구에 가장 적합한 형식을 찾기
위해, 다양한 형식을 시도해 보고 실험해 볼 필요가 있다.

4. 내러티브 탐구를 활용한 연구 사례

이 절에서는 내러티브 탐구를 활용하여 수행한 국내외의 연구 사례를 소개하고자 한다. 내러티브 탐구의 연구 텍스트는 제3절 '내러티브 탐구의 설계와 실행'에서 언급했듯이 다양하게 구성될 수 있다. 따라서 이 연구들은 내러티브 탐구의 전형적인 사례도, 예외적인 사례도 아니다. 다음의 사례들에서 내러티브 탐구의 특성이 어디에 어떤 방식으로 나타나 있는지에 주목해서 본다면 연구 수행에 도움이 될 것이다.

1) 우리 아이가 행동장애라고요?[2]

이 연구는 본래 저자의 1995년 앨버타대학교(The University of Alberta)의 박사학위논문이다. 이 학위논문은 2000년에 책으로 출판되었으며, 2012년에 한국어로 번역되어 『우리 아이가 행동장애라고요?』(염지숙, 박세원, 조현희 공역, 2012)라는 제목으로 출판되었다. 이 연구는 연구 텍스트가 '편지'라는 독특한 형식으로 구성되어 있다. 뿐만 아니라 연구자가 어머니들과 내러티브 탐구를 수행했던 구체적인 과정이 거의 50쪽에 달하는 부록에 수록되어 있어 내러티브 탐구를 처음 시도하려는 연구자들에게 도움이 될 것이다.

우선 이 연구는 행동장애아로 낙인찍힌 아이들과 그 어머니들의 삶을 내러티브 탐구로 수행함으로써, 특수교육 분야에서 내러티브 탐구의 가능성을 열어 주었다고 볼 수 있다. 저자는 학교 상담가로서의 풍부한 경험을 바탕으로 '중증 행동장애아'로 명명된 아들을 둔 네 명의 어머니들과 수행한 이 연구에서 아이들과 어머니들, 가족의 삶을 미시적으로 들여다본다. 편지형식이라는 독특한 형식을 취하고 있는 연구 텍스트 속의 편지들은 저자가 12개월 동안

---

2) Mickelson (2000).

어머니들과 나눈 대화를 바탕으로 구성된 것이다. 행동장애아로 분류된 아들을 키우는 어머니들의 경험을 통해 특수아와 그 가족을 지원하는 학교 체제의 정책적 문제점을 지적한다. 이 연구에서 저자는 검사에 의한 행동장애아 진단과 분류를 위한 검사, 의미 없는 전문가들과의 만남과 약물 투여, 일하는 여성이자 어머니로서의 삶 등을 폭넓게 다루면서, 행동장애아로 분류된 아이들과 그 가족을 이해하기 위해 그들의 경험과 삶을 찬찬히 자세하게 들여다보아야 한다고 주장한다. 지속적인 성찰과 경험을 통해 얻은 어머니들의 실천적 지식의 중요성도 강조한다.

이 연구의 구성은 서문, 학교 경영자에게 보내는 편지, 5개의 장(chapter), 맺는말, 부록으로 구성되어 있는데, 서문을 제외한 나머지는 모두 편지 형식이다. 맺는말은 교사들에게 보내는 편지로, 부록은 어머니들에게 보내는 편지로 구성되어 있다. 서문에서는 연구자 자신의 초기 교육과 학습에 관해 이야기하고 있다. '더 크게 소리쳐 말해 주세요'에서는 연구자의 맨 처음 교직생활 이야기로 시작한다. 그리고 연구자를 '탐구로 가는 길'로 이끌어 준 학생들과의 경험을 기술한다.

네 명의 어머니와 그 아들들을 소개하기 위해서 연구자는 맨 처음 네 통의 편지를 학교의 교육 행정가들이 작성하고 보낸 것처럼 썼다. 네 어머니의 아들에 관한 이야기가 적힌 그 편지들은 교육 행정가들이 실제로 보낸 것은 아니다. 그 편지들은 신분 보장을 위해 각색되었지만, 이들 소년 각각에 대해 학교 또는 지역사회 전문가들이 실제로 수행한 관찰과 측정, 해석을 포함하고 있다. 이 편지에서 우리는 그동안 우리가 당연하게 여겨 온, 아이에게 꼬리표를 붙이는 익숙한 개념들을 볼 수 있다.

그 다음부터 이어지는 편지는 어머니들에게 쓴 편지들로, 어머니들이 자신의 삶과 관계성에 대해 이야기하는 내용이 담겨 있다. 어머니들은 자신의 삶의 이야기들을 자신의 언어로 말하고 있으며 연구자는 그 이야기를 독자들에게 다시 들려주고 있다. 어머니들이 "자신의 아들들이 겪은 어려움들을 이해하려고 노력하는 과정에서 이들의 지속적인 인내"(Mickelson, 2000: 11)를 볼 수 있으며, 교사, 교장, 심리학자, 심리치료사 등과 같은 전문가들과 만나면서 겪은 "경험의 복잡성과 다양성이 하나의 빈번한 딜레마"(Mickelson, 2000: 11-12)로 드러난다. 아들들의 고유한 특성, 어머니들의 실천적 지식 그리고 그들의 삶에서 지속적으로 볼 수 있는 용기를 발견할 수 있다.

　마지막 편지는 "교사 여러분께"로 시작하는데 학생들을 가르치는 사람 모두를 위한 것이다. 이 편지에서 저자가 의도하는 바는 "낙인찍힌 아이들을 그들 어머니의 눈으로 봄으로써 학교에서 행동장애를 가진 학생들에게 작성하는 문서가 많은 부분은 파괴적일 수" 있으며, "보다 협조적이고 인간적이며 교육적인 문서를 작성하도록 노력해야"(Mickelson, 2000: 12) 함을 보여 주는 것이다. 부록은 다시 어머니들에게 쓰는 편지로 작성되었으며, "제가 그것을 했던 방법은 이렇습니다."와 "뜻하지 않은 행운으로 저는 계속합니다."라는 제목하에 연구의 과정을 기술하고 있다.

　이 연구를 연구방법론적 측면에서 주목해 볼 사항은 다음과 같다. 첫째, 이 연구는 박사학위논문임에도 불구하고 논문의 앞부분에 이론적 배경, 문헌고찰, 선행연구 검토 내용 등을 별도로 작성하지 않았다. 전통적인 학위 논문의 작성에 익숙한 연구자들은 이 연구가 과연 학위논문으로 적절한가 의문을 가질 수 있다. 연구자의 인식론적 · 존재론적 · 방법론적 기반이 되는 이론과 문헌이 어머니들에게 쓴 편지 형식의 연구 텍스트에 녹아들어 있다. 둘째, 내러티브 탐구가 연구방법론으로 부각되기 시작하던 1990년대 중반에, 내러티브 탐구에서 '편지 형식'이라는 새로운 글쓰기를 시도했다는 점이다.

　다음의 사례는 어머니들에게 보내는 편지로 구성된 이 책의 5개 장 가운데 마지막 5장의 일부이다. 5장의 제목은 '성찰과 미래'이며, 11개의 소제목으로 구성되어 있는데 편지의 시작 부분과 마지막 부분을 소개하고자 한다.

11월/12월

조앤, 레나, 루이사, 그리고 캐롤라인 씨,

저는 지금 이 편지에서 무엇을 말하고 싶은지 생각하고 있습니다. 제가 공동연구자들인 당신들과 함께 연구에 참여하면서 이 탐구가 제게 무엇을 의미했는지에 대해 이야기한다면, 눈망울을 굴리며 크게 웃고 한숨지을 당신들이 떠오릅니다. "저런! 또 시작이군요." 당신들이 맞아요. 저는 그것을 여러 편지에서 몇 번이나 말했습니다. 그렇지만 일 년 이상이나 매일 제 삶에 당신들을 품었던 것이 어땠는지 아시는지요? 당신들은 저의 또 다른 자아 같았습니다. 제 자신의 양심뿐 아니라, 네 명의 양심을 속이는 일은 제게 어려웠습니다! 당신들은 이렇게 이의를 제기했지요. "어떻게 그 부분을 생략할 수 있어요? 그건 그당시 제 인생에서 중요했어요." 그리고 물었습니다. "당신은 왜 내가 정말 그렇다고 생각했지요?" 그리고 농담했습니다. "오! 조이-루스, 당신 잘못 알았어요!" 그리고 계속해서 우리의 대화에 몰두하면서, 당신들은 대답했습니다. "네. 그렇게 말했었지요. 하지만 지금 들으니 그때만큼 그렇게 중요하게 생각되지 않아요. 우습지요?" 그리고 "지금은 좀 다르게 느껴요." 이 모든 것이 당신들에게 뜻밖인지 궁금합니다. 아마도 아닐 거예요. 최근의 대화에서, 당신들이 제 삶의 구석구석에 있었다고 제가 말했기 때문입니다. 그리고는 제가 전화를 할 때마다 당신들은 우리가 함께 모일 날짜를 정하고 제게 말했습니다. "그런데 말이에요, 저도 당신을 생각하고 있었어요. 그리고 당신이 아마도 곧 전화를 할거라는 것을 알았지요." 상호호혜와 공감의 느낌이 너무 좋았습니다.

제 내러티브에서 이 편지가 마지막 형식적인 편지가 될 테지만, 우리가 함께 나누는 대화가 마지막은 아닙니다. 우리의 축제날이 거의 정해졌기 때문이지요. 12개월이 넘는 동안 제가 적극적으로 몰입하여 해 왔던 것을 한 번 더 할 시간입니다. 그것은 당신들의 이야기와 제 이야기를 생각하고 그 이야기들이 모두 공동연구자들인 당신들과 제게 의미하는 바를 성찰하는 것입니다.

⋯⋯(중략)⋯⋯

우리의 귀향 축제

제가 당신들과 함께 기뻐할 것이라는 것을 저는 알고 있습니다. 저는 당신들의 용기와 성취를 축하하는 춤을 추고 싶습니다. 저는 이번에는 팜팜을 흔들지는 않을 것입니다. 현대의 치어리더들은 그것들을 공들인 체조의 매끈한 선에 거슬리는 것으로 간주한다는 기사(Edmonton Journal, 1994)를 읽었기 때문입니다. 아니! 이 춤은 Janesick(1994)이 Merce Cunningham의 경험을 기술한, 포스트-모던이 될 것입니다. "나는 몸을 신뢰하고 체험에 의지하는 것을 배웠다. ……Cunningham에게 춤은 공간을 통해 움직임, 소리, 빛이 서로 만나는 기회이다."(p. 218)

그것은 당신들의 삶을 존중할 것입니다. 이 탐구를 위해 저는—무릎 관절통이 있고 나이 든 몸이지만—안무가이자 무용가가 되고 싶습니다. 당신들의 이야기를 말하는 이 특정한 방식은 제 책임입니다. 그리고 그 책임의 무게는 더 무거워지고 역동성을 허용함으로써, 저의 근육을 완전히 바꾸어 놓습니다. 예상치 못하게, 전기뱀장어처럼 모두 풀리고 생기가 넘치는 토니의 두꺼운 스웨터의 모혼방 털실이 안무를 통해 꼬불꼬불 나타납니다. 그 실은 그것이 이 내러티브에서 보여 주었던 모든 생기발랄함으로 춤을 들락거리며 짜여집니다. 레나, 당신은 올리버를 "아주 복잡한 작은 털실 뭉치"라고 묘사했습니다. 그리고 또 다른 때에 당신은 "아, 그래, 할 수 없지! 올리버가 스웨터 실을 풀지만 않는다면."이라고 했던 정신과 의사의 말을 제게 해 주었습니다. 저는 그들이 그러한 행동에 부여하려는 중요성을 정신과 의사에게 묻기 위해 당신의 허락을 구했습니다. 당신은 승낙했지만 저는 그들로부터 답신 전화를 받은 적이 없습니다. 실을 풀고자 하는, 더 알고자 하는 열의를 가진 제 정신 상태를 우려해 보아야 하나요? 이 춤에서 제가 창작하는 것은 새로운 앎의 입구를 위한 상징으로서, 꼬불꼬불한 털실에 빛과 소리, 공기, 공간을 허용하면서 그것을 느슨하게 짜는 것이라는 것을 안다면 그들의 마음이 편해질까요?

식탁에 모인 제 친구들과 동료들에게 제 편지들로부터 발췌한 일부를 읽기 시작했을 때, 그들은 당신들의 경험을 자신들의 가슴으로 느끼듯이 모두가 아주 조용해졌습니다. 그들도 역시 교사, 어머니 그리고 여성들이었습니다. 그들은, "멈추지 말아요. 제발 멈추지 마세요!"라고 소리쳤어요. 그때 저는 제 희망이 실현되었으며 당신들의 이야기가 독자들에게 영향을 미쳤고 그들의 관심을 끌었다는 것을 알았습니다. Barbara Tuchman은 New York Times(1989)에 "저는 독자들이 페이지를 넘기고 계속 넘기고 끝까지 넘기기를 바랍니다."(Richardson, 1994, p. 516)라고 썼습니다. 만약 더 폭넓은 독자들이 그렇게 반응하고 당신들의 이야기를 사고와 행동의 촉매로서 공고히 한다면 얼마나 변혁적인 힘이 될까요.

"내가 경험하고 이해한 것에 대해…… 나는 내 삶으로 대답한다." Bakhtin은 이런 말을 썼습니다. 저는 그 구절을 다시 읽을 때마다, 그 말의 용기와 진한 감동이 압도적임을 발견합니다. Casey(1993)는 그 말을 『나는 내 삶으로 대답한다: 사회변화를 위해 일하는 여성들의 생애사(I Answer With My Life: Life Histories of Women Teachers Working for Social Change)』라는 자신의 책 제목의 일부로 사용합니다. 책 제목 첫 부분의 맥락은 그녀의 책 속표지에 전부 인용되어 있습니다. "인격의 요소들 간에 내적인 연결을 보장하는 것은 무엇인가? 책임의 통일성뿐이다. 내가 경험하고 이해한 것에 대해…… 나는 내 삶으로 대답한다." Bakhtin은 그랬습니다. 그의 전기는 용기를 줍니다. 그의 일생의 업적들은, 그 중요성과 영향력을 여전히 느낄 수 있는 많은 주요 서양 철학자가 집필한 저술물의 효시였습니다.

저는 조앤, 레나, 캐롤라인 그리고 루이사, 이렇게 당신들을 생각하면서 제 글의 안팎에 동시에 앉아 있습니다. 그리고 수집된 편지를 읽고 서로의 이야기를 들어 온 지금, 당신들이 어떻게 느낄지 궁금해하고 있습니다. 그 이야기들은 가족과 학교와 전문가들과의 삶과 결부된 당신의 아들들과 살아가는 이야기입니다. 우리 앞에는 우리의 독자들이 있습니다. 독자들의 현실도 당신들의 현실과 저의 현실처럼 구축됩니다. 우리 모두는 이야기된 삶을 지니고 있습니다. 우리가 독자들로 하여금 듣기를 원하는 것은 바로 우리의 이야기입니다.

"그 이야기들은 규칙을 거역하거나 반박하는 삶의 현실을 드러내기"[Personal Narrative Group(PNG), 1989, p. 7] 때문입니다. 우리는 때로는 사과가 나무 가까이 떨어지기도 하고 멀리 떨어지기도 한다는 것을 그들이 이해하기 바랍니다. 모든 나무가 다르듯, 각각의 사과도 다릅니다. 우리는 독자들에게 땅에서 그리고 나무에서 사과를 줍고 따도록 요청할 것입니다. 그 사과들의 맛을 보세요. 각각의 사과가 특별한 맛의 혼합을 지니고 있다는 것을 주목하고 그것을 천천히 맛보세요. 저는 앞에서 언급한 PNG 저자들과 같은 입장에 있기 때문에, "**하나뿐인** 진리 또는 **유일한** 진리에 대해 말하지" 않습니다.

　　우리는 여러 **진리**에 대해 말하고 있었다. 이것은 분명히 복수적인 개념으로서, 한 여성의 전기가 그녀가 의식하는 경험과 사회적 전경의 중요한 특성들을 드러내고 반영하며, 이 둘로부터 그녀의 근본적인 현실을 만들어 내는 다양한 방식을 모두 아우르는 것을 의미했다(Casey, 1993, p. 14).

Casey(1993)의 연구에서의 여교사들처럼, 당신들은 이 탐구의 본래 질문을 당신 자신들의 삶에 대한 의미를 묻는 질문으로 변형시켰습니다. 그리고 당신들은 강력한 대답을 우리에게 주었습니다.

Holquist와 Clark(1984)는 저에게 Bakhtin의 생각을 풀어내 주었습니다. 이들의 말과 Bakhtin의 말을 사용하여, 저는 "종교적, 정치적, 그리고 미적 경계를 넘어서는 사람들 간의, 그리고 사람과 사물 간의 관계"(p. 348)를 깊이 탐구할 수 있었습니다. 저는 계속해서 더 깊이 천착할 수 있기를 희망하며, 그 둘에게 모두 감사하고 싶습니다. 그들은 우리에게 Bakhtin을 읽을 것을 권유합니다.

　　Bakhtin이 쓴 가장 마지막 글의 종결부인 결말의 불가능성에 대한 말을 인용함으로써, 우리는 그러한 정신으로 종결에 대한 일반적 기대에 경의를 표한다. "첫 번째 단어도 마지막 단어도 없다. 대화의 맥락은 끝이 없다. 그것들은 가장 먼 과거와 가장 먼 미래로 확장된다. 심지어 가장 먼 과거의 대화에서 생겨난 의미도 결코 한 번에 파악될 수 없을 것이다. 그 이유는 그것들의 의미는 항상 이후의 대화에서 갱신되기 때문이다. 대화가 일어나는 어떠한 현재 상황에서라도 엄청난 양의 잊혀진 의미들이 있다. 그러나 이것들은 대화의 이후 과정에서 어떤 주어진 순간에 다시 상기되고 새로운 삶을 부여받을 것이다. 완전히 죽는 것은 아무것도 없기 때문이다. 모든 의미는 언젠가는 그것의 귀향 축제를 갖게 될 것이다."(1979, p. 373)

당신과 아들들의 삶을 너그럽게 공유해 주셔서 고맙습니다. 당신들의 귀향 축제가 곧 이루어지기를 바랍니다.

안녕히 계십시오.

조이-루스 올림.

2) 가르치는 예술가 되기: 한 사진 예술강사의 사례를 중심으로[3]

이 연구는 저자의 박사학위논문을 위해 수행된 것으로, 저자가 박사학위 과정을 시작한 2011년부터 연구참여자와 예비조사를 시작한 이래 현장연구를 본격적으로 진행한 2013년을 거쳐 논문이 완성되기까지 오랜 기간 동안 연구참여자와 지속적인 관계를 유지하면서 수행한 연구이다.

연구참여자는 전문 사진 예술가인 김선우로, 정부의 문화예술교육 정책에 따라 학교 예술강사로 선발되어 2011년부터 초·중·고등학교에서 사진을 가르치기 시작하였다. 저자는 김선우의 사진 수업 첫날부터 참여관찰과 인터뷰를 진행하며 연구를 시작하였는데, 저자와 김선우가 연구자와 연구참여자로 관계를 맺기 전에 대학 선후배라는 지인 관계였기에 가능한 일이었다. 그

---

3) 윤지혜(2018).

러나 지인으로서의 관계 맺기와 연구자와 연구참여자로서의 관계 맺기는 사뭇 달랐으며, 연구의 맥락에서 새로이 맺게 된 관계의 특징을 연구의 과정에서 드러내고 있다.

특히 저자는 연구자와 연구참여자의 관계로 인해 이 연구가 연구의 과정에서 내러티브 탐구가 되어 갔다고 기술하고 있는데, 이 점이 연구자가 특정한 연구방법을 사전에 선정하고 그 연구방법에 따라 연구를 수행해 나가는 방식을 취하는 대다수의 질적 연구와는 차이를 보이는 지점이다. 저자의 설명으로는 연구자가 연구방법을 선택한 것이 아니라 연구가 특정한 연구방법을 요청하였다는 것이고, 김선우와의 이 연구가 바로 내러티브 탐구를 연구방법으로 요청하였다는 것이다. 이것은 연구자와 연구참여자의 관계에서 기인한 것이므로, 이 연구가 내러티브 탐구로서 갖는 큰 특징이라고 할 수 있다.

저자는 또한 연구 '하기'와 연구 '살기'를 구분하면서 연구자로서 연구를 단순히 하였다기보다는 연구를 겪어 내며 살았다고 말하는데, 이 점은 내러티브 탐구가 연구를 연구에 참여하는 모든 사람의 삶과 직접적으로 연관 짓게 한다는 특징을 드러내는 대목이라고 할 수 있다. 이 점은 연구자에게뿐만 아니라 연구참여자에게도 적용되어, 김선우가 이 연구를 통해 예술강사로서의 체험을 이야기하고 다시 이야기하면서 어떻게 의미를 구성하고 재구성해 가며 살아갔는지를 예술강사로 '살기'와 예술강사로 '다시' 살기라는 제목의 장을 통해 보여 주고 있다.

저자는 예술교육에 상심을 가지게 된 자신의 체험을 소개하는 것으로 논문을 시작하여, 김선우가 사진을 가르치는 예술강사로 살아가면서 어떠한 체험을 했는지를 기술하고, 예술강사로서의 교수 체험을 통해 그가 어떻게 교육과 예술을 해체하고 재구성하며 다시 살았는지를 분석하며, 예술강사 되기의 의미를 교육학적으로 해석하면서, 결국 삶과 예술과 교육의 관계를 재해석하려는 시도를 보여 주고 있다.

김선우의 예술강사로서의 체험은 3차원적인 내러티브 탐구 공간에서 '발견하기', '드러내기', '부딪히기', '변용하기'라는 저자가 창안한 개념인 주제리

듬을 통해 내러티브로 구성되었으며, 김선우는 예술강사로서의 체험을 연구자와 함께 지속적으로 다시 이야기하면서 교육과 예술의 의미를 다시 구성해 가는 과정을 겪게 되었다.

논문은 제목이 말하듯이 전문 예술가가 사진을 가르치면서 어떻게 가르치는 예술가가 되어 가는지 그 과정을 담고 있지만, 이것뿐만 아니라 초보 연구자가 어떻게 내러티브 탐구자가 되어 가는지 그 과정 또한 담고 있다. 연구자의 내러티브 탐구자 되기의 과정이 연구자의 끊임없는 반성과 성찰을 통해 잘 드러나고 있기 때문이다. 질적 연구, 특히 내러티브 탐구를 처음 수행하려는 연구자들에게 이 연구의 과정이 하나의 참조가 될 것으로 보인다.

앞에서 언급했듯이 이 연구는 연구방법론을 먼저 선택한 것이 아니라, 연구자와 참여자의 관계로 인해, "내러티브 탐구가 되어 갔다". 이 연구에서는 이러한 연구자와 참여자의 관계를 연구 곳곳에서 볼 수 있는데, 다음은 이와 관련된 여러 사례 가운데 하나이다. 연구참여자 김선우는 연구자인 저자를 자신의 '거울'에 비유하고 있다.

> **연구자**: 너한테 내가 거울 같다. 그 얘기는 많이 얘기했어.
> **김선우**: 거울 말고 다른 단어로 쓸 수 있는지는 모르겠지만, 근데 거울은 내가 한 거를 그대로 비추어 주는 거잖아. 반영해 주는 건데, 내가 하거나 하지 않거나 그런 것들 중에 내가 어떻게 수업을 하고 있는지 내가 객관적으로 나를 보지 못하잖아. 그래서 놓치고 가는 것도 있고 내가 얘기는 했지만 그게 무슨 의미인지 파악을 못하고 갈 수도 있잖아. 근데 언니랑 얘기를 하면서 그런 것들에 대해서 정리가 되고 심리적으로 확신을 주는 거 같았어.

김선우의 말처럼, 나는 그의 "거울"이 됐다. 거울이 있는 것이 무엇인지 보여 주는 것이라면, 이것은 없는 것이 무엇인지도 보여 준다는 뜻이기도 하다. 따라서 나는 그가 한 것이 무엇인지만이 아니라 그가 하지 않은 것이 무엇인지도 비춰 줬다. 아래의 그가 쓴 글에서도 드러나듯이, 나는 그가 "미처 보지 못한 것"을 볼 수 있도록 했고, 그는 나를 통해 자신의 체험의 의미를 (재)구성해 나 갔다. 이렇듯이, 연구참여자는 연구자를 통해 자신이 하는 일이 무엇인지, 자 신의 이야기가 어떠한 의미인지 깨닫게 되어(Clandinin, 2007; Conle, 1999), 자기의 삶을 새롭게 보게 되는 것이다.

나를 본다는 것.
다른 사람을 통해 나를 본다는 것.
그것이 객관적이건, 왜곡된 시선이건, 내 맘에 들건, 불쾌하건
나에겐 의미가 된다.
　　　　　　······ (중략) ······
지인이 기록한 나의 행동과 말은 내가 미처 생각지 못했던 부분을 발견
하게 해 준다.
오늘은, 그런 생각이 든다.
나 혼자 할 수 없는 것. 누군가를 통해 느낄 수 있는 것.
그래서 더 남다른 것이 있다. (김선우의 노트에서 발췌)

　그러나 나만 김선우에게 "거울"이었던 것은 아니었다. 그도 나에게 "거울"이 됐다. '우리는' 서로의 거울이 되어 서로를 비춰 주면서, 보지 못하게 하는 틀을 깨트리려 노력했다. 내가 김선우를 이해하고자 하고 김선우가 나를 이해하고 자 한 것, 그것이 그러한 노력의 한 예였다. 결국, "거울"이라는 은유는 연구자 뿐만 아니라 연구참여자가 연구의 과정에서 자신을 보게 된다는 것을 의미한 다. 연구자는 연구참여자를 통해 자신을 보게 되며, 연구참여자는 연구자를 통 해 자신을 보게 된다. 즉, "거울"은 연구자와 연구참여자가 상호참조자가 되는 것을 의미한다. 또한 김선우가 내가 되기도 하고 내가 김선우가 되기도 했던 것은, 반대로 김선우가 그 자신을, 나는 나 자신을 더 잘 보게 된 덕분이었다. 첼란(Celan, 2005: 43)의 시구 "내가 나일때 너이다(I am you when I am I.)." 처럼 그러했다. 이러한 과정을 연구를 통해 겪으면서, 김선우와 나는 함께 성 장할 수 있었다.

5. 내러티브 탐구의 미래 전망

내러티브 탐구가 연구방법론으로 자리 잡은 지도 어느덧 40여년이 되었다. 그동안 전 세계의 내러티브 탐구자들과 학문 공동체의 노력으로 내러티브 탐구는 여러 질적 연구의 전통 내에서 방법론으로서의 위치를 더 견고하게 다져 왔다. 이러한 노력들이 현재도 지속되고 있음을 볼 때, 내러티브 탐구의 미래는 매우 밝고 희망적이며 그 잠재성 또한 무궁무진해 보인다.

클랜디닌과 머피(Clandinin & Murphy, 2007)는 내러티브 탐구의 미래에 대해 엘리엇 미쉴러(Elliot Mishler), 도날드 폴킹혼(Donald Polkinghorne), 아미아 리브리히(Amia Lieblich)와 나눈 대화를 정리하여 5개의 논제로 제시하였다. 이 5개의 논제는, 첫째, 내러티브 탐구와 다른 질적 연구 형태들을 구분하는 것의 중요성, 둘째, 방법론적 전경의 변화가 내러티브 탐구자들에게 미친 영향, 셋째, 정년보장, 승진, 출판, 연구비 수혜 등과 관련한 내러티브 탐구의 정치적 맥락, 넷째, 초보 내러티브 탐구자들을 위한 조언, 다섯째, 내러티브 탐구의 윤리적 차원(Clandinin & Murphy, 2007)이다. 이 대화 이후 이러한 논제는 이미 여러 학자의 저서와 논문을 통해 다양한 각도에서 논의되어 왔다. 그럼에도 불구하고 첫 번째 논제인 내러티브 탐구와 다른 유형의 질적 연구를 구별하는 일은 앞으로도 질적 연구자들 간에 지속적으로 논의되어야 할 주제로 보인다. 그 이유는 질적 연구에 대한 학자들의 관심이 증가됨에 따라 질적 연구방법의 접근법이 다양해지고 세분화되고 있으며 내러티브 탐구에 대한 관심과 내러티브 탐구로 연구를 수행하는 연구자들도 늘어나고 있는 현실에 기인한다. 이러한 상황에서 질적 연구방법론이라는 거시적 맥락 내에서 내러티브 탐구에 대한 학자들 간의 서로 다른 관점이 존재할 수 있기(Clandinin & Murphy, 2007) 때문이다. 예를 들어, 내러티브 탐구의 미래에 대한 대화에서 폴킹혼(Polkinghorne)과 미쉴러(Mishler)는 내러티브 탐구에 대해 서로 다른 견해를 보였는데, 폴킹혼의 경우 내러티브 분석과 내러티브에 대한 분석은 구분되어야 한다고 주장하는 반면, 미쉴러는 내러티브 탐구와 다른 질적 연구방법을 구분 짓기는 어렵다고 보았다(Clandinin & Murphy, 2007). 폴킹혼에게 내러티브에 대한 분석은 내러티브를 주제에 따라 범주화시키는 일반적인 질적 연구의 분석 형태이며, 내러티브 분석은 특정 개인의 삶이 시간의 흐름에 따라 나타나는 변화를 기술하는 것이다. 반면, 미쉴러는 연구자가 자신의 연구문제에 따라 선택한 연구 공동체에 의해 내러티브 탐구가 정의된다고 봄으로써 내러티브 탐구와 다른 질적 연구방법의 경계를 명확히 구분할 수 없다고 하였다(Clandinin & Murphy, 2007). 미쉴러의 주장을 곰곰이 생각해 보면, 내러티브 탐구와 다른 질적 연구방법들과의 구분이 모호한 것은 단지 내러티브 탐구에만 해당하는 문제가 아닌 듯하다. 따라서 질적 연구자들은 좋은 연구를 수행하기 위해 연구 수행에 앞서 각 연구 전통의 인식론, 존재론, 방법론 등에 대해 충분히 이해하고 자신의 연구에 가장 적합한 연구방법론을 선택해야 할 것이다. 이는 곧 질적 연구의 질적 수준을 향상시키는 것과도 연결되는 일이다.

한편, 킴(Kim, 2016: 296)은 그의 저서에서 내러티브 탐구의 다양한 예로 '현상과 방법으로서 내러티브 탐구', '구술사(oral history)로서 내러티브 탐구', '생애 이야기(life story)로서 내러티브 탐구', '자문화기술지(autoethnography)로서 내러티브 탐구', '창의적 논픽션(creative nonfiction)으로서 내러티브 탐구', '픽션(fiction)으로서 내러티브 탐구' 등을 제시하고 있다. 이러한 예를 통해 킴(Kim, 2016)은 연구자의 "연구 패러다임, 연구주제, 목적, 내러티브 연구 디자인과 절차에 대한 선택"에 따라 내러티브 탐구가 여러 방식으로 구성될 수 있음을 보여 주고 있다. 필자 역시 유아교육에서 질적 연구방법의 다원화를 주장하는 오래전의 글(염지숙, 2001: 187)에서 내러티브 탐구, 페미니스트 연구, 자서전적 연구, 실행연구를 소개한 후 "내러티브 탐구이자 페미니스트 연구가 있을 수 있으며, 자서전적 연구이면서 내러티브 탐구이자 페미니스트 연구물이 가능할" 수 있다고 하였다. 이는 이 방법들이 인식론적 · 존재론적 · 방법론적 배경에 있어 어느 정도 공유하는 부분이 있음을 전제로 한다. 결국 내러티브 탐구를 내러티브 탐구로 위치 짓는 일은 서로 다른 질적 연구 전통들 간의 차이가 흐려지고 확인하기 어려운 경계지 공간들(borderland spaces), 그리고 유사하거나 공통점을 공유하는 공유 공간 내에서 내러티브 탐구의 특성을 얼마큼 분명하게 볼 수 있는가에 달려 있는 듯하다. 내러티브 탐구자는 자신의 연구를 내러티브 탐구로 명명할 수 있도록 다른 유형의 연구와 내러티브 탐구를 구분할 수 있는 내러티브 탐구만의 특성을 연구에서 드러내 줄 수 있어야 할 것이다. 내러티브 탐구의 특성을 나타내는 12개의 질적 준거(Clandinin & Caine, 2012)처럼, 내러티브 탐구자들은 책임감을 가지고 내러티브 탐구를 내러티브 탐구답게 만드는, 더 좋은 내러티브 탐구를 수행하기 위해 연구자들이 주목해야 하는 준거를 지속해서 개발하고 발전시켜야 할 것이다. 이에 더하여 용어, 은유적 표현, 표현의 방식 등에 대해서도 실험정신을 가지고 사용하고 창조해 낼 필요가 있다. 이러한 작업은 연구자 혼자 할 수 있는 일이 아니라, 내러티브 탐구 학문 공동체 내에서 여러 연구자가 협력하여 이루어 내야 할 과업이다. 내러티브 탐구를 방법론적으로 더 발전시키기 위해 국내외의 내러티브 탐구자들이 지금까지 해 왔던 것처럼 다양한 학문 공동체를 만들어 내러티브 탐구에 대해 지속적으로 연구하고 공동체들이 협력해야 할 필요가 있다.

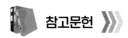 **참고문헌** 》》》

김무길(2005). 구성주의와 듀이 지식론이 관련성: 재해석. 교육철학, 34, 23-43.

김소연(2018). 상담자의 질적 연구윤리로서의 윤리적 주체-되기. 질적탐구, 4(2), 57-95.

김아람(2020). 경계를 넘나드는 삶으로서의 교육과정 되기: 세 청년의 대학경험에 대한 내러티브 탐구. 연세대학교 대학원 박사학위논문.

염지숙(1999). 유아들의 경험을 통해 본 유치원에서 1학년으로의 전이. 한국영유아보육학, 17. 405-427.

염지숙(2001). 유아교육연구의 다원화: 탐구 방법과 주제를 중심으로. 유아교육연구, 21(2), 185-204.

염지숙(2003). 교육 연구에서 내러티브 탐구(Narrative Inquiry)의 개념, 절차, 그리고 딜레마. 교육인류학연구, 6(1), 119-140.

염지숙(2005). 유아교육현장에서 돌봄의 실천과 한계. 유아교육연구, 25(5), 147-171.

염지숙(2009). 유아교육연구에서의 내러티브 탐구: '관계'와 '삼차원적 내러티브 탐구 공간'에 주목하기. 유아교육학논집, 13(6), 235-253.

염지숙(2016). 내러티브 탐구자로서 관계적 윤리의 삶을 살아가기. 내러티브와 교육연구, 3(3), 77-85.

염지숙(2020). 내러티브 탐구 연구방법론에서 관계적 윤리의 실천에 대한 소고. 유아교육학논집, 24(2), 357-373.

윤지혜(2018). 가르치는 예술가 되기: 한 사진 예술강사의 사례를 중심으로. 서울대학교 대학원 박사학위 논문.

한미경(2009). 한 어린이집 원장의 교직 경험에 관한 연구. 건국대학교 교육대학원 석사학위논문.

Bach, H. (1997). A visual narrative concerning curriculum, girls, photography, etc. Unpublished doctoral dissertation, University of Alberta.

Barthes, R. (1988). Introduction to the structural analysis of narratives. In R. Harris (Trans.), *The semiotic challenge* (pp. 95-135). New York: Hill & Wang.

Bruner, J. (1986). *Actual minds, possible worlds.* Cambridge, MA: Harvard Univerisy Press.

Bruner, J. (1990). *Acts of meaning.* Cambridge, MA: Harvard University Press.

Carr, D. (1986). *Time, narrative, history.* Bloomington: Indiana University Press.

Carter, K. (1990). Teachers' knowledge and learning to teach. In W. R. Houston (Ed.), *Handbook of research on teacher education* (pp. 291-310). New York: Macmillan.

Carter, K. (1993). The place of story in the study of teaching and teacher education. *Educational Researcher, 22*(10), 5-12.

Casey, K. (1993). *I answer with my life: Life gistories of women teachers working for social change.* NewYork: Routledge.

Celan, P. (2005). *Paul Celan: Selections.* CA: University of California Press.

Clandinin, D. J. (Ed.) (2007). *Handbook of narrative inquiry: Mapping a methodology.* Thousands Oaks: Sage.

Clandinin, D. J. (2013). *Engaging in narrative inquiry.* 염지숙 외 공역(2015). 내러티브 탐구의 이해와 실천. 경기: 교육과학사.

Clandinin, D. J., & Caine, V. (2012). Narrative inquiry. In A. Trainor & E. Graue (Eds.), *Reviewing qualitative research in the social science* (pp. 166-179). New York: Taylor and Francis/Routledge.

Clandinin, D. J., & Connelly, F. M. (1986). Rhythms in teaching: The narrative study of teacher's personal practical knowledge in classrooms. *Teaching and Teacher Education, 2*(4), 377-387.

Clandinin, D. J., & Connelly, F. M. (1991). Narrative and story in practice and research. In D. Schön (Ed.), *The reflective turn* (pp. 258-281). New York: Teachers College.

Clandinin, D. J., & Connelly, F. M. (1995). *Teachers' professional knowledge landscapes.* New York: Teacher College Press.

Clandinin, D. J., & Connelly, F. M. (1998). Stories to live by: Narrative understandings of school reform. *Curriculum inquiry, 28*(2), 149–64.

Clandinin, D. J., & Connelly, F. M. (2000). *Narrative inquiry: Experience and story in qualitative research*. 소경희 외 공역(2006). 내러티브 탐구: 교육에서의 질적 연구의 경험과 사례. 경기: 교육과학사.

Clandinin, D. J., & Murphy, M. S. (2007). 미래를 향하여: Elliot Mishler, Don Plkinghorne, Amia Lieblich와의 대화. In D. J. Clandinin (Ed.), *Handbook of narrative inquiry: Mapping a methodology* (pp. 791–809). 강현석 외 공역 (2011). 내러티브 탐구를 위한 연구 방법론. 경기: 교육과학사.

Clandinin, D. J., & Rosiek, J. (2007). 내러티브 탐구의 전경을 지도로 그리기: 경계 공간과 긴장감. In D. J. Clandinin (Ed.), *Handbook of narrative inquiry: Mapping a methodology* (pp. 63–113). 강현석 외 공역(2011). 내러티브 탐구를 위한 연구 방법론. 경기: 교육과학사.

Clandinin, D. J., Huber, J., Huber, M., Murphy, M. S., Murray Orr, A., Pearce, M., & Steeves, P. (2006). *Composing diverse identities: Narrative inquires into the interwoven lives of children and teachers*. New York, NY: Routledge.

Clandinin, D. J., Pushor, D., & Orr, A. (2007). Navigating sites for narrative inquiry. *Journal of Teacher Education, 58*(1), 21–35.

Clandinin, D. J., Steeves, P., Li, Y., Mickelson, J. R., Buck, G., Pearce, M., Caine, V., Lessard, S., Desrochers, C., Stewart, M., & Huber, M. (2010). *Composing lives: A narrative account into the experiences of youth who left school early*. Edmonton: Alberta Centre for Child, Family, & Community Research.

Clark, K., & Holqust, M. (1984). *Mikhail Bakhtin*. Cambridge, MA: Belknap Press.

Coles, R. (1989). *The call of stories; Teaching and the moral imagination*. Boston: Houghton Mifflin.

Conle, C. (1999). Why narrative? Which Narrative?: Struggling with time and place in life and research. *Curriculum Inquiry, 29*(1), 7–32.

Connelly, F. M., & Clandinin, D. J. (1988). *Teachers as curriculum planners: Narratives of experience*. New York: Teachers College Press.

Connelly, F. M., & Clandinin, D. J. (1990). Stories of experience and narrative inquiry. *Educational Researcher, 19*(5), 2-14.

Connelly, F. M., & Clandinin, D. J. (1999). *Shaping a professional identity: Stories of educational practice*. New York: Teachers College Press.

Connelly, F. M., & Clandinin, D. J. (2006). Narrative inquiry: In Green, G. Camilli, & P. Elnore (Eds.), *Handbook of complementary methods in education research* (3rd ed.) (pp. 477-87). Mahwah, NJ: Lawrence Erlbaum.

Cooper, J. (1991). Telling our own stories: The reading and writing of journals or diaries. In C. Witherell, & N. Noddings (Eds.), *Stories lives tell: Narrative and dilogue in education* (pp. 96-112). New York: Teachers College Press, Columbia University.

Crites, S. (1971). The narrative quality of experience. *Journal of the American Academy of Religion, 39*(3), 391-411.

Davies, B. (2014). *Listening to children: Being and becoming*. 변윤희 외 공역(2017). 어린이에게 귀 기울이기: '이기'와 '되기'. 서울: 창지사.

Dewey, J. (1938). *Experience and education*. New York: Macmillan.

Dewey, J., & Bentley, A. F. (1949). *Knowing and the known*. Boston, MA: Beacon Press.

Downey, C. A., & Clandinin, D. J. (2010). Narrative inquiry as reflective practice: Tensions and possibilities. In N. Lyons (Ed.), *Handbook of reflection and reflective inquiry : Mapping a way of knowing for professional reflective practice* (pp. 285-397). Dordrecht: Springer.

Ellis, C. (2007). Telling secrets, revealing lives: Relational ethics in research with intimate others. *Qualitative Inquiry, 13*(1), 3-29.

Gilligan, C. (1991). Women's psychological developemtn: Implications for psychotherapy. In C. Gilligan, A. Rogers, & D. Tolman (Eds.), *Women, girls and psychotherapy: Reframing resistance* (pp. 5-31). Binghamton, NY: Harringto Park Press.

Green, M. (1995). *Releasing the imagination: Essays on education, the arts, and social change*. San Francisco: Jossey-Bass.

Hollingsworth, S., Dybdahl, M., & Minarik, L. (1995). By chart, and chance and passion. The importance of relational knowing in learning to teach. *Curriculum Inquiry, 23*(1), 5-35.

Huber, J., Caine, V., Huber, M., & Steves, P. (2013). Narrative inquiry as pedagogy in education: The extraordinary potential of living, telling, retelling, and reliving stories of experience. *Review of Research in Education, 37*, 212-242.

Janesick, V. (1994). The dance of research design: Metaphor, methodolatry, and meaning. In N, Denzin & Y. Lincoln (Eds.), *Handbook of qualitative research* (pp. 209-219). Thousand Oaks, CA: Sage.

Kim, J. H. (2016). *Understanding narrative inquiry*. Thousand Oaks, CA: SAGE Publications, Inc.

Labov, W. (1966). *The social stratification of English in New York City*. Arlington, VA: Center for Applied Linguistics.

Lévi-Strauss, C. (1963). *Structural anthropology*. New York, NY: Basic Books.

Lincoln, Y. S., & Guba, E. G. (1985). *Naturalistic inquiry*. Thousand Oaks, CA: Sage.

Lindemann Nelson, H. (1995). Resistance and insubordination, *Hypatia, 10*(2), 23-40.

MacIntyre, A. (1981). *After virtue: A study in moral theory*. Notre Dame, IN: University of Notre Dame Press.

Martin, W. (1986). *Recent theories of narrative*. Ithaca, NY: Cornell University Press

Mattingly, C. (1991). Narrative reflections on practical actions: Two learning experiments in reflective storytelling. In D. Schon (Ed.), *The reflective turn*. New York: Teacher College Press.

Mickelson, J. R. (2000). *Our sons were labeled behavior disordered*. 염지숙 외 공역 (2012). 우리 아이가 행동장애라고요?. 서울: 학지사.

Okri, B. (1997). *A way of being free*. London: Phoenix House.

Polkinghorne, D. E. (1988). *Narrative knowing and the human sciences*. Albany:

State University of New York Press.

Richardson, L. (1994). Writing: A method of inquiry. In N. Denzin & Y. Lincoln (Eds.), *Handbook of qualitative research* (pp. 516–529). Thousand Oaks, CA: Sage.

Scheurich, J. J. (2013). The past, present, and future qualitative research and the need for this book. In A. Trainor & E. Graue (Eds.), *Reviewing qualitative research* (pp. vii–xii). New York, NY: Routledge.

Scholes, R. (1981). Language, narrative, and anti-narrative. In W. J. T. Mitchell (Ed.), *On narrative*. Chicago: University of Chicago Press.

Scholes, R. (1982). *Semiotics and interpretation*. New Haven, CT: Yale University Press.

Schroeder, D., & Webb, K. (1997). Between two worlds: University expectations and collaborative research realities. In H. Christiansen, L. Goulet, C. Krentz, & M. Maeers (Eds.), *Re-creating relationships: Collaborations and educational reform* (pp. 233–246). New York: State University of New York Press.

Sisk-Hilton, S., & Meier, D. R. (2017). *Narrative inquiry in early childhood and elementary school*. New York, NY: Routledge.

Tappan, M. B., & Brown, L. M. (1989). Stories told and lessons learned: Toward a narrative approach to moral development and moral education, *Harvard Educational Review, 59*(2), 182–205.

Thrift, N. (2003). Practising ethics. In M. Pryke, G. Rose, & S. Whatmore (Eds.), *Using social theory: Thinking through research* (pp. 105–120). London, UK: Sage.

van Menen, J. (1988). *Tales of the field: On writing ethnography.* Chicago: University of Chicago Press.

Webster, L., & Mertova, P. (2007). *Using narrative inquriy as a research method: An introduction to using critical event narrative analysis in research on learning and teaching*. 박순용 역(2017). 연구방법으로서의 내러티브 탐구. 서울: 학지사.

Yeom, J. S. (1996). *From the voices of children: Transition stories from kindergarten to grade one*. Unpublished doctoral dissertation. University of Alberta.

/ **제4장** /

실천탐구: 의미, 방법, 사례[1]

서근원(대구가톨릭대학교)

1. 실천탐구의 의미

1) 실천탐구

실천탐구(practice inquiry)는 사회적인 문제를 해결하기 위해서 당사자 관점에 기초한 탐구에 의해서 이루어지는 일련의 체계적인 실천 방법이다.

사회적인 문제란, 한 집단 내의 구성원들이 타인을 비롯한 주변의 환경과 조화롭게 살아가거나 성장해 가는 데에 저해가 되는 사태를 가리킨다. 이러한 사태는 한 집단 내의 구성원들이 타인을 비롯한 타자를 비난하고 비하하며 공격하고 착취하거나, 스스로 체념하고 비관하며 안주하는 등의 행동을

---

1) 이 장의 내용과 관련하여 좀 더 구체적인 사항은 「실행연구(Action Research)의 새로운 과거: 쿠르트 레빈의 'action-research'를 중심으로」(서근원, 2020), 「맞춤형 교육의 대안적 해석과 실천: 그랭이 교육과 실천탐구」(서근원, 2021b), 「아이의 눈으로 회인(誨人)탐구: 교육인류학 교육 탐구와 실천」(서근원, 2022) 등을 참고하기 바란다.

함으로써 발생한다. 그런 행동들이 계층갈등, 학교폭력, 동물학대, 환경오염, 학업중단, 동반자살 등의 사회적인 문제를 만들어 낸다. 따라서 사회적인 문제를 해결한다는 것은 이와 같이 한 집단의 구성원들이 주변 환경과 조화롭게 살아가거나 성장해 가는 것을 저해하는 행동을 개선하거나 전환하도록 함으로써 타인을 비롯한 주변의 환경과 조화롭게 살아가거나 성장해 가도록 하는 것을 뜻한다.

사회적인 문제를 당사자의 관점에 기초한 탐구에 의해서 해결한다는 것은 실천가가 사회적으로 문제가 되는 행동의 원인을 당사자의 관점에서 파악하고, 그 원인을 해결하기 위한 방안 역시 당사자의 관점에서 모색하여 실행한다는 것을 뜻한다. 일련의 체계적인 실천이란, 실천가가 문제적 행동을 하는 당사자가 자신이 놓여 있는 환경을 어떤 관점에 의해서 어떤 것으로 인식하고 어떻게 대처하면서 살아가는지를 먼저 이해하고, 그 관점의 개선이나 전환을 위해서 당사자 외부의 환경을 어떻게 변화하는 것이 적절한지를 모색하여 실행하며, 그것이 문제적 행동을 개선하거나 전환하는 데 적절한지를 당사자의 관점에서 파악하여 수정하고 보완하거나 발전하는 일을 나선적으로 수행하는 것을 뜻한다.

2) 사회적 실천과 행위-연구

실천탐구(practice inquiry)는 미국의 사회심리학자이자 사회적 실천가인 쿠르트 레빈(Kurt Lewin, 1890~1947)이 수행한 '행위-연구(action-research)'를 그것이 실질적으로 의미하는 바를 살려서 재해석한 것이다. 레빈은 독일 태생의 유태계 미국인으로서, 1940년 전후에 미국 사회에 만연했던 인종 간 또는 민족 간 갈등 문제를 해결하기 위해서 자신의 장이론(field theory)을 기반으로 하여 여러 가지 실천적인 노력을 기울였다. 그에 따르면 장(field)이란 누군가가 놓여 있는 물리적인 환경과 그 환경을 인식하는 그의 내면의 사고나 정서가 결합된 일종의 심리적인 장소이다. 사람은 이러한 장의 영향을 받으며 살아간다. 예를 들면, 슬픈 일을 겪은 가수가 청중들 앞에서 즐거운 노래를 부르는 경우이다. 현재 가수가 서 있는 무대, 무대 앞의 청중들, 마이크와 음향 시설, 그리고 공연을 준비하는 스텝들이 물리적인 환경이라면, 가수는 약속된 청중 앞에서 노래해야 한다는 의식이 내면의 사고에 해당한다. 이 외면의 환경과 내면의 사고가 결합하여 그의 심리적 장소로서 장이 구성되고, 이 장의 영향에 의해서 그 가수는 청중 앞에서 슬픔에도 불구하고 즐거운 노래를 부른다.

레빈은 이처럼 장의 영향에 의해서 타성적으로 이루어지는 말이나 몸짓을 행동(behavior)이라고 불렀다. 그리고 그러한 타성적인 행동의 변화를 위해서 이루어지는 시도를 행위(action)라고 불렀다. 그는 당시 미국 사회에서 빈번하게 일어났던 민족 간 또는 인종 간 갈등도 바로 이러한 타성적 행동에서 비롯된다고 보았다. 다수의 백인과 백인 문화 중심의 각종 시설 및 제도로 구성된 물리적 환경에 백인 우월 의식 등이 결합되어 만들어진 장의 영향에 의해서, 다수의 백인이 유색인종이나 소수민족을 비하하는 타성적인 행동을 하게 된다고 보았다. 레빈은 이러한 타성적 행동이 변화하도록 행위함으로써 당시 미국 사회의 집단 간 갈등의 문제를 해결하고자 했다.

레빈은 이러한 사회적인 문제를 해결하기 위해서 노력하는 것을 사회적 실천(social practice)이라고 부르고, 그러한 사회적 실천을 위해서 이루어지는 연구를 '행위-연구(action-research)'라고 불렀다. 그는 행위-연구를 다음과 같이 설명했다.

> 사회적 실천(social practice)에 필요한 연구는 사회 관리 또는 사회 공학을 위한 연구라고 규정짓는 것이 가장 적합하다. 그것은 일종의 행위-연구(action-research)이며, 다양한 유형의 사회적 행위(social action)의 조건과 효과에 관한 비교 연구이며, 사회적 행위를 인도하는 연구이다. 그것을 책 외에는 아무것도 산출하지 못하는 연구(research)로 규정짓는 것으로는 충분하지 않다(Lewin, 1946: 35).

레빈에 따르면 행위-연구는 서로 다른 사회적 문제상황에 적절한 사회적 행위를 찾는 연구이기도 하고, 사회적 문제를 해결하고자 하는 행위가 적절히 이루어지도록 인도하는 연구이기도 하다. 그가 이런 연구를 행위(action)와 연구(research) 사이를 선으로 이어서 '행위-연구(action-research)'라고 표기한 까닭은, 그것이 사회현상을 이론적으로 설명하는 데 그치는 일반적인 연구(research)와 달리 사회 문제의 해결과 직접적으로 연관된다는 점을 강조하고자 하기 때문이다.

행위-연구는 크게 두 가지를 포함한다. 하나는 사회적 연구(social research)이고 다른 하나는 실천적인 공부(practical studies)[2]이다. 이 가운데 사회적 연구와 관련해서 레빈은 다음과 같이 말한다.

> 사회적 연구(social research)는 집단생활에 관한 일반 법칙의 공부(study)와 특정한 상황의 진단(diagnosis)이라는 서로 다른 두 가지 문제와 연관되어 있다는 점을 명확히 이해하는 것이 중요하다.
>
> 일반적인 법칙의 문제와 관련해서는 있을 법한 조건과 있을 법한 결과 사이의 관계를 다룬다. 그 문제들은 "만약 그렇다면"이라는 명제로서 표현된다. 이러한 일반적인 법칙은 특정한 조건하에서 특정한 목적의 성취를 향한 안내자로서의 역할을 수행할 수 있다. 그러나 만약 어느 기술자나 외과 의사가 물리학이나 생리학의 일반적인 법칙만을 알고 있다면, 그것만으로는 알맞은 동작(act)을 하는 데에 충분하지 않다. 그는 그가 당면한 상황의 특수한 성격을 알고 있어야 한다. 이 상황의 특수한 성격은 진단(diagnosis)이라고 불리는 과학적 사실-발견(fact-finding)에 의해서 결정된다. 어떤 행위(action)의 분야에서건 이 두 가지 종류의 과학적 연구가 모두 요구된다(Lewin, 1946: 36-37).

---

2) 'study'는 라틴어 *studeo*에서 비롯된 말로서 본래 뜻은 '애쓰다'이다. 또한 '공부(工夫)'는 공부(功扶)가 변형된 것으로서 본래 뜻은 '무엇인가를 이루도록 애써 돕는다'는 뜻이다. 둘 다 무엇인가를 열심히 하는 것을 뜻한다. 여기에서는 다음에서 논의되는 조사, 연구, 탐구 등과 구분하기 위해서 본래의 뜻을 살려서 번역한다.

이 설명에 따르면 사회적 연구는 사람들의 집단생활에 관한 법칙을 파악하는 것과 각각 서로 다른 사회적인 문제상황의 특수성을 파악하는 것 두 가지를 포함한다. 집단생활에 관한 일반적인 법칙은 문제적인 행동의 변화를 위해서 어떤 점들을 고려해야 하는지를 알려 주지만, 그 변화를 위해서 실천가가 구체적으로 어떤 행위를 해야 하는지는 제시하지 못한다. 그러므로 실천가는 각각의 문제적 행동이 이루어지고 있는 상황의 특수한 성격을 파악하고, 거기에 적합한 행위의 방안을 모색해서 실행해야 한다. 레빈은 이 두 가지를 각각 일반 법칙의 공부(study)와 특수한 상황의 진단(diagnosis)이라고 부르고, 특히 후자는 과학적 사실-발견(fact-finding)에 의해서 이루어진다고 보았다.

사실-발견이란, 실천가에게는 중요하지 않거나 무의미한 것으로 보이지만 문제적 행동을 하는 당사자에게는 중요한 의미를 갖는 것을 발견하는 일을 뜻한다. 달리 말하면, 당사자의 문제적 행동이 장의 영향에 의해서 비롯된다고 할 때 당사자의 장을 구성하는 중요한 요소를 찾는 일이다. 사회적 실천을 위한 사회적 연구에서 사실-발견이 중요한 까닭은, 실천가가 사실-발견을 하지 못하면 실천가 자신의 관점에서 문제를 규정하고 문제해결을 위한 행위역시 자신의 관점에서 모색하여 실행하게 되기 때문이다. 그것은 당사자의 문제적 행동을 변화하도록 하는 데 기여하기 어렵다. 예를 들면, 집단 간 차별과 갈등의 문제를 해결하기 위해서 실천가가 지역의 고위 인사와 각 집단의 대표들을 초청해서 친목회를 하는 경우가 그것이다. 친목회는 화기애애하게 이루어지지만 얼마 지나지 않아서 또 다른 차별 사건이 발생한다. 그것은 문제행동의 당사자들이 구체적으로 어떤 이유에서 차별하거나 차별 당하는지 살펴보지도 않은 채 실천가 자신의 관점에서 일방적으로 문제를 인식하고 상투적인 방식으로 대응하기 때문에 발생하는 일이다.

사회적 실천을 위한 행위-연구에 포함되는 다른 하나인 실천적 공부(practical study)에 대해서 레빈은 다음과 같이 설명한다.

나는 현재 진행되고 있는 이러한 연구들에서 생성된 여러 프로젝트와 새로운 발견에 관하여 피상적인 수준에서조차 논의를 시도할 엄두가 나지 않는다. 거기에는 최근에 굿윈 왓슨이 출간한 책에 소개된 것과 같이 대략 다음과 같은 방법이 사용되어 왔다. 예를 들면, 어린이의 태도 발달에 대한 공부들(studies), 집단 간 태도와 정치적 신념, 자기 집단 내 지위 등과 같은 요인들 사이의 관계에 관한 공부들(studies), 편견에 기반한 언어적 공격에 대한 최상의 대응 방법 실험, 범죄 갱단과 마을을 대상으로 하는 변화 실험, 여러 새로운 진단 시험 방법의 개발, 끝으로 그렇지만 사소하지 않은 것으로서 사회 변화에 관한 좀 더 정확한 이론들의 개발 등이 그것이다. 이러한 프로젝트의 많은 결과가 아직 발표되지 않고 있다. 그러나 나는 앞으로 몇 년 안에 중요하고 실천적인 공부(practical studies)의 결과물이 급격하게 증가하게 될 것이라고 확신한다(Lewin, 1946: 39).

이 설명에 따르면, 실천적 공부에는 어린이의 태도 발달에 관한 것, 집단 간 또는 집단 내의 여러 요인 사이의 관계에 관한 것, 편견에 기반한 언어적 공격에 대응하는 방법에 관한 것, 갱단과 마을의 변화에 관한 것, 각 문제상황의 특수한 성격을 진단하는 방법의 개발에 관한 것, 사회적 변화를 설명하는 정교한 이론의 개발 등 다양한 시도가 포함된다. 이런 시도들은 공통적으로 각각 서로 다른 사회적 상황 속에서 발생하는 문제적 행동을 해결하는 데 적합한 행위를 찾기 위한 것이라고 말할 수 있다. 그것을 찾기 위해서 레빈은 다양한 종류의 실험과 비교실험을 통하여 행동의 변화를 위한 적절한 행위의 방안을 모색했다. 그리고 문제상황의 특수성을 파악하는 데 적합한 방법과 사회적 변화와 관련된 이론의 개발도 모색했다.

레빈은 이와 같이 사회적 연구(social research)와 실천적 공부(practical studies)로 구성되는 행위-연구(action-research)를 통해서 사회적 실천을 하고자 했다. 그리고 그러한 사회적 실천을 통해서 당시 미국 사회의 집단 간 갈등 등과 같은 사회적인 문제를 해결하고자 했다.

3) 실천의 탐구

그런데 레빈이 사회적 실천을 위해서 수행한 이와 같은 시도들, 정확히 말하면 그 시도들에 대한 명칭은 다소 혼란스러운 점이 있다. 사회적 실천 (social practice)에 필요한 연구를 '실천-연구(practice-research)'라고 하지 않고 '행위-연구'라고 하거나, '행위-연구'를 설명하면서 하나는 '사회적 연구 (social research)'라고 부르고 다른 하나는 '실천적 공부(practical study)'라고 부른 것이 그것이다. 즉, 실천(practice)과 행위(action), 연구(research)와 공부 (study)를 일관되게 사용하지 않는다. 그 점 때문에 그의 '행위-연구'가 명확하게 파악되지 않고 오해되기도 한다. 그러므로 그가 말하는 '행위-연구'가 무엇인지 명확하게 이해하려면, 그가 용어들을 어떤 의미로 사용했는지를 파악할 필요가 있다.

이를 알 수 있는 중요한 단서는 레빈이 '행위-연구'의 한 가지로서 설명한 '실천적 공부'에서 찾을 수 있다. 그가 각각 서로 다른 사회적 상황 속에서 발생하는 문제적 행동을 해결하는 데 적합한 행위를 찾기 위한 시도를 사회적 '연구(research)'와 일관되게 실천적 '연구(research)'라고 부르지 않고 실천적 '공부(study)'라고 부른 것은 그가 한 일이 조사나 연구에 부합하지 않거나 그 이상의 일이었기 때문이었을 것이다.

조사(search)[3]는 자신이 필요한 것이 무엇인지 아는 상태에서 그 필요에 해

---

3) 'search'는 '둘러보다'를 뜻하는 라틴어 *circo*로부터 파생된 글자이다. 그러므로 본래 뜻은 어느 주변을 빙 둘러보는 일이다. 조사(調査)는 '고르는 일'을 뜻하는 '조(調)'와 '필요한 것을 찾는 일'을 뜻하는 '사(査)'를 연결한 글자이다. 따라서 조사는 필요한 것을 선택적으로 찾는 일이다[사(査)는 본래 '나무를 차곡차곡 쌓아올린 모양' 또는 '뗏목'을 뜻하는 글자였으나 후에 '필요한 재목을 찾는 일'로 그 의미가 바뀌었다. 'search'는 수색(搜索)과 조사(調査) 두 가지를 뜻하는 말로 사용된다. 수색(搜索)은 물리적인 대상을 '손으로 더듬어서 찾는 일'을 뜻하고, 조사(調査)는 추상적인 대상을 '골라서 찾아보는' 것을 뜻한다. 그래서 몸을 수색하는 일은 'body search', 집을 수색하는 일을 'house search', 직업을

당하는 것만을 보는 일인 데 비해서, 연구(research)[4]는 빠짐없이 낱낱이 두루 다시 보는 일이다. 비유하자면 조사는 집안에 있는 물건 중에서 내가 필요한 자동차 열쇠만 찾아보는 것이라면, 연구는 집안에 어떤 물건이 있는지 모두 찾아보고 거기에 어떤 질서가 있는지도 찾아보는 것이다. 이 조사와 연구는 둘 다 보는 사람이 기존에 가지고 있는 눈으로 대상을 본다는 점에서 동일하다. 다만, 연구는 이론(theory) 또는 새로운 이론을 보는 사람의 눈으로 삼고 있다는 점에서 조사와 다르다. 연구 논문의 경우 서두에 '이론적 배경'을 제시하는 것도 이런 이유에서이다. 그것은 그 이론을 눈 삼아서 대상을 보겠다는 것을 뜻한다. 이론은 진화론이나 유기체론이 세상의 모든 생물에 동일하게 적용되듯이 그것이 대상으로 삼는 모든 것에 동일하게 적용된다. 일종의 색 안경인 셈이다. 그러므로 연구는 조사와 달리 자동차 열쇠에 해당하는 것만 보지 않고 집안의 모든 물건에 해당하는 것을 본다.

그런데 레빈이 '실천적 공부'라고 부른 일들은 이와 같은 연구에 해당하지 않는 일이었다. 그는 기존의 일반적인 이론에 의해서 서로 다른 문제상황을 해명하거나 해결의 방안을 제시하려고 하지 않았다. 대신 기존에 없는 것을 새롭게 찾거나 개발해 내고자 했다. 그가 제시한 편견에 기반한 언어적 공격에 대응하는 방법을 찾는 것, 갱단과 마을의 변화 방법을 찾는 것, 각 문제상황의 특수한 성격을 진단하는 방법을 개발하는 것, 사회적 변화를 설명하는 정교한 이론을 개발하는 것 등이 그것이다. 어린이의 태도 발달에 관한 것이나 집단 간 또는 집단 내의 여러 요인 사이의 관계에 관한 것 역시 마찬가지

찾는 일을 'job search'라고 부른다. 여기서는 물리적인 대상을 찾는 일이 아닌 까닭에 '조사(調査)'라는 용어를 선택했다].

4) 'research'는 찾아보는 일을 뜻하는 'search'에 다시를 뜻하는 접두가 're-'가 결합된 글자이다. 그러므로 'research'는 과거에 빠트린 것이나 잘못 본 것을 다시 찾아보는 일을 뜻한다. 그렇게 하기 위해서 'research'는 'search'와 달리 이론(theory)이라는 안경을 끼고 찾는다. 연구(硏究)는 '가지런하게 하는 일'을 뜻하는 '연(硏)'과 '깊이 굽이진 곳'을 뜻하는 '구(究)'를 연결한 글자이다. 따라서 연구는 이론에 의해서 어수선한 것을 가지런하게 보는 일을 뜻한다['연(硏)'은 '돌'을 뜻하는 '석(石)'과 '평평함'을 뜻하는 '견(幵)'이 결합된 글자이다. 직역하면 돌로 갈아서 표면을 평평하게 하는 일이다. 연구에서는 이론이 돌에 해당한다고 볼 수 있다].

의 성격이라고 볼 수 있다. 레빈은 앞에서와 같이 각각 서로 다른 문제상황의 특수성에 적합한 해결의 방안과 사회의 변화에 관한 이론 등을 새롭게 모색했다. 그가 이렇게 할 수밖에 없었던 것은 그가 해결하려고 했던 사회적인 문제가 기존의 이론을 적용하는 연구의 방식으로는 해결될 수 없었기 때문이다. 그것은 다음 두 가지와 관련되어 있다.

첫째, 그 당시 미국 사회에 만연한 인종 갈등이나 민족 갈등은 새로운 문제상황이었기 때문이다. 그가 살았던 당시의 미국에는 전 세계로부터 많은 이주민이 몰려왔다. 특히 많은 유태인이 나치의 탄압을 피해서 미국으로 이주해 왔다. 레빈도 그 중 한 사람이었다. 그런데 당시 미국인들, 특히 백인들 사이에는 유태인에 대한 배타적인 감정이 강했다. 그 점은 흑인이나 유색인과 소수민족에 대해서도 마찬가지였다. 당시의 미국 사회는 이런 문제로 서로가 갈등하고 있었지만, 기존에 알려진 이론이나 관행은 그 문제를 설명하거나 해결하는 데 적절하지 않았다. 그런 까닭에 레빈은 먼저 집단생활에 대한 법칙을 새롭게 공부(study)해야 했고, 사실-발견(fact-finding)에 의해서 문제상황의 특수한 성격을 새롭게 진단(diagnosis)해야 했으며, 그것을 바탕으로 각각의 문제상황에 적합한 행위(action)를 새롭게 모색하여 실행해야 했고, 그러한 다양한 실천의 사례를 정리하여 사회 변화와 관련된 이론을 새롭게 정립해야 했다. 그리고 이러한 시도에 요구되는 새로운 방법도 개발해야 했다.

둘째, 당사자의 관점에서 문제의 원인과 해결의 방안을 모색해야 했기 때문이다. 레빈의 장이론에 따르면 문제적 행동은 장의 영향 때문이며, 장은 외부의 물리적 환경과 내부의 사고나 정서가 결합되어 구성된다. 그러므로 문제적 행동이 변하도록 하는 방법 가운데 하나는 물리적 환경을 바꾸는 것이다. 그래서 레빈은 외부의 물리적 환경의 변화를 통해서 개인의 행동의 변화가 이루어질 수 있음을 실험을 통해서 입증하기도 했다. 독재적인 지도자가 있는 집단에 속해 있던 아이를 민주적인 지도자가 있는 집단으로 소속을 변경시킴으로써 그 아이의 행동이 달라지게 한 것이다. 그런데 이런 행위는 인종 간의 갈등을 해결하는 데는 적합하지 않다. 백인 집단에 속해 있던 사람을 흑인 집단으로 옮기거나 그 반대로 하는 일은 불가능하다. 그 일이 가능하다고 해도 그 다음에 어떤 일이 벌어질지는 뻔하다. 그러므로 남은 한 가지는 문제적 행동을 하는 당사자의 사고나 정서를 변하게 하는 것이다. 그럴려면 실천가는 무엇보다도 먼저 당사자가 어떤 사고나 정서를 가지고 있는지를 알아내야 한다. 그리고 그가 그 사고나 정서에 의해서 주변의 물리적 환경을 어떤 것으로 인식하고 있는지를 알아내야 한다. 즉, 그가 구성하는 장이 무엇인지, 그 장을 어떻게 구성하는지를 알아내야 한다. 그리고 그 장이 그로 하여금 어떤 행동을 어떻게 하도록 하는지 알아내야 한다. 그렇게 알아낸 것을 고려하여 그의 장을 구성하는 사고나 정서를 변화하도록 하려면 실천가가 어떤 행위를 해야 하는지를 찾아내야 한다. 레빈은 그런 것들을 찾기 위해서 앞서 언급한 것과 같은 다양한 공부(studies)를 한 것이다.

그런데 알아내야 하는 그것이 어떤 것인지는 알아내기 전에는 알 수 없다. 그러므로 실천가는 알아내고자 하는 그것이 무엇인지 알 수 없는 상태에서 알아내야 하는 것이다. 그 일은 찾아야 하는 자동차 열쇠가 무엇인지 알고 찾아보는 조사(search)와도 다르고, 이론에 의해서 포착되는 것이 무엇인지 알고 찾아보는 연구(research)와도 다른 일이다. 그러므로 레빈은 자신이 사회적 실천을 위해서 수행한 이러한 시도들이 조사나 연구의 성격에 부합하지 않기 때문에 공부(study)라는 용어를 사용했다고 볼 수 있다.

그런데 'study'가 '애써 노력함'을 뜻할 뿐, 그 노력이 어떤 성격인지는 내포하지 않는다는 점을 고려하면 그것은 그가 실지로 시도한 일들을 지칭하는 용어로서 적절하다고 보기 어렵다. 그 대신 그가 시도한 일들은 기존의 이론이나 방법으로 설명하거나 해결할 수 없는 문제에 대한 해답을 새로 찾아내는 것이라는 점에서 '탐구(探究, inquiry)[5]'라고 부르는 것이 더 타당하다. 이런

---

5) 'inquiry'는 '애써 찾다'를 뜻하는 라틴어 'quaero'에 '안'을 뜻하는 접두사 'in-'이 결합된 글자로서 '애써 깊이 찾다'를 뜻한다. '탐구(探究)'는 '캄캄한 곳에서 더듬거리며 찾다'를 뜻하는 '탐(探)'과 '깊이 굽이진 곳'을 뜻하는 구(究)를 연결한 글자이다. 따라서 탐구는 어디에 무엇이 있는지 알 수 없는 상태에서 깊이 찾아 들어가는 일을 뜻한다['탐(探)'은 손을 뜻하는 '수(手)'와 굴뚝을 뜻하는 '담(窞)'이 결합된 글자

이유에서 그가 '행위-연구(action-research)'의 한 가지로서 언급한 '실천적 연구(practical studies)'는 '실천적 탐구(practical inquiries)'라고 부르는 것이 더 명확하다.

　한편, 그가 '사회적 연구(social research)'라고 부른 것 역시 '사회적 탐구(social inquiry)'라고 부르는 것이 더 타당하다. 앞서 살펴본 바와 같이 사회적 연구는 사람들의 집단생활에 관한 법칙을 파악하는 것과 각각 서로 다른 사회적인 문제상황의 특수성을 파악하는 것 두 가지를 포함한다. 레빈은 그 일을 하는 데에 자신의 장이론을 적용했다고 볼 수 있다. 특히 사람들의 집단생활에 관한 법칙을 파악할 때 그렇다고 볼 수 있다. 그런데 사회적 실천을 위한 사회적 연구에서 더 중요한 것은 사회적인 문제상황의 특수성을 파악하는 것, 즉 사실-발견(fact-finding)이다. 사실-발견은 실천가에게는 중요하지 않거나 무의미하다고 여겨지지만 문제행동의 당사자에게는 중요하거나 의미 있는 것을 찾아내는 것이다. 그리고 당사자가 어떤 장에 놓여 있는지, 그 장으로 말미암아 당사자가 어떤 행동을 어떻게 하는지를 찾아내는 것이다. 달리 말하면, 당사자의 문제행동을 설명할 수 있는 당사자의 이론을 찾아내는 것이다. 그리고 그 일은 실천가가 새로운 사회적인 문제상황에 당면할 때마다 그 문제와 연관된 서로 다른 당사자마다 새롭게 해내야 한다. 그 점에서 사실-발견은 기존의 일반적인 이론을 단순하게 적용하는 일이 아니라 사회적인 문제를 이해할 수 있는 구체적인 당사자의 이론을 개발하는 일이다. 그 점에서 '사회적 연구(social research)'는 연구가 아니고 탐구이다. 즉, '사회적 탐구(social inquiry)'이다.

　이와 같이 '행위-연구'를 구성하는 '사회적 연구'와 '실천적 공부'를 각각 '사회적 탐구'와 '실천적 탐구'라고 부르는 것이 타당하다면 '행위-연구' 역시 '행위-탐구'라고 부르는 것이 더 타당하다고 볼 수도 있다. 그럼에도 불구하고 그가 '행위-연구'라는 용어를 사용한 것은 그 당시에 일반적으로 알려진 연

이다. 직역하면 캄캄한 굴뚝 속에 손을 집어넣어서 찾는 일이다].

구(research)라는 용어에 기대서 자신이 하는 일을 구분해서 제시하기 위한 것이라고 짐작해 볼 수 있다. 그 점은 행위-연구는 "책 외에는 아무 것도 산출하지 못하는 연구(research)로 규정짓는 것으로는 충분하지 않다."(Lewin, 1946: 35)라는 그의 말이 잘 보여 준다.

그런데 '행위-연구'를 '행위-탐구'로만 고쳐 부를 경우에 행위-탐구와 실천적 탐구 사이에 위계상의 역전으로 인해서 혼란이 발생한다. 즉, 내용상으로는 행위-탐구가 실천적 탐구를 포함함에도 불구하고, 용어상으로는 실천적 탐구가 행위-탐구보다 더 포괄적인 의미를 가진다. 일반적으로 실천은 행위보다 상위 개념이기 때문이다. 이런 문제를 해결하기 위해서는 다른 이름을 찾는 것이 필요하다. 그것을 찾는 데는 레빈이 제시한 '행위-연구'의 구체적인 과정을 살펴보는 것이 도움이 된다.

'행위-연구'는 하나의 일반적인 해결책을 정립하고 그것을 서로 다른 다양한 문제의 현장에 적용하는 것이 아니다. 그 대신 실천가로 하여금 각각의 문제상황에 적합한 해결의 방안을 모색하는 방법을 안내한다. 즉, 실천가에게 연구가 아니라 탐구의 방식으로 문제를 해결하도록 안내한다. 비유하자면, 실천가들에게 물고기를 주지 않고 물고기 잡는 방법을 제시하는 셈이다. 이와 관련해서 그는 문제를 인식하고, 사실-발견에 의해서 문제를 당사자의 관점에서 확인하고, 문제해결을 위한 행위를 모색하고, 그 행위를 실행하고, 행위가 적절한지를 당사자의 관점에서 다시 확인하고, 후속 행위를 모색하여 실행하는 등의 서로 연관되는 다양한 활동을 제시한다. 사회적 실천가는 이러한 일련의 활동을 통해서 각각의 문제상황에 적합한 실천을 탐구함으로써 구체적인 실천을 창의적으로 구현하게 된다. 그것은 마치 예술가가 일련의 예술 활동을 통해서 새로운 예술 작품을 창작해 내는 것과 유사하다. 이 과정에서 문제해결을 위한 행위를 모색하고 실행하는 것은 그 가운데 핵심적이지만 일부이다. 이런 점을 고려한다면 사회적 실천가가 수행하는 이러한 일련의 활동을 통틀어서 지칭하는 용어로는 실천이 더 적합하다. 그리고 그가 '행위-연구'라고 부른 그것은 '실천의 탐구' 또는 '탐구의 방법으로 이루어지는 실천'이라는 의미로서 '실천탐구(practice inquiry)'라고 고쳐 부르는 것이 더 적절하다.

2. 실천탐구의 방법

1) 실천탐구의 과정

　이러한 실천탐구는 그동안 우리나라 학계에 '실행연구'라는 이름으로 번역되어 알려져 왔다. 소개하는 연구자마다 차이가 있지만 '실행연구'는 대체로 현장에서 문제를 해결하기 위한 목적으로 이루어지는 연구를 뜻한다.[6] 그 문제의 해결은 외부 연구자의 주도로 이루어질 수도 있고, 외부의 연구자와 당사자가 함께 주도하는 방식으로 이루어질 수도 있으며, 당사자 주도로 이루어질 수도 있다. 그리고 문제해결의 과정은 '문제 설정 → 계획 → 실행 → 성찰 → 수정 계획 → 재실행'의 나선적 차례로 이루어지는 것으로 소개되고 있다. 이 외형상의 차례만 두고 보면 실행연구는 용어의 차이를 제외하고 실천탐구와 크게 다르지 않다고 볼 수도 있다. 그러나 그것은 외형으로 볼 때만 그렇고 실제에서는 양자 사이에 근본적인 차이가 있으며, 그 근본적인 차이는 용어의 차이로 나타난다.

　그 점은 우리나라에 실행연구를 처음으로 본격적으로 소개한 이용숙 등 (2005: 363-383)의 사례를 통해서 알 수 있다. 여기에는 학교 현장의 교원들이 일종의 사회적 실천가로서 교수 활동을 개선하기 위해서 프로그램을 개발하는 사례가 제시되어 있다. 그 사례에서는 공통적으로 문제를 교원의 관점에서 규정하고, 문제해결의 방안 역시 선행연구나 교육과정, 교사용 지도서 등

---

6) 'action-research'의 우리말 번역어와 실행의 개념에 대한 다양한 사례와 관련해서는 「실행연구 (action research)의 새로운 과거: 쿠르트 레빈의 'action-research'를 중심으로」(서근원, 2020)를 참고하기 바란다.

을 분석함으로써 찾고 있다. 한편, 장정화(2004)는 학교 현장에서 수행평가가 제대로 이루어지고 있지 않다는 문제의식을 가진 상태에서 '수행 중심의 학습활동 모형'을 접하고, 그것을 3년에 걸쳐서 자신의 교실 현장에 체계적으로 적용했다. 이를 위해서 그는 교육과정, 교과서, 교사용 지도서, 선행연구 등을 분석했다. 이것은 전형적인 연구의 방식이다. 이혁규(2009)는 후자를 실행연구의 모범적인 사례로 제시하고 있다. 실행연구는 학교 등과 같은 현장에서 문제점을 인식하는 당사자가 체계적인 연구와 성찰의 과정을 통해 문제를 해결해 가는 과정이라고 알려져 있다.

그런데 이러한 실행연구의 과정에서 한 가지 핵심적으로 누락된 것이 있다. 그것은 문제를 상대방의 관점에서는 보지 않고 자신의 관점에서 일방적으로 바라본다는 점이다. 학교의 교육에 국한하면, 문제를 학생의 관점에서는 살펴보지 않는다는 점이다. 문제해결의 방안을 모색하기 전에 수업의 과정에서 학생들이 어떤 문제적인 행동을 하는지, 학생은 어떤 관점에 의해서 자기 주변의 환경과 수업 등을 바라보는지, 그러한 인식이 학생의 어떤 행동으로 어떻게 나타나는지 등을 살펴보지 않는다. 그것을 바탕으로 문제를 새롭게 설정하거나 명확히 하지 않는다. 레빈의 용어로 말하면 '사실-발견'의 과정을 누락한다. 그런 상태에서 장정화(2004)의 경우에서처럼 교원이 미리 가지고 있던 문제해결의 방안을 학생들에게 일방적으로 적용한다.

이런 문제를 방지하기 위해서 이용숙 등(2005)은 문제해결의 방안을 모색하기에 앞서 참여관찰이나 심층면담 등을 통해서 충분히 자료를 수집하고 문제점과 문제의 원인을 파악하도록 요구한다. 학교 현장의 교원들은 당사자로서 평소에 문제점을 충분히 파악하고 있기 때문에 이와 같은 자료수집의 절차를 간단히 실시할 수도 있을 것이라고 안내한다(이용숙 등, 2005: 363). 그러나 이것은 학교 현장의 교원들 역시 자신만의 주관을 가지고 있으며, 그 주관에 의해서 문제를 인식하고 대안을 모색한다는 점을 간과한 것이다. 또한 스트링거(Stringer, 2004) 역시 실천가가 문제를 적절히 해결하려면 관심을 가진 문제뿐만 아니라 참여자들의 경험의 의미도 이해해야 하고, 이를 위해서는 관찰, 면담, 문서자료 검토 등의 활동을 해야 한다고 강조한다(유기웅 등, 2018: 206). 그러나 그러한 자료를 분석함으로써 문제를 학생 또는 문제행동 당사자의 관점에서 보려면 어떻게 해야 하는지, 그 당사자의 관점을 파악하려면 어떻게 해야 하는지 등은 구체적으로 제시하고 있지 않다. 그 점은 실행연구를 소개하는 국내의 다른 문헌 역시 마찬가지이다. 그 결과, 앞의 사례에서 볼 수 있는 것처럼 결국 대부분의 실행연구가 연구자의 관점에서 문제를 설정하고 문제해결의 방안 역시 연구자의 관점에서 모색하여 실행하는 방식으로 이루어진다.

앞서 살펴본 바와 같이 실천탐구는 탐구의 과정을 통해서 실천하는 일이다. 그 과정에서 핵심에 해당하는 것은 문제를 당사자의 관점에서 바라보고, 문제해결의 방안이나 방향 역시 당사자의 관점에서 모색하고 실행한다는 점이다. 즉, 실천가가 당사자를 탐구하는 일이다. 그 점을 알 수 있는 전형적인 사례가 레빈의 토끼섬 사건이다.

토끼섬은 뉴욕시 브루클린구의 남쪽 해안에 위치한 위락지구로서, 레빈이 활동하던 당시에는 부유한 유태인이 많이 거주했다. 그리고 가톨릭을 믿는 가난한 이탈리아계 주민들도 다수 거주했다. 어느 날, 유태인 교회에서 가톨릭교도인 이탈리아계 10대 청년 몇 명이 의식을 방해하는 사건이 발생했다. 유태인들은 그 사건이 가톨릭계 이탈리아인들의 반유태주의에서 비롯된 것으로 판단했다. 그래서 유태인들은 이탈리아계 사람들의 반유태주의를 문제 삼고 그것을 해결하고자 했다.

그와 달리 레빈은 그 문제를 해결하기 위해서 먼저 토끼섬의 지역사회를 탐구했다. 지역의 문제가 무엇인지, 그 문제가 이탈리아계 청소년들을 어떻게 좌절하고 절망하게 하는지, 그 좌절과 절망이 어떻게 유태인 교회에 난입하는 행동으로 나타나게 되었는지를 파악했다. 특히 레빈은 이러한 탐구에 지역사회의 주민을 참여하게 함으로써 문제의 원인과 대안을 스스로 확인하고 모색하도록 했다. 그 결과, 주민들은 문제의 원인이 반유태주의가 아니라 지역사회의 열악한 시설에 있다는 것을 알게 되었다. 그에 따라서 그들은 지역사회의 열악한 시설을 개선하고 집단 사이의 친목을 도모하기 위한 활동을 계획하여 실행함으로써 문제를 해결했다.

이와 같은 사회적 실천탐구 사례에서 알 수 있는 가장 중요한 점은 실천가가 성급하게 기존의 일반적인 견해나 이론을 동원하여 문제를 규정짓지 않은 것이다. 그 대신 문제행동을 하는 당사자의 관점에서 문제를 파악한다는 점이다. 레빈은 그것은 '사실-발견'이라고 불렀다. 여기서 '사실(fact)'이란 한편으로는 실천가의 선입견이나 주관에 의해서 해석되지 않은 것을 뜻하기도 하고, 다른 한편으로는 행동 당사자의 관점에 의해서 구성되는 장의 요소를 뜻하기도 한다.

이 사례에서 지역사회의 열악한 시설은 사실에 해당한다. 부유한 유태인들은 일상생활에 필요한 시설들이 갖추어져 있기 때문에 불편함을 느끼지 않지만, 가난한 이탈리아계 주민들은 공공시설에 의존해야 함에도 그것이 갖추어지지 않아 불편을 겪고 그로 인해서 상대적인 불만을 가질 수밖에 없다. 따라서 유태인들에게 지역사회의 시설은 장을 구성하는 중요한 요소가 아니지만, 이탈리아계 주민들에게는 중요한 요소가 된다. 사실을 발견한다는 것은 바로 그 점을 아는 것이다. 그러므로 유태인들이 지역사회의 열악한 시설을 사실로 볼 수 있으려면 이탈리아계 주민들의 관점에서 문제를 바라보아야 한다. 즉, 지역사회의 시설이 유태인에게도 장을 구성하는 중요한 요소가 되어야 한다. 그런 이유에서 레빈은 유태인들을 지역사회의 문제를 탐구하는 데에 참여하도록, 오늘날의 용어로 말하면 참여관찰하도록 했다.

이와 같은 사실-발견의 과정이 있음으로 인해서 레빈은 토끼섬의 사회적인 문제를 해결할 수 있었다. 만일 이 과정이 누락되었다면 레빈 역시 지역사회의 열악한 시설은 외면한 채 반유태주의만을 문제 삼고 이탈리아계 주민과 청소년들의 반유대주의를 해결하기 위해서 허공에 활을 쏘듯 안간힘을 썼을 것이다. 바로 이 점에서 실천탐구는 기존에 '실행연구'라고 알려진 그것과 근본적인 차이가 있다. 레빈은 이러한 실천탐구의 과정을 다음과 같이 소개했다.

계획은 대체로 일반적인 아이디어 같은 것과 함께 시작한다. 이러저러한 이유에 의해서 특정한 목적을 이루는 것이 바람직해 보인다. 그런데 아직은 이 목적을 어떤 것으로 규정할 것인지, 그 목적을 어떻게 이룰 것인지는 대체로 명확하지 않다. 그러므로 첫 번째 단계는 활용 가능한 수단에 비추어서 그 아이디어를 주의 깊게 검토하는 것이다. 여기에는 상황에 대한 추가적인 사실-발견(fact-finding)이 흔히 요구된다. 만약 이 첫 단계의 계획하기가 성공적으로 이루어진다면 두 가지 사항이 생성된다. 하나는 그 목적을 이루는 방법에 관한 '전반적인 계획'이고, 다른 하나는 첫 번째 단계의 행위(action)에 관한 결정이다. 이러한 계획은 대체로 최초의 아이디어를 얼마간 수정하게 된다.

두 번째 단계는 전반적인 계획의 첫 번째 단계를 실행(executing)하는 데 할애된다. 현대적인 공장 관리나 전쟁의 실행(execution)의 경우와 같이 사회 관리가 고도로 발달한 분야에서는 이 두 번째 단계 다음에 특정한 사실-발견이 뒤따른다. 예를 들면, 독일을 폭격하고자 할 경우에 여러 가지 우선 사항과 가장 적합한 공격 수단과 방법을 신중하게 검토한 끝에 특정한 공장이 첫 목표물로 선정될 수 있다. 공격이 효과적으로 수행되고, 이어서 새로운 상황을 가능한 한 정확하고 객관적으로 파악하고자 하는 하나의 목적을 위해서 정찰기가 뒤따를 것이다.

이 정찰 혹은 사실-발견은 네 가지 기능을 수행한다. 첫째, 행위(action)를 평가한다. 그것은 이루어 낸 것이 기대에 미치는지 또는 못 미치는지를 보여준다. 둘째, 계획자에게 새로운 일반적인 통찰을 학습하고 습득할 수 있는 기회를 제공한다. 예를 들면, 행위에 사용되는 특정한 수단이나 기술의 강점과 약점 등을 고려할 수 있게 한다. 셋째, 다음 단계를 정확하게 계획하는 데에 기초를 제공한다. 넷째, '전반적인 계획'을 수정하는 데에 기초를 제공한다.

세 번째 단계도 마찬가지로 계획, 실행, 정찰 또는 사실-발견의 순환적 차례로 이루어진다. 여기서도 후자는 두 번째 단계의 결과에 대한 평가를 목적으로, 세 번째 단계의 계획을 위한 합리적인 기초를 준비하기 위한 목적으로,

> 그리고 또 다시 필요하다면 전반적인 계획을 수정하기 위한 목적으로 이루어
> 진다.
>   따라서 합리적인 사회 관리는 계획, 행위(action) 그리고 행위의 결과에 대
> 한 사실-발견에 의해서 순환적으로 구성된 나선적 단계의 과정으로 진행된다
> (Lewin, 1946: 37-38).

여기에서 레빈은 다소 산만하게 실천탐구의 과정을 제시했지만, 그것을 다시 간략히 정리하면 다음과 같다.

① 현실의 어떤 현상에 대해서 문제의식을 가진 상태에서 그 문제를 어떻게 어떤 방향으로 해결하는 것이 좋은지를 다소 막연하고 모호한 수준에서 생각을 정리한다.
② 사실-발견에 의해서 문제의 상황이 무엇인지, 문제의 해결을 통해서 이루고자 하는 목적이 무엇인지를 당사자의 관점에서 명확히 확인한다.
③ 사실-발견의 결과를 고려하여 어떤 방법과 절차에 의해서 그 문제를 해결할 것인지 전반적인 계획을 수립한다.
④ 전반적인 계획 가운데 먼저 실천해야 하는 1차 행위 계획을 구체적으로 수립한다.
⑤ 1차 행위의 계획을 실행한다(이것은 문제해결의 방안을 실험적으로 시도하는 것이기도 하다).
⑥ 1차 행위 계획의 실행 과정과 결과를 당사자의 관점에서 검토하고 성찰한다(이것은 실험적 시도가 적절한지 검토하는 것이기도 하다).
⑦ 검토 결과를 바탕으로 2차 행위의 실행 계획을 수립한다(이것은 문제해결을 위한 본격적인 방안을 수립하는 것이기도 하다).
⑧ 2차 행위 계획을 실행하고, 그 과정과 결과를 당사자의 관점에서 검토하고 성찰한다.

이는 사회적 실천을 위한 실천탐구의 과정에서 실천가가 수행해야 하는 일을 시간의 차례대로 정리한 것이다. 실천가가 이러한 차례로 실천탐구를 수행하는 과정에서 가장 핵심적으로 수행해야 하는 것은 다음 세 가지이다.[7]

첫째, 사회적인 문제로서 인식되는 문제행동을 탐구함으로써 당사자의 관점에서 이해하는 일이다. 실천가가 사회적인 문제를 해결하기 위해서는 먼저 당사자의 장이 어떻게 구성되어 있는지를 파악해야 한다. 그런데 당사자의 장은 당사자의 의식 속에 구성되어 존재하므로 당사자의 외부에 존재하는 사회적 실천가는 그것을 알 수 없다. 단지 당사자의 장의 영향에 의해서 밖으로 드러나는 행동만을 볼 수 있을 뿐이다. 그 행동이 당사자의 장을 파악하는 단서가 될 수 있다.

사회적 실천가도 사람이므로 당사자의 행동을 실천가 자신의 장을 구성하는 요소 가운데 하나로서 위치시킨다. 즉, 자신의 장 안으로 포섭한다. 그렇게 되면 사회적 실천가는 당사자의 장을 파악할 수 없고, 당사자의 행동을 변화시킬 수 있는 적절한 행위도 찾을 수 없다. 그러므로 사회적 실천가가 당사자의 행동을 당사자의 장을 파악하는 단서로서 볼 수 있으려면 당사자의 행동을 사회적 실천가 자신의 장 속에 포섭하여 바라보지 않아야 한다. 즉, 자신의 주관에 의해서 해석되지 않은 객관적인 사실(fact)로서 보아야 한다.

레빈이 말하는 사실발견은 단순히 객관적인 사실을 발견하는 것만을 의미하지 않는다. 실천가는 그 사실을 실마리 삼아서 당사자의 행동을 결정하는 장이 무엇인지를 파악해야 한다. 장을 파악한다는 것은 한편으로는 그의 장을 구성하는 물리적인 환경이 무엇인지를 파악하는 것이기도 하고, 다른 한편으로는 그의 물리적인 장을 인식하는 당사자의 사고가 무엇인지를 파악하는 것이기도 하다. 그리고 사실로서의 그의 행동을 실마리로 삼아서 지금 놓인 물리적인 환경과 사고나 정서가 어떻게 결합되어 구성되는지를 파악하는

---

7) 이 내용은 「맞춤형 교육의 대안적 해석과 실천: 그랭이 교육과 실천탐구」(서근원, 2021b: 6-9) 가운데 일부를 수정한 것이다.

것이다. 최종적으로는 당사자의 장의 맥락 속에서 당사자의 행동을 바라보는 것이다. 즉, 사실발견은 당사자의 장을 파악하는 것이고, 당사자의 장 속에서 또는 당사자의 관점으로 당사자의 행동을 이해하는 것이다. 간단히 말하면 사실발견은 장에 의해서 타성적으로 이루어지는 문제행동을 당사자의 관점에서 이해(understand)하는 일이다.

이처럼 문제행동을 탐구함으로써 당사자의 관점에서 이해한다는 것은 문제를 명확히 파악하는 것이기도 하다. 그것은 당사자로 하여금 문제행동을 하도록 하는 당사자의 장이 무엇인지를 파악하는 것이고, 당사자의 장을 파악한다는 것은 문제행동의 원인을 파악하는 것이다. 그리고 문제를 명확히 한다는 것은 행위를 통하여 해결해야 하는 대상을 명확히 하는 것이다. 그것은 마치 의사가 환자의 배가 아픈 증상의 원인이 급체라는 것을 알면 급체를 해결의 대상으로서 삼는 것과 같다.

둘째, 문제행동을 변화시킬 수 있는 적절한 행위(action)를 탐구(inquiry)하는 것이다. 레빈의 이론에 따르면 행동의 변화는 당사자의 장의 변화를 통해서 가능하고, 당사자의 장은 사람이나 집단마다 서로 다르므로 행동의 변화를 위한 행위 역시 사람이나 집단마다 서로 다르다. 그러므로 실천가는 사람이나 집단에 따른 장을 새롭게 파악해야 하고, 그에 따라서 행동의 변화를 위한 적절한 행위도 새롭게 찾아야 한다. 그런 목적에서 레빈은 실험실 또는 문제의 현장에서 실험이나 비교실험 등의 다양한 방법을 동원하여 문제해결을 위한 적절한 행위를 탐구했다.

셋째, 문제행동을 변화시킬 수 있는 행위의 계획을 수립하고 실행(execution)하는 것이다. 앞선 행동의 이해와 행위의 탐구 과정을 통해서 행동의 변화를 위한 행위를 모색하고, 그것을 실행하기 위한 계획을 수립한 다음, 그 계획에 따라서 실행한다. 그리고 행위의 과정과 결과를 당사자의 관점에서 확인하고 평가한다. 그 과정에서 새로운 사실을 발견하여 다시 행동을 이해하고, 행동의 변화를 위한 행위를 다시 탐구한다. 간단히 말하면 행위를 실행하면서 동시에 행동을 이해하는 일을 한다.

이러한 실천탐구 과정을 통해서 알 수 있는 바와 같이, 실천가가 실천탐구를 할 때 가장 중요하게 고려할 점은 문제를 당사자의 관점에서 바라보고 문제해결의 방안이나 방향 역시 당사자의 관점에서 모색하고 실행해야 한다는 점이다. 즉, 연구의 과정이 아니라 탐구의 과정으로 실천해야 한다는 점이다. 그 점에 비추어 보면 '실행연구'는 실천탐구와 거리가 멀다. 또한 실천가는 탐구를 통하여 사회적인 문제를 해결함으로써 새로운 실천의 사례를 창조해 낸다. 그 실천에서 핵심이 되는 것은 타성적 행동의 변화를 위한 행위를 탐구하는 일이다. 그리고 실행은 그 행위를 적용하여 실지로 문제를 해결하는 일이다. 레빈은 이러한 행위의 실행을 지칭하는 용어로서 'execute'와 'carry out' 그리고 'conduct' 등을 번갈아 사용했다. 이런 점들을 고려하면 '실행연구'는 실천탐구를 담는 그릇이 되기에는 너무 작다.

2) 행동 이해와 참여관찰

앞서 살펴본 바와 같이 실천탐구의 과정을 통해 사회적인 문제를 적절히 해결하기 위해서는 문제적인 행동을 당사자의 관점에서 이해하는 것이 무엇보다도 필요하다. 실천가가 문제적인 행동을 당사자의 관점에서 이해함으로써 해결해야 하는 문제가 무엇인지, 그 문제를 어떤 방향으로 해결해야 하는지가 명확해진다. 그 점이 명확할 때 문제의 해결에 적합한 행위도 모색할 수 있다.

그런데 레빈은 당사자의 관점에서 문제적 행동을 이해하는 일이 실천탐구의 토대가 됨에도 불구하고 여기에 적합한 방법을 구체적으로 정리하여 남기지 않았다. 그 이후로 레빈의 실천탐구를 계승한 여러 연구자 또는 탐구자들 역시 이와 관련하여 진전된 방법을 제시하지 않았다. 오히려 이와 관련된 구체적인 방법은 문화인류학의 전형적인 연구방법인 참여관찰법에서 찾을 수 있다.

　　문화인류학의 기본적인 탐구 과제는 타문화권 사람들의 낯선 행동을 이해하는 것이다. 이때, 이해한다는 것은 타문화권 사람들의 눈으로 타문화권 사람들의 언행을 해석하는 것이다. 그러므로 문화인류학자가 타문화권 사람들의 낯선 행동을 이해하려면 그들이 자기 주변의 사물이나 사건 등을 어떤 눈으로 인식하는지 알아내야 한다. 그 점을 알아내기 위해서 문화인류학자는 낯선 사람들이 거주하는 그곳으로 가서 그들이 살고 있는 환경, 일상생활, 언행 등을 보고 듣고 기록한다. 그리고 기록한 그 자료를 분석해서 그들이 어떤 눈을 가지고 있는지 찾아낸 다음, 그 눈으로 그들의 환경과 일상생활, 언행 등을 해석한다. 이것을 참여관찰법이라고 부른다.

　　사회적인 문제를 해결하고자 하는 실천가는 문화인류학자와 유사한 위치에 있다. 실천가가 해결하고자 하는 문제적 행동은 일종의 낯선 행동이다. 실천가가 그 낯선 행동을 당사자의 관점에서 이해하려면 문화인류학자가 그러하듯이 당사자 주변의 물리적 환경, 일상생활 모습, 언행 등을 관찰하거나 면담한 내용을 기록해야 한다. 그러기 위해 거기에 필요한 관찰 기법과 면담 기법을 갖추고 있어야 한다. 또한 그렇게 기록된 자료를 분석하여 그 이면에 감추어진 당사자의 관점이 무엇인지 찾아내야 한다. 그러자면 역시 거기에 필요한 추론과 분석의 기법을 갖추고 있어야 한다. 한 마디로 말하여 질적 탐구에 필요한 기본적인 탐구의 기법을 갖추고 있어야 한다.

　　그런데 실천가가 이와 같은 기본적인 탐구의 기법을 갖추는 데에는 한 가지 심각한 걸림돌이 있다. 그것은 실천가 자신의 눈이다. 실천가도 역시 사람이기 때문에 문제적 행동을 하는 당사자와 마찬가지로 자신의 눈으로 자기 주변의 환경을 인식하고 자신만의 장을 구성하면서 살아간다. 그러므로 실천가는 당사자 주변의 환경과 일상생활 모습과 언행 등을 관찰하거나 면담할 때 자신도 모르게 자신의 관점에서 해석하여 기록한다. 또한 그 자료를 추론하거나 분석할 때도 마찬가지이다. 그래서 결국 실천가는 당사자의 눈으로 당사자의 행동을 이해하지 못하고, 적절한 행위를 모색하여 실행하는 것도 어렵다.

　　그래서 문화인류학자들은 자신이 익숙하게 살던 공간을 떠나 낯선 그곳으로 감써 기존의 자신의 관점이 유보될 수밖에 없도록 한다. 그러나 문화인류학자가 낯선 곳에 간다고 해서 누구나 자신의 기존의 관점을 유보할 수 있는 것도 아니다. 거기에다가 사회적 실천가는 대체로 문제적 행동을 하는 사람들과 같은 시공간에서 살아가기 때문에 문화인류학자들처럼 하기가 어렵다. 따라서 사회적 실천가에게는 자료를 수집하거나 분석하는 과정에서 자신의 관점을 유보하는 별도의 노력이 필요하다. 질적 탐구의 과정에서 흔히 요구되는 판단중지는 바로 그 노력과 관련된 것이다. 그러나 판단중지는 탐구자가 하겠다고 마음먹는다고 해서 되는 일이 아니다. 그 일이 가능하려면, 자신의 관점을 유보한 가운데 자료를 수집하고 분석하여 당사자의 관점을 찾아내는 방법을 체득한 사람의 지도에 따라서 수련의 과정을 통해서 체득해야 한다.[8] 실천가가 이 방법을 체득하지 못한다면 실천탐구뿐만 아니라 질적 탐구도 적절히 하기 어렵다.

3) 행위 탐구와 경험

　　사회적 실천가가 사회적인 문제를 해결하기 위해서는 당사자의 관점에서 문제적 행동을 이해하는 것이 필수적이지만 그것만으로 사회적인 문제를 해결할 수는 없다. 당사자의 문제적 행동이 변화하도록 그의 주변에서 무슨 일인가를 해야 한다. 그것이 바로 행위(action)이다. 그런데 당사자의 문제적 행동이 변화하도록 하려면 반드시 고려해야 할 점이 몇 가지 있다.

　　첫째, 행동의 변화가 당사자가 주변 사람을 포함한 환경과 조화롭게 살아가거나 성장하는 데 긍정적이어야 한다. 달리 말하면 당사자의 행동의 변화가 주변의 사람이나 환경과 조화로운 관계를 형성하거나 성장하도록 하는 것

---

8) 이와 관련된 구체적인 방법은 지면의 제한으로 여기에는 소개하지 않는다. 추후에 다른 글을 통해서 소개할 예정이다.

이어야 한다. 행동의 변화가 당사자에게만 도움이 되거나 주변 사람들이나 환경에게만 도움이 된다면, 그것은 어느 한쪽을 위해서 다른 한쪽을 희생하여 결국 또 다른 사회적인 문제를 만든다. 실천가가 당사자의 행동을 이해한 것을 바탕으로 변화의 방향을 결정할 때 이 점을 중요하게 고려해야 한다.

둘째, 행동의 변화가 안정적이고 지속적이어야 한다. 당사자의 문제적 행동이 일시적으로만 변화한다거나, 경우에 따라서 변화하기도 하고 그렇지 않기도 한다거나, 잠깐 동안 지속되다가 다시 되돌아간다면 변화했다고 보기 어렵다. 실천가는 실천가의 개입이 사라진 이후에도 당사자의 변화된 행동을 안정적으로 지속할 수 있는 방안을 모색해야 한다.

셋째, 행동의 변화에는 당사자의 사고의 변화가 반드시 포함되도록 해야 한다. 앞서 살펴본 바와 같이, 레빈에 따르면 인간의 행동은 장의 영향을 받고 장은 환경과 사고의 결합으로 구성된다. 따라서 행동의 변화는 환경의 변화를 통할 수도 있고 사고의 변화를 통할 수도 있다. 그런데 사고의 변화를 누락한 채 환경만의 변화에 의해서 행동이 변화하면 환경이 다시 바뀌면 행동도 다시 바뀔 수 있다. 예를 들면, 독재적인 지도자가 있는 집단에 속해 있던 아이가 민주적인 지도자가 있는 집단으로 소속이 변경됨으로써 그 아이의 행동이 달라졌다고 해도, 그 아이의 사고가 함께 변화하지 않는다면 소속을 다시 독재적인 지도자가 있는 집단으로 되돌렸을 때 그 아이의 행동 역시 되돌아갈 가능성이 크다. 그와 달리 환경의 변화와 함께 당사자의 사고가 변화하면 환경이 다시 변화함에도 행동이 변화하지 않을 수 있으며, 환경이 변화하지 않은 가운데 사고의 변화만으로도 당사자의 행동이 변화할 수도 있다. 그러므로 환경의 변화와 무관하게 행동의 변화가 안정적이고 지속적으로 유지되도록 하려면 실천가의 행위에는 당사자의 사고의 변화를 위한 행위가 포함되어야 한다.

넷째, 당사자가 스스로 변화해야 한다. 사람은 누구나 나름대로 세상을 바라보는 인식의 틀을 가지고 살아간다. 거기에는 자신이 실현하려는 이념, 옳다고 믿는 신념, 좋다고 믿는 가치, 따르는 규범, 가지고 싶어 하는 욕망 등이 포함되어 있다. 그것이 그 사람의 사고이고 안목이다. 그 안목으로 자기 주변의 환경을 해석하고 해석에 근거하여 행동하면서 살아간다. 즉, 안목은 사람이 세상을 살아가는 준거이다. 이런 까닭에 안목을 변화하기는 쉽지 않다. 안목이 변화하려면 먼저 기존의 안목을 부정해야 한다. 그것은 자신이 기존에 가졌던 삶의 준거를 부정하는 것이고, 자기 자신의 삶의 준거를 부정하는 것은 곧 자신의 삶과 자신을 부정하는 것이다. 그것은 사람들이 꺼리는 일이다.

만일 외부에서 누군가가 기존의 내 안목이 틀렸거나 부족하여 바꾸도록 강요한다면, 그것은 나 자신을 부정하도록 강요하는 것과 다름이 없으므로 거부한다. 혹시라도 외부의 강요나 강제에 의해서 안목이 변화한 것처럼 보인다고 하더라도 그것은 지속적인 행동의 변화로 이어지기 어렵다. 그와 달리, 당사자 스스로 자신의 안목이 부족하거나 오류가 있다는 것을 인식하면 그점을 보완하거나 수정하기 위해서 스스로 애를 쓴다. 그대로 방치할 경우에는 살아가는 데에 어려움이 따르기 때문이다. 그리고 그 안목의 변화는 안정적이고 지속적인 행동의 변화로 이어진다. 이런 이유에서 문제적인 행동을 하는 당사자의 행동이 변화하도록 하려면 그의 안목이 변화하도록 해야 하고, 그 안목의 변화는 스스로 이루도록 해야 한다.

다섯째, 외부환경의 변화를 통해서 내면의 사고가 변화하도록 해야 한다. 문제적 행동을 하는 당사자가 그 행동과 관련된 내면의 사고를 스스로 변화하도록 하려면 실천가는 그의 내면의 사고가 어떻게 변화해야 하는지 언어로 직접 지시하거나 설명해서는 안 된다. 당사자의 내면의 사고가 변화하지 않은 상태에서 제시되는 언어적 지시나 설명은 오해를 부를 수밖에 없다. 설령 그 말을 이해했다고 해도 그것이 적절한 행동의 변화로 이어지기는 어렵다. 그것은 마치 자전거를 처음 배우는 사람이 자전거가 넘어지려고 할 때 넘어지는 쪽으로 손잡이를 돌리라는 말을 이해했다고 해도 몸은 기존의 습관대로 움직이는 것과 마찬가지이다. 그렇게 되지 않으려면 당사자가 자신의 기존 사고의 오류나 부족한 점을 스스로 인식하고 상황에 적절한 행동의 방안을 스스로 모색하고 시도하도록 해야 한다.

그렇게 할 수 있는 방안 가운데 하나가 문제행동의 당사자로 하여금 기존의 사고와 행동이 타당하지 않은 환경에 놓이도록 하는 것이다. 그렇게 함으로써 당사자가 기존의 사고가 부족하거나 오류가 있음을 스스로 인식하고, 그것을 대신할 수 있는 새로운 사고를 스스로 형성하도록 한다. 레빈은 토끼섬의 문제를 이와 같은 방식으로 해결했다. 레빈은 이탈리아계 청소년들의 유태인 교회 난입 사건은 반유태주의 때문이라고 믿는 유태인들로 하여금 토끼섬 지역사회의 문제를 함께 탐구하도록 했다. 그것은 한편으로 유태인들을 새로운 환경에 놓이게 한 것이다. 그 결과, 유태인들은 기존의 사고가 잘못되었다는 것을 스스로 인식할 수 있었다. 그리고 스스로 지역사회의 시설을 개선함으로써 문제를 해결하도록 했다.

레빈이 토끼섬의 문제를 해결하기 위해서 시도한 이러한 행위는 토끼섬의 유태인들로 하여금 경험하게 한 일이기도 하다. 듀이(Dewey, 1916)에 따르면, 경험이란 기존의 안목으로는 해결할 수 없음에도 불구하고 해결해야만 하는 역설적 문제상황에 놓인 사람이 그 문제를 해결하기 위해서 시행착오를 범하는 과정에서 기존의 안목을 해체하고 새롭게 구성해 가는 사고 과정이다. 이러한 경험의 의미에 따르면, 사회적 실천가가 문제행동을 하는 당사자의 외부환경의 변화를 통해서 내면의 사고가 변화하도록 한다는 것은 당사자로 하여금 경험하도록 하는 것이라고 말할 수 있다.

3. 실천탐구의 사례

1) 아이의 눈으로 회인(誨人)탐구

앞서 살펴본 실천탐구는 사회적인 문제가 발생하는 곳이라면 어디에나 적용하여 사용할 수 있다. 학교의 교육 장면도 그 가운데 하나이다. 학교의 교육 장면은 두 가지 차원에서 실천탐구의 대상이 될 수 있다. 하나는 교실의 수업 차원이고 다른 하나는 교육 혁신을 위한 교원 연수의 차원이다.

교실의 수업에서 학생과 교원은 각각 문제적 행동을 하는 사람과 사회적 실천가에 상응한다. 학생이 문제적 행동을 하는 사람에 상응한다는 것은 이른바 '문제 학생'만을 가리키지 않는다. 물론 비행을 저지르거나, 폭력을 행사하거나, 수업에 참여하지 않는 행동을 하는 학생도 여기에 포함되지만, 그 이전에 모든 학생은 아직 미숙하고 더 성장할 여지가 있다는 점에서 문제적 행동을 하는 사람에 해당한다. 교원은 그러한 학생이 기존의 미숙한 상태로부터 벗어나 좀 더 성숙한 방향으로 성장해 가도록 하는 역할을 맡고 있다는 점에서 사회적 실천가에 해당한다. 그러므로 교원이 그 일을 충실하게 해내려면 실천탐구가 필요하다.

교실의 수업이 실천탐구를 필요로 하는 장면이라면, 교원은 그 일을 적절히 하기 위해서 학생이 학습해야 하는 교과의 안목을 먼저 체득하고 있어야 한다. 그렇지 않으면 학생이 어느 방향으로 성장해 나아가야 하는지 알 수도 없고 제시할 수도 없다. 그 상태에서 교원은 학생의 성장을 위해서 적어도 다음 두 가지 일을 충실하게 해야 한다.

첫째, 학생의 기존 행동을 이해하기 위해서 탐구하는 것이다. 즉, 학생이 어떤 환경에서 살아가고 있고, 그 환경을 어떤 사고에 의해 어떤 것으로 인식하고 대처하는지를 학생의 관점에서 이해하는 것이다. 교원이 그 점을 충실하게 이해할 때 학생이 교원의 지도 행위를 어떤 의미로 해석하고 대처하는지를 알 수 있고, 그 점을 알 수 있어야 학생의 기존 사고가 전환되거나 성장하도록 하려면 교원이 어떻게 행위하는 것이 적절한지를 모색할 수 있다.

둘째, 학생의 기존 행동이 변화하도록 하는 데 적합한 행위를 탐구하는 것이다. 학생의 행동이 변화하도록 하려면 학생의 사고의 변화가 함께 따라야 하고, 그 사고의 변화는 학생이 역설적 문제를 해결하는 과정에서 시행착오를 범하는 가운데 스스로 이루어져야 한다. 그러기 위해서 교원은 학생에 대한 이해를 바탕으로 학생에게 적합한 역설적 문제가 무엇인지를 찾아서 학생이 문제상황에 놓이도록 해야 하고, 학생의 문제해결 과정을 학생의 관점에서 살펴보고 지원하거나 조력해야 한다. 그것이 수업에서 교원이 해야 하는 행위이다. 그런데 학생의 기존 사고는 학생마다 서로 다르다. 또한 동일한 학생이라고 해도 시간의 흐름에 따라서 달라진다. 그러므로 교원은 학생 각각에 대해서, 각각의 시기에 따라서 학생에게 알맞은 역설적 문제상황과 지원과 조력이 무엇인지를 새롭게 모색해야 한다. 즉, 교원은 매 학생마다 매 시기마다 서로 다른 행위를 해야 한다. 그러기 위해서 교원은 수업에 앞서 그리고 수업의 과정에서 학생의 기존 행동이 변화하도록 하는 데 적합한 행위를 탐구해야 한다.

이와 같이 교원이 수업의 장면에서 실천탐구를 할 수 있으려면 여기에 적합한 구체적 방법이 필요하다. 거기에는 학생의 주변 환경과 일상생활을 관찰하여 기록하는 기법, 면담하는 기법, 기록한 자료를 분석하여 학생의 사고를 찾아내는 기법, 그 사고에 비추어서 학생이 놓여 있는 환경과 학생의 행동을 재해석하는 기법 등이 필요하다. 또한 수업의 장면에서 학생이 문제상황을 어떤 관점에서 어떤 것으로 인식하는지, 어떻게 해결하는지, 그 과정에서 어떤 시행착오를 거치고 사고를 어떻게 형성해 가는지를 학생의 관점에서 확인하는 기법이 필요하다. 그리고 수업의 과정에서 학생에게 역설적 문제상황을 적절히 제시하고, 학생의 문제해결 과정을 학생의 관점에서 이해하고 지원하거나 조력하는 기법이 필요하다.

이런 필요에 의해서 개발된 실천탐구 방법이 '아이의 눈으로 회인(誨人) 실천탐구' 방법이다. 여기에서 회인(誨人)은 상대로 하여금 스스로 깨달아서 알도록 한다는 의미이다.[9] 따라서 '회인 실천탐구' 방법은 상대로 하여금 스스로 깨달아서 알도록 하는 방안을 탐구하여 실천하는 방법이라는 뜻이다. '아이의 눈으로'는 그 일을 교원의 관점에서 하는 것이 아니라 학생의 관점에서 한다는 것을 뜻한다. 이 방법은 수업에서 학생은 교원이 일방적으로 가르쳐 주

9) 회인(誨人)의 개념과 관련된 좀 더 구체적인 설명은 『학교 혁신의 성찰적 실천: 탈공정과 탈문화식민주의』(서근원, 2021a) 또는 『수업, 어떻게 볼까?: 아이의 눈을 찾아서』(서근원, 2013)를 참고하기 바란다.

는 내용을 수동적으로 배우는 사람이 아니라, 자신에게 필요한 것을 스스로 깨달아 가는 사람이라고 전제한다. 그리고 학습이란 새로운 정보를 기억하여 저장하는 일이 아니라, 기존의 안목을 해체하고 재구성하는 일이라고 전제한다. 한편, 회인(誨人)은 특정한 유형의 실천이라는 점에서 이 실천탐구 방법을 '아이의 눈으로 회인탐구' 방법이라고 부를 수도 있다. 또한 회인은 아이의 눈으로 보는 일을 필연적으로 포함한다는 점에서 그것은 '회인탐구' 방법이라고 줄여서 말할 수도 있다. 이러한 회인탐구 방법은 '아이의 눈으로 세상 보기', '아이의 눈으로 수업 보기', '아이의 눈으로 수업하기'의 세 가지로 구성된다.

'아이의 눈으로 세상 보기' 방법은 사회적 실천가로서 교원이 학생의 기존 안목이 무엇인지, 그 안목으로 자기 주변의 환경을 어떻게 인식하고 대처하면서 살아가는지를 이해하는 방법이다. 교원이 그것을 알아야 수업에서뿐만 아니라 일상생활에서 학생이 스스로 깨달아 가는 방식으로 학습하도록 지도할 수 있다. 이 방법은 교원이 관심을 가지는 학생의 일상생활 모습을 전반적으로 서술 관찰하여 기록한 뒤, 기록을 추론하고 분석하여 학생이 자기 주변의 환경을 인식하고 대처하는 안목이 무엇인지를 찾도록 한다. 이때, 추론과 분석은 학생의 행동 가운데 특징적인 모습을 실마리 삼아서 이루어질 수도 있고, 관찰 기록된 여러 장면을 모두 각각 입체적으로 추론하고 분석한 다음에 분류함으로써 이루어질 수도 있다.[10]

'아이의 눈으로 수업 보기' 방법은 사회적 실천가로서 교원이 학생의 교과 학습과 관련하여 현재의 안목이 무엇인지, 그리고 수업의 과정에서 그 안목을 어떻게 해체하고 재구성해 가는지를 이해하는 방법이다. 학생이 수업의 장면에서 스스로 깨달아 가는 방식으로 학습하도록 하려면, 교원이 학생의 일상생활의 안목이 무엇인지를 이해하는 것으로는 충분하지 않다. 각각의 교과와 관련된 안목이 무엇이고 어떻게 형성하는지를 구체적으로 알아야 한다.

---

10) 전자가 초보적인 방법이라면 후자는 심화된 방법이다. 이 방법과 관련된 구체적인 사례는 『아이 세상으로 떠나는 여행』(서근원, 단디깨비, 2014)과 「낙인찍는 학교 저항하는 아이, 그리고 나」(서근원, 강유미, 2012) 등을 참고하기 바란다.

그래야만 학생이 교과의 안목을 스스로 형성해 가기 위해서는 어떤 역설적인 문제상황이 적절한지, 학생의 문제해결 과정을 어떻게 지원하거나 조력하는 것이 적절한지 알 수 있다. 그것을 찾는 데 적용할 수 있는 방법이 '아이의 눈으로 수업 보기' 방법이다. 이 방법은 교원이 관심을 가지는 학생의 수업의 참여 과정을 묘사 관찰하여 기록한 뒤, 그 기록을 추론하여 분석함으로써 이와 같은 것들을 찾아낼 수 있다. 그 목적을 위해서 이 방법은 수업의 장면을 학생을 중심으로 관찰하여 기록하고 분석하는 별도의 기법을 제시한다. 이것은 수업 장면의 특수성에 적합하도록 일반적인 관찰기록 방법을 구체화한 것이다. 교원이 그 관찰 기록 및 분석의 기법을 따르면 학생 주변의 환경과 맥락, 행동을 체계적이고 종합적으로 관찰하여 기록할 수 있으며, 분석 또한 체계적으로 할 수 있다. [11]

'아이의 눈으로 수업하기'는 사회적 실천가로서의 교원이 학생으로 하여금 스스로 깨달아 가는 방식으로 학습할 수 있도록 하는 데 적절한 행위를 모색하여 실천하는 방법이다. 교원이 앞서 언급한 두 가지 방법으로 학생의 일상 속에서 하는 행동들이 어떤 사고로부터 비롯되는지를 이해하고, 수업의 과정에서 기존의 안목을 어떻게 해체하고 재구성해 가는지를 이해한다면, 학생이 성장해 가도록 하기 위해 교원이 어떤 행위를 하는 것이 적절한지를 모색할 수 있다. 즉, 학생을 어떤 역설적 문제에 놓이도록 하는 것이 적절한지, 학생이 시행착오의 과정을 통해서 그 문제를 해결하고 새로운 사고를 형성하도록 하려면 곁에서 어떤 지원과 조력을 어떻게 해야 하는지를 찾아서 실행할 수 있다. '아이의 눈으로 수업하기'는 교원으로 하여금 그 일을 적절하게 할 수 있도록 안내한다.

이와 같은 세 가지 방법으로 구성된 회인탐구 방법은 교원이 학생에 대한 이해를 바탕으로, 학교나 교실의 각종 제도, 교육과정, 시설, 학습 자료 등에

---

[11] 이 방법과 관련된 좀 더 구체적인 내용과 사례는 『수업, 어떻게 볼까?: 아이의 눈을 찾아서』(서근원, 2013), 『나를 비운 그 자리에 아이들을』(서근원 등, 2012)을 참고하기 바란다.

서 교원 자신의 언행에 이르기까지 학생 주변의 다양한 환경을 어떻게 변화하는 것이 적절한지 모색하여 실행하도록 한다. 특히 학생의 학습 활동에 가장 큰 영향을 미치는 수업의 형태를 학생이 역설적 문제를 해결하는 과정에서 스스로 탐구하고 깨달아 갈 수 있도록 하는 형태로 구성하여 운영하도록 한다. 그것이 워크숍-프로젝트이다. 이것은 학생이 역설적 문제를 스스로 해결해 가도록 하면서 교원이 주변에서 지원하고 조력하는 것을 말한다. '워크숍'인 이유는 학생은 아직 그 문제를 스스로 해결하는 탐구의 방법을 모르기 때문에 교원의 도움을 받아서 문제를 해결하면서 동시에 문제를 해결하는 탐구의 방법을 익히기 때문이다. '프로젝트'인 이유는 학생이 역설적 문제를 스스로 해결해 가고자 하기 때문이다. 또한 '워크숍-프로젝트'인 이유는 학생에게 그것이 처음에는 워크숍의 성격이 강하지만 점차 시간이 지남에 따라 학생이 탐구 방법을 익힘으로써 온전히 자신의 프로젝트가 되기 때문이다.

실제 수업의 과정에서 이러한 워크숍-프로젝트는 매우 변화무쌍하게 이루어질 수밖에 없다. 그 이유는 학생이 각각 서로 다른 데다가 문제를 해결하려고 시도하는 과정에서 수시로 예측불허의 행동을 하기 때문이다. 그때마다 교원은 기존에 학생을 이해한 것에 더해서 순간순간 학생을 다시 이해하고, 그 이해에 기초하여 마치 재즈 연주하듯이 학생에게 반응해야 한다. 때로는 직접적으로 설명하거나 지시하거나 시범을 보이기도 해야 하고, 때로는 간접적으로 질문을 하고 단서를 제공하며, 자료를 제시하거나 관망하기도 해야 한다. 또한 그 일은 제한된 교과나 시간의 범위 내에서 이루어질 수도 있고 교과나 시간의 경계를 벗어나서 이루어질 수도 있다. 다음은 그와 관련된 사례이다.[12]

---

12) 이 사례는 「아이의 눈으로 회인(誨人)탐구: 교육인류학의 교육 탐구와 실천」(서근원, 2022)의 내용을 전재한 것이다. 이 사례의 구체적인 방법과 과정은 『아이의 눈으로 회인(誨人)탐구: 그랭이 수업과 맞춤형 교육』(서근원, 강유미, 2022)를 참고하기 바란다. 이 밖에도 「한 초등학교 교사의 사회과 수업의 성찰적 이해: 아이의 눈으로 수업 보기 방법을 적용하여」(서근원, 송하인, 2018)에도 유사한 사례가 제시되어 있다.

사례 1   은이의 워크숍-프로젝트

　나는 초등학교 2학년을 담임하고 있다. 우리 반에는 은이라는 여자아이가 있었다. 그 아이는 항상 조용하고 다소곳해서 정물과 같았다. 은이는 항상 조용하고 내 지시에 순순히 잘 따라서 나무랄 데 없는 착한 학생이었다. 그런데 수업 시간에는 항상 주저하고 자신 없어 하거나, 다른 아이들이 하는 것을 힐끗거리는 경우가 많았다. 나는 이 점이 마음에 걸려서 은이가 좀 더 자신 있고 활동적으로 수업에 참여하기를 바랐다.

　나는 은이가 시 읽어 주기를 좋아한다는 점을 고려하여 다음 달 생일잔치에서 시 낭송회를 할 예정이라고 밝히고 국어 수업 시간에 시 낭송 연습을 하기로 했다. "내 똥꼬", "딱지 따먹기", "햇볕"과 같이 아이들이 좋아할 만한 시를 골라서 아이들에게 주고 모둠의 친구들과 함께 낭송 연습을 하게 했다. 그리고 시를 읽은 느낌, 시가 무엇이라고 생각하는지 등을 질문지에 자유롭게 적게 했다. 그런데 은이는 수업 시간 내내 자주 두리번거리거나 손가락을 빨고 있었다. 그리고 질문지에도 제대로 대답을 적지 못했다. 나중에 알고 보니 은이는 질문지에 적힌 질문의 의미를 제대로 알지 못했다. 그리고 내가 제시한 시는 주로 활동적인 아이들이 좋아할 만한 내용이었다. 거기다 다른 아이들과 함께 시를 낭송하는 일이 은이에게는 속도가 맞지 않았다.

　그래서 나는 시를 "가을아침", "비오는 날", "시험", "김밥" 등과 같이 정적이면서 생생한 표현을 담고 있는 것으로 바꾸었다. 그리고 모둠의 친구들도 바꾸었다. 낭송 연습할 때는 각자 하게 했다. 그리고 질문지의 내용을 은이가 쉽게 이해할 수 있는 용어로 바꾸고 은이 곁에서 그 의미를 설명해 주었다. 그러자 은이는 적극적이고 활발하게 낭송 연습을 하고, 다른 아이들에게 들려주었다. 나중에는 다른 아이들에게 지시하기도 했다. 질문지에는 고심하면서도 자신 있게 자신의 생각을 썼다.

　나는 은이의 이런 모습을 보면서 다음 시간에는 모둠 아이들과 함께 시를 써 보도록 했다. 각 모둠별로 시의 소재를 정하고, 그 소재에 따라 한 사람이 한 행씩 써서 한 편의 시가 되도록 했다. 그러자 은이네 모둠 아이들은 비를 소재로 정한 다음 비와 관련된 이미지를 컴퓨터로 출력하고 그 이미지와 관련된 문장을 돌아가면서 적었다. 은이는 자신이 무지개를 색칠하겠다고 나섰다. 그리고 마지막에는 자신이 그린 시화를 들고 칠판 앞에 나와서 수줍게 낭송했다.

그런데 이 수업을 마치고 나자 현수가 시로 수학 수업을 하자고 제안했다. 각 모둠이 지은 시 가운데 어느 시를 아이들이 가장 좋아하는지를 조사해서 그래프로 만들어 보자는 것이었다. 나는 현수의 제안을 받아들여서 그렇게 하도록 했다. 그리고 얼마 후 학예회에서는 우리 반 아이들 가운데 여러 아이가 자청해서 시 낭송을 발표했다. 그 뒤로 은이와 아이들은 쉬는 시간에 교실 뒷편에서 시화를 그리고 시 낭송을 하면서 놀기도 했다.

이 사례에서 강 교원은 은이가 수업 중에 정물처럼 앉아서 소극적으로 생활하는 문제를 실천탐구의 방법으로 해결했다. 처음에는 시행착오가 있었지만 은이를 이해한 것을 바탕으로 은이에게 적절한 역설적 문제를 제시하고, 은이가 그 문제를 스스로 해결하도록 지원하고 조력했다. 그리고 나중에는 아이들이 스스로 문제를 설정해서 해결하도록 했다. 그 결과, 은이뿐만 아니라 다른 아이들까지도 그 과정에서 강 교원이 전혀 예상하지 못한 기대 이상의 것을 학습했다.

2) 아이의 수업으로 토론하기

현재 우리나라 정부는 학교 현장의 교원들로 하여금 한 가지 교육의 내용과 방법, 속도에 따라서 다수의 서로 다른 학생을 가르치는 '기성복형 교육'에서 탈피하여, 학생의 서로 다른 특성에 따라서 학습의 내용과 방법, 속도를 달리하도록 하는 '맞춤형 교육'을 하도록 요구하고 있다. 또한 학생의 학습 또한 교원이 일방적으로 가르치고 배우는 방식이 아니라 학생들이 스스로 탐구하여 깨닫는 방식으로 이루어지도록 요구하고 있다. 학교 현장의 교원들이 그 일을 할 수 있으려면 앞서 언급한 것과 같은 회인탐구의 방법을 먼저 익혀야 한다.

그러나 현재 학교 현장의 교원들은 실천탐구의 방법을 알지도 못할 뿐만
아니라 그 필요성조차도 느끼지 못하는 경우가 대부분이다. 그것은 학교 현
장의 교원 대부분이 수업이란 교육과정의 진도 계획에 따라서 다수의 학생을
동시에 가르쳐서 배우도록 하는 것이라는 인식과 관행에 길들어 있기 때문이
다. 그런 기성복형 교육의 관행에 의해서 교실 수업에서 많은 학생이 소외되
고 낙오된다. 그러므로 학교 현장의 교원들이 학생들에게 가르쳐서 배우도록
하는 방식의 수업이 아닌, 학생들이 스스로 깨달아서 터득하는 방식의 수업
을 하도록 기존의 문제적 행동을 전환하려면 교원들 스스로 문제를 인식하고
변화를 시도하도록 해야 한다. 그것을 가능하게 하는 교원들을 위한 회인탐
구 방법이 '아이의 수업으로 토론하기' 워크숍 과정이다. 이것은 '아이의 눈으
로 회인탐구' 방법 가운데 하나인 '아이의 눈으로 수업 보기'를 단순화하여 여
러 교원이 함께 수업을 보고 토론하는 과정을 통해서 스스로 성찰하도록 한
것이다. 그 워크숍의 과정은 다음과 같이 이루어진다.[13]

첫째, 수업의 관찰자로 하여금 공개된 수업의 전반적인 과정을 서술하여
기술하도록 한다. 이때, 수업의 서술은 수업에 참여하는 특정한 학생을 주인
공 삼아서 작성하도록 함으로써 교원 중심의 시선에서 벗어나도록 한다.

둘째, 서술한 수업을 서로 구분되는 몇 개의 장면으로 나누고, 그 가운데
기성복형 교육의 전형을 보여 주는 장면을 선정한다. 이때, 전형적인 장면의
선정 역시 수업을 공개한 교원이나 관찰자가 아니라 주인공으로 삼은 학생을
기준으로 이루어진다. 그 장면에서 학생이 수업에 어떻게 참여했는지를 구체
적으로 묘사하여 기술하도록 함으로써 기성복형 수업에서 학생이 어떻게 배
제되거나 소외되는지를 구체적으로 확인하도록 한다.

셋째, 기성복형 교육의 전형을 보여 주는 수업의 장면 속에서 학생이 배제
되거나 소외되는 구체적인 모습에 비추어서 관찰자 자신을 비롯한 학교의 일

---

13) 이 과정과 사례는 「맞춤형 교육의 대안적 해석과 실천: 그랭이 교육과 실천탐구」(서근원, 2021b) 가
운데 일부를 전재한 것이다.

반적인 수업의 관행과 그와 연관된 인식의 문제가 무엇인지 되돌아본다.

넷째, 관찰자가 선정한 전형적인 장면에서 나타난 학생의 특징적인 행동을 선정하고, 그 행동이 발생하게 된 원인을 추론한다. 원인을 찾기 위해서 학생 개인의 사고나 심리에서 시작해서 그러한 사고나 심리를 유발하는 학생 외부의 다양한 요인을 검토한다. 거기에는 교원의 수업 계획, 교육과정, 교실 환경 등 여러 요인이 포함된다. 그리고 학생의 관점에서 볼 때 그 수업과 장면 또는 특징적인 행동이 무엇을 의미하는지 해석하고, 학생을 위해서 수업, 교육과정, 교실 환경 그리고 교원의 수업 관행과 인식 등이 어떻게 변화해야 하는지를 모색한다.

다섯째, 지금까지의 과정을 통해서 모색한 관행과 인식의 대안을 실천하고, 그 과정과 결과를 이와 같은 절차에 따라서 순환적으로 관찰하고 기록하고 토론한다.

이 워크숍은 교원들로 하여금 학교 현장의 수업을 특정한 학생을 중심으로 그 학생의 관점에서 관찰하고, 그 관찰을 통해서 발견한 낯선 사실의 원인과 의미와 대안 등을 토론의 과정을 통해서 함께 찾아가도록 한다. 그 과정에서 한편으로는 기존 기성복형 교육의 문제점을 스스로 인식하고, 다른 한편으로는 탐구와 토론의 방법도 함께 익히도록 한다. 후자의 경우는 이후에 교원들이 학생을 이해하는 과정이나 학생에게 적합한 수업의 방안을 동료 교원과 함께 모색할 때 유용하게 쓰이기도 한다. 그 점에서 이 워크숍은 맞춤형 교육에 필요한 문화적 조건 가운데 일부를 익히고 형성하는 과정이기도 하다. 다음은 이러한 워크숍에 참여한 교원 가운데 한 명이 그 과정과 자신의 경험을 기록한 것이다.

사례 2 그 아이의 문제를 해결하려면[14]

(1) 정은이의 수학과 수업

나는 2021년 10월 22일부터 23일까지 나주숲체원에서 서근원 교수님의 "아이의 수업으로 토론하기" 방법을 중심으로 하는 "아이의 눈으로 실천탐구" 연수에 참여했다. 내가 보기에 이 연수의 핵심은 수업에서 아이가 어떻게 사고하는지를 이해하는 것이다. 그리고 그 이해를 바탕으로 그 아이에게 적절한 실천을 위한 대안을 모색하는 것이다. 그리고 그 이해와 실천을 위해 토론하는 것이다. 이 연수에서는 중학교 1학년인 정은이가 수학 수업에 참여하는 모습을 통해 그러한 탐구와 토론을 실습했다.

우리가 본 수업은 중학교 수학 1학년 1학기 유리수의 연산과 관련된 내용이었다. 이 차시의 수업은 학생들이 유리수의 개념과 연산 방법을 모두 배우고 난 뒤에, 그것을 응용하여 마방진 게임과 도미노 게임을 해 보는 것이었다. 그것을 통해서 학생들이 한편으로는 유리수의 개념과 연산 방법을 다지고, 다른 한편으로는 그것을 응용하여 문제를 해결하는 능력을 기르고자 한 것이다.

수업의 서두에서 김 교원은 지난 시간까지 배웠던 유리수의 개념과 연산 방법을 알고 있는지 확인하기 위해서 학생들에게 유리수가 무엇인지 물었다. 학생들은 대답하지 못하고 책을 뒤적였다. 김 교원이 유리수의 개념을 다시 설명하고 칠판에 유리수의 연산과 관련된 문제를 칠판에 세 개 적고 학생들에게 풀어 보게 했다.

(1) $-2+5-9=$

(2) $7-2-16=$

(3) $\dfrac{5}{2}-\dfrac{4}{3}+\dfrac{3}{2}=$

학생들은 이와 같은 문제를 풀 수 있어야 이후에 마방진 게임이나 도미노 게임의 문제를 해결할 수 있다.

학생 세 명이 칠판에 나와서 문제를 풀고 다른 학생들은 각자 종이에 문제를

---

14) 이 글은 2021년 10월 22일부터 23일까지 나주숲체원에서 개최된 전라남도 미래교육 현장 강사 직무 연수에 참여한 강기원 교원이 작성한 연수 기록을 일부 수정하고 보완한 것이다.

적고 푼다. 첫째 학생이 "-6"이라고 풀고, 둘째 학생은 "11"이라고 풀었다. 김 교원이 학생들에게 1번 문제의 해답이 "-6"으로 나온 사람 손 들라고 하자 10여 명 학생 가운데 두세 명만 손을 든다. 2번 문제의 해답으로 "11"이 맞는지 묻자 학생들은 대답하기를 주저한다. 셋째 학생도 3번 문제를 틀리게 풀었다. 정은이는[15] 1번 문제와 2번 문제는 풀지 않고 3번 문제를 어떻게 풀었는지 알 수 없도록 [그림 1]과 같이 풀었다.

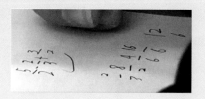

[그림 1] 정은이의 유리수 문제 풀이

김 교원은 돌아다니면서 학생들이 문제를 푸는 모습을 살펴보다가 정은이가 통분을 잘못해서 틀린 것을 보고 통분하는 방법을 알려 주었다.

김 교원은 학생들의 문제 풀이 오류를 설명해 준 다음에 학생들에게 "양의 부호 '+'와 음의 부호 '-'는 각각 덧셈, 뺄셈의 기호와 모양은 같지만 뜻은 다르다."와 같이 유리수와 관련된 진술의 참거짓을 묻는 질문을 몇 가지 하고 학생들의 이해 정도를 확인했다. 그리고는 마방진 문제를 풀게 했다. 정은이는 첫째 문제는 쉽게, 둘째 문제는 썼다가 지우기를 여러 차례 반복하다가 마침내 [그림 2]와 같이 풀었다.

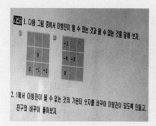

[그림 2] 마방진 문제와 정은이의 풀이

---

15) 가명이다.

　　끝으로 김 교원은 학생들에게 도미노 게임의 문제를 푸는 방법과 도미노 게임의 문제와 해답을 이용하여 도미노를 만드는 방법을 학생들에게 안내했다. 정은이는 도미노 게임의 문제를 모두 정확히 풀고, 교실 뒷칠판에 게시되어 있는 교표 모양으로 [그림 3]과 같이 도미노를 만들었다.

[그림 3] 도미노 게임 문제와 정은이의 풀이

(2) 정은이의 수학적 사고와 오류

　　우리는 이 수업을 소재로 삼아서 아이의 눈으로 실천탐구 방법으로 수업을 탐구하고 토론해 보기로 했다. 교수님은 우리가 학습클리닉을 전문적으로 탐구하고 실천하는 연구원, 또는 같은 학교 선생님들이라고 가정해 보자고 했다. 지금 정은이는 유리수의 연산을 이상하게 하고 있는데 도대체 어떻게 생각하고 있길래 이렇게 한 것인지 찾아보자고 했다. 그 다음에 이 아이가 스스로 사고를 전환하도록 하려면 교원이 무엇을 어떻게 해야 하는지 함께 찾아보자고 했다. 그러기 위해서는 먼저 아이의 사고를 파악할 수 있는 실마리 장면을 찾아야 하며 그것이 바로 토론 대상을 설정하는 것이라고 했다.

　　우리는 정은이의 사고를 파악할 수 있는 실마리 장면을 찾기 위해서 수업 영상을 다시 살펴보고, 수업을 크게 네 장면으로 구분했다. 그리고 그중에서 수업의 맥락상 가장 중요할 뿐만 아니라 정은이가 어떻게 사고하는지를 알 수 있는 단서가 잘 드러나는 장면을 선정했다. 정은이가 수업 초반에 유리수의 연산 문제를 해결하는 장면을 토론 대상으로 설정했다.

　　그 장면의 수업 영상을 다시 보며 정은이가 유리수의 연산 문제를 어떻게 해결해 나가는지 살펴보았다. 그 과정에서 잘 보이지 않는 수식을 확인하기 위해 영상을 여러 번 반복해서 보기도 했다. 세 개의 유리수의 연산 문제 중에서 셋째 문제를 해결하는 장면이 가장 잘 보였기 때문에 우리는 그 부분을 집중적으로 살펴보았다. 정은이는 셋째 문제를 해결할 때 등호와 부호를 나타내지 않고, 줄도 바꾸지 않아서 이를 알아보기가 어려웠다. 우리는 정은이가 어떤 의미로 수식을 그렇게 썼는지를 추론했다. 그리고 정은이가 종이에 두서없이 쓴 수식을 추론하여 다음과 같이 정리했다.

$$(3)\ \frac{5}{2} - \frac{2}{3} + \frac{3}{2} = -\frac{2}{3} + \frac{5}{2} + \frac{3}{2}$$
$$= -\frac{2}{3} + \frac{8}{2}$$
$$= -\frac{2}{3} + \frac{16}{6}$$
$$= 2$$

이 풀이 과정에서 정은이는 $\frac{5}{2}$와 $\frac{3}{2}$을 먼저 더해서 $-\frac{3}{2}$ 뒤에 $\frac{8}{2}$이라고 적었다. 그 다음에 $-\frac{2}{3}$와 $\frac{8}{2}$을 분모 6으로 통분했다. 그 과정에서 $\frac{8}{2}$을 $\frac{24}{6}$로 통분해야 하는데 $\frac{16}{6}$이라고 통분했다. 그 결과 해답이 틀렸다.

우리는 이 장면과 함께 수업의 서두에서 정은이가 김 교원의 질문에 대답하는 장면과 이후에 마방진 문제를 풀이하는 장면, 그리고 도미노 게임 문제를 푸는 장면들을 살펴보며 정은이가 유리수의 개념과 유리수의 연산 방법과 관련하여 어떻게 사고하고 있으며, 거기에 어떤 오류가 있는지, 그 오류가 왜 발생하게 되었는지 추론했다. 그리고 그 오류를 해결하려면 어떻게 지도하는 것이 적절한지 토론했다.

먼저 정은이가 수업에 참여하며 문제를 해결하는 과정을 근거로 다음과 같은 오류가 있을 것으로 추론했다.

첫째, 유리수의 개념에 대해서 정확히 알지 못하고 있는 것 같다. 유리수의 개념을 묻는 질문에 대답하지 못하고 책을 뒤적였다. 유리수의 연산 1, 2번 문제를 풀지 않았다. 유리수의 개념에서 '-5'는 '빼기 5'를 뜻하는 것이 아니라 수직선상의 0에서 왼쪽으로 5칸을 이동하는 것을 의미한다. 그러나 이러한 유리수의 개념이 분명하지 않을 경우 '-' 부호를 빼기로 인식하고 자연수의 연산과 같은 방식으로 계산하게 된다. 아마도 정은이는 유리수의 연산을 자연수의 연산으로 환원하여 계산한 것 같다.

둘째, 통분의 방법을 정확히 알고 있지 못한 것 같다. 서두의 3번 문제에서 통분을 틀리게 했다. 그런데 도미노 게임 문제에서는 정확히 했다. 통분의 개념을 알고 있지만 기능이 부족할 수도 있다.

셋째, 수식의 의미를 전혀 이해하지 못하고 있는 것 같다. 문제를 푸는 과정에서 등호를 사용하지 않고 줄도 바꾸지 않았다. 그리고 '+', '-' 부호도 생략했다. 도미노 게임의 문제를 풀 때도 마찬가지로 했다. 선생님의 설명에 따르면 거의 모든 남학생이 이렇게 문제를 푼다고 한다. 이것은 수학적으로 사고하지 않는다는 것을 뜻한다. 정은이는 수학을 한다는 것을 계산해서 정답을 맞추는 일이라고 생각할 가능성이 크다.

(3) 정은이를 거울 삼아 비추어 본 우리 모습

우리는 정은이가 중학교 1학년이면서 통분을 틀리게 하는 것이 납득하기 어려웠다. 통분은 초등학교 5학년 때 배우는 것이기 때문이다. 또한 유리수의 개념에 대해서 정확히 알지 못하는 것도 의아했다. 유리수 단원의 마지막 시간이라면 유리수의 개념이 무엇인지 정도는 알고 있어야 하기 때문이다. 그리고 문제를 풀 때 풀이 과정을 두서없이 적는 것 역시 이해하기 어려웠다. 그것은 수학의 기본이기 때문이다. 만일 정은이가 이와 같은 문제들을 해결하지 못한다면 앞으로 틀림없이 흔한 수포자 가운데 한 명이 될 것이다. 이런 이유에서 우리는 정은이의 문제를 해결하기 위해서 무엇을 어떻게 해야 하는지를 생각하기에 앞서, 정은이가 왜 그렇게 되었는지를 두고 의견을 나누었다.

우리는 정은이가 부호의 중요성을 이해하지 못하고 문제를 서둘러 풀려고 하기 때문에 그와 같은 습관이 생겼을 것이라고 짐작했다. 그리고 정은이에게 그런 습관이 생긴 것은 학교의 수학 교육이 학생들로 하여금 문제를 해결하는 과정을 이해하도록 하기보다는 공식을 외워서 정답을 맞추는 것을 중요하게 여기고, 학생의 이해보다는 진도를 중심으로 이루어지기 때문일 것이라고 짐작했다. 실제로 이 수업에서도 김 교원은 학생들이 유리수 문제를 틀리게 풀었을 때 학생들이 왜 그와 같은 오류를 범했는지를 자세히 살펴보고 그것에 대한 해결책을 찾아서 시도하기보다는 문제 풀이 방법을 다시 알려 주고 계획된 수업안대로 수업을 진행했다. 학교에서는 대부분의 수업이 이렇게 진행된다.

　나는 정은이가 알 수 없게 문제를 풀어놓은 것을 추론하여 이해하고, 그 과정에서 정은이가 가지고 있는 사고의 오류에 대해 살펴보면서 안타까운 마음이 들었다. 그 이유는 정은이뿐만 아니라 많은 아이가 진도나 교육의 관행 등으로 인해 정은이와 같은 어려움을 겪고 있다는 생각이 들어서이다. 어떤 아이는 이미 입학하는 순간부터 부진아가 될 운명에 처한다. 학교에 다니는 동안 그 아이의 자존감은 점점 낮아질 것이다. 그럼에도 불구하고 주위의 사람들은 그 책임을 그 아이 또는 그 아이가 처한 환경에 돌린다. 교원들 또한 그러한 진도나 교육의 관행으로 인해 자신이 무엇을 놓치고 있는지를 인식하지 못하는 경우가 대부분이다. 그러한 진도나 교육의 관행도 결국은 사람이 만든 것인데도 불구하고 그것들이 오히려 여러 사람을 고통에 빠뜨리는 현실이 안타까웠다. 함께 연수에 참여한 이서중 선생님은 이렇게 말했다.

　　(정은이의 수업을 보고) 학생과 내 딸에게 맞는 성장이 아니라, 내가 생각하기에 바람직한 상을 미리 정하고 그것에 대한 교육 방법을 제 마음대로 정한 것 같아서 고치고 싶다는 생각이 들었어요. 그리고 다른 사람에 대해 판단하는 것을 줄이고 먼저 상대방을 이해하는 것에서부터 출발을 해야지, 신중하고 많이 숙고의 과정을 거치는 그런 것이 되어야겠다는 생각이 들었어요.

⑷ 정은이를 위한 대안

　그렇다면 정은이를 적절하게 지도하기 위해서는 어떻게 해야 할까? 우리는 정은이의 사고에는 유리수의 개념의 문제, 통분의 문제, 수식의 문제 세 가지의 오류가 있음을 알게 되었다. 교수님은 세 가지의 오류를 한꺼번에 지도하는 것은 어려우므로 그중에서 한 가지만 먼저 선택해서 지도해야 한다고 말했다. 우리는 어떤 오류에 대해 먼저 지도해야 할지 토론했다. 그 과정에서 유리수의 개념의 문제는 정말로 아이가 '-' 부호를 빼기로 생각하는지에 대한 증거가 부족하여 제외하기로 했다. 그리고 남은 두 개의 오류 중에서 수식의 문제를 먼저 지도하기로 했다. 문제 풀이 과정을 수식으로 적는다는 것은 수학의 기본이고, 수식을 적는 과정에서 수학적으로 사고할 수 있기 때문이다.

　　교수님은 정은이를 위한 지도의 내용이나 방안을 모색할 때 가르쳐 주는 방식이 아니라 아이가 스스로 깨닫도록 하는 방식이어야 한다고 말했다. 그래야 아이가 스스로 개념을 수정하여 정립할 수 있기 때문이다. 그러기 위해서는 아이에게 적절한 역설적 문제를 제시하는 것이 중요하다고 했다. 역설적 문제란 지금은 할 수 없는데 하고 싶거나 해야만 하는 문제를 뜻한다. 자전거를 탈 줄 모르는데 자전거를 타고 싶은 경우가 바로 그러한 예이다. 자전거를 타고 싶으면 자전거를 탈 줄 몰라도 자전거를 타기 위해서 애쓰고, 그 과정에서 자전거 타는 방법을 스스로 터득하게 된다. 그와 마찬가지로 아이가 역설적 문제를 해결하려고 스스로 애쓰는 과정에서 그 문제를 해결하는 데 꼭 필요한 개념을 정립하고 그것이 태도나 습관으로 자리 잡도록 하라는 것이다.

　　우리는 정은이에게 적절한 역설적 문제를 찾기 위해서 다시 토론했다. 누군가 정은이는 게임에 흥미를 느끼므로 게임의 형식으로 하자는 의견을 제시했다. 정은이가 기호의 중요성을 모르고 문제를 빨리 풀려고만 하기 때문에 문제를 해결하는 과정에 초점을 맞추자는 의견도 나왔다. 이러한 점들을 바탕으로 각자 역설적 문제에 대한 아이디어를 제시했다. 그리고 그것들을 다음 세 가지로 압축했다.

① 기호가 없는 수식을 제시하고 빈칸에 알맞은 기호 카드를 찾아보게 해서 부호의 중요성을 알게 하기
② 매우 복잡한 문제를 제시한 후에 기호를 전혀 사용하지 않고 무조건 암산으로 풀도록 해서 수식의 중요성을 알게 하기
③ 모둠대항전의 형식으로 자연수의 연산 문제를 수식으로 적어서 풀기 대결을 하게 해서 수식을 적는 습관을 들이기

　　우리는 각각의 아이디어를 실행했을 때의 결과를 상상해서 그 아이디어가 적절한지 검토했다. 그 결과, 셋째 대안을 선택했다. 교수님은 아마 정은이는 1차에서 떨어질 가능성이 높다며, 이때 교원이 떨어진 사람은 다음을 위해서 다른 애들이 하는 것을 잘 보도록 이야기하거나, 도움이 필요하면 이야기하라

고 한다거나, 난이도를 조절하여 리그를 나누는 것 등이 필요하다고 했다. 그것이 그랭이질이 될 수 있다고 했다. 그리고 이렇게 학생에게 역설적 문제를 제시하고 그 과정에서 그랭이질[16]을 하면서 뭔가 또 다른 문제가 발견되면 그때 또 지금처럼 탐구하고 토론해서 수정해 나가면 된다고 했다. 그것이 바로 "아이의 눈으로 실천탐구"라고 했다. 교수님은 여기까지 설명한 후에 연수를 마무리했다.

(5) 내가 해야 할 일

연수 전에 미리 본 수업 영상에서 정은이는 유리수의 연산 문제도 열심히 풀고, 마방진과 도미노 만들기도 적극적으로 참여했다. 그리고 선생님의 말씀에도 즉각적으로 반응하고 수업에도 능동적으로 참여하고 있었다. 나는 그 모습을 보면서 '왜 이 아이를 벼리아이[17]로 골랐을까?' 하는 의문도 들었다.

그러나 연수가 시작되고 다른 선생님들이 작성한 수업 기술을 살펴보니 수업에서 정은이가 무슨 말과 행동을 했는지 매우 구체적으로 기록이 되어 있었다. 그리고 정은이가 쓴 수식을 살펴보니 기호가 전부 생략되어 있었고 줄도 바꾸지 않았으며 통분도 제대로 하지 못했다. 교수님의 안내에 따라 정은이가 왜 이렇게 했는지를 살펴보고 정은이의 사고를 파악하고 보니 내가 처음에 생각했던 정은이와는 많이 달랐다. 이 작업을 하면서 내가 정은이를 구체적으로 살펴보지 않고 겉으로 드러난 모습만 봤다는 걸 알게 됐다. 그리고 아이를 이해하기 위해서는 아이의 행동과 말을 구체적으로 살펴봐야 한다는 것도 알게 되었다.

지금까지 나는 수업 중에 아이가 어떻게 행동하고 말하는지, 그리고 어떻게 사고하는지를 구체적으로 살펴보지 않았었던 것 같다. 그리고 아이가 수업에

---

16) 집을 지을 때 주춧돌의 높낮이와 모양에 맞추어서 기둥의 길이와 기둥 밑의 모양을 정하고 다듬는 전통 건축 기법. 집을 지을 때뿐만 아니라 돌담을 쌓을 때 등에도 두루 응용된다. 수업의 과정에서 교원이 학생을 상대로 그랭이질을 한다는 것은, 학생의 특성과 현재 상태 등을 학생의 관점에서 파악하고, 그것을 고려하여 학생의 문제 해결 과정을 적절하게 지원하거나 조력함으로써 학생이 스스로 깨달아 가도록 하는 것을 뜻한다.

17) 교실의 여러 학생 가운데 교사가 실천탐구하고자 하는 학생을 가리킨다. 이 학생의 눈을 벼리 삼아서 수업을 조망하는 까닭에 '벼리아이'라고 부른다.

잘 참여하지 않거나 아무리 설명해도 이해를 못할 경우에는 그 아이와 아이가 처한 환경을 탓하기만 했다. 그러나 이 연수를 통해서 정은이를 이해해 보니 내가 그동안 그 아이들에 대해 전혀 이해하려고 하지 않았다는 생각이 들었다. 그리고 내가 생각하기에 옳은 것을 내가 옳다고 여기는 방식으로 전달하려고 했다. 그리고 내가 생각하는 이상적인 아이의 모습을 정해 두고 아이들이 그러한 행동을 하고, 그러한 삶을 살아가도록 변화시키려고 했었다.

나는 영상 속의 정은이를 보고 우리 반의 아이들 중에서 특히 세 명의 아이들이 떠올랐다. 한 아이는 수업 시간 내내 턱을 책상에 대고 책상 끝을 바라보고 있고 아무리 재미있는 영상을 보여 줘도 절대 화면을 쳐다보지 않는 아이이다. 그 아이는 자신이 생각하기에 억울한 일이 있으면 금방 눈물을 흘린다. 다른 두 아이는 3학년임에도 불구하고 아직도 곱셈구구를 어려워한다. 그리고 수학뿐만 아니라 국어와 사회도 어려워하며 수업에는 거의 참여하지 않고 우두커니 있거나 딴짓을 한다. 그러나 쉬는 시간만 되면 나에게 다가와 말을 걸고, 학교 오기를 너무나 좋아하는 해맑은 아이들이다. 나는 이 아이들이 학급의 진도에 맞춰서 학습하는 것이 힘들기 때문에 각자의 수준에 따라 좀 더 쉬운 자료를 주고 수업시간에도 해 보도록 한다. 그러나 수업 시간에 다른 아이들을 지도하다 보면 이 아이들이 어떻게 공부하는지 놓치곤 한다. 나는 연수에서 정은이에 대해 탐구하고 이해한 것과 같이 이 아이들이 수업 시간에 어떻게 하는지 녹화해서 이 아이들을 이해해 보고 싶다.

나는 이 연수를 통해서 각각의 아이들에게 적절한 지도를 하기 위해서 교원이 어떻게 해야 하는지를 경험했다. 그것은 수업에서 탐구를 통해 아이를 이해하고, 그것을 바탕으로 실천을 위한 방안을 모색하는 일이다. 그리고 그 경험을 통해서 지금까지의 내 모습에 대해 돌아보고 성찰하게 되었다. 그리고 앞으로 교실에서 아이를 구체적으로 살펴보고 이해하고 싶다는 생각을 갖게 되었다. 다른 선생님들도 나와 같은 경험을 한다면 각각의 아이에게 적절하게 지도하려면 어떻게 해야 하는지, 그러려면 교원이 어떻게 해야 하는지를 알 수 있게 될 것이다. 그러려면 전남교육연수원에서는 아이에 대해 탐구하고 토론하는 연수를 좀 더 많이 개설하면 좋을 것 같다. 그래서 더 많은 선생님이 아이에 대해 탐구하고 토론을 하면서 아이를 이해하게 되기를 바란다. 그래서 언젠가는 더 이상 수업에서 아이들이 소외되지 않는 그 날이 오기를 꿈꿔 본다.

이 연수 과정에서 강기원 교원은 세 가지 활동을 했다. 첫째는 정은이라는 아이를 중심으로 수업의 과정을 면밀하게 살펴보았다. 특히 정은이가 유리수의 연산을 어떻게 하는지, 그 과정에서 어떻게 사고하는지를 자세히 들여다보았다. 둘째는 그 과정에서 정은이가 유리수의 개념과 연산 그리고 수학하기를 어떤 것으로 생각하고 있는지를 추론해 보았다. 또한 정은이가 유리수의 개념이나 연산과 관련하여 오류를 범하게 된 원인이 무엇인지를 추론해 보았다. 셋째는 정은이가 유리수의 개념이나 연산과 관련하여 지니고 있는 오류를 해결하려면 어떻게 하는 것이 적절한지 모색했다.

이러한 활동의 과정을 통해서 강기원 교원은 다음과 같이 교원으로서 자신의 모습과 학교 교육의 관행의 문제점을 성찰하고 자신이 현재 놓인 현실 속에서 그 문제점을 해결할 수 있는 방안을 모색했다.

첫째, 그동안 자신이 수업 중에 아이가 어떻게 행동하고 말하는지 그리고 어떻게 사고하는지를 구체적으로 살펴보지 않고, 아이를 이해하려고 하지 않았다는 것을 알게 되었다. 그러다 보니 자신이 옳다고 생각하는 방식으로 지식을 전달하려고 애쓰고, 아이들을 자신이 생각하는 이상적인 모습으로 변화시키려고 애써 왔다는 것을 알게 되었다.

둘째, 진도를 중심으로 진행하는 수업의 관행으로 인해서 정은이뿐만 아니라 많은 아이가 학습 부진아가 된다는 것을 새삼 확인하게 되었다. 그럼에도 불구하고 학교 현장의 교원들은 진도 중심의 교육 관행으로 인해서 자신이 무엇을 놓치고 있는지를 인식하지 못하고 학생들을 고통에 빠트리는 현실을 안타까워했다.

셋째, 자신의 교실에 있는 정은이를 닮은 아이들 세 명을 떠올리고, 그 아이들을 위해 자신이 무엇을 할 수 있는지를 모색했다. 이 연수에서 익힌 탐구의 방법으로 그 아이들을 이해하고, 그것을 바탕으로 그 아이들을 위한 실천의 방안을 모색하는 것이다. 그리고 교실에서 일상적으로 아이들을 구체적으로 살펴보고 이해하고 싶다고 생각하게 되었다. 또한 여기서 더 나아가서 전라남도교육연수원에서 이와 관련된 연수를 더 많이 개설해 주기를 요구했다.

이와 같이 강기원 교원은 아이의 수업으로 토론하기 워크숍의 차례에 따라서 수업을 관찰하고 분석하고 해석하는 과정을 통해서 그동안 당연한 것으로 여겨 왔던 수업의 관행이 심각한 문제를 안고 있음을 깨닫게 되었다. 그리고 그 문제를 해결하려면 기존의 수업 관행이 어떻게 달라져야 하는지, 그와 관련해서 자신이 무엇을 어떻게 해야 하는지를 스스로 생각하게 되었다. 그 점에서 이 워크숍은 학교 교육의 혁신과 관련하여 교원을 대상으로 하는 회인 실천탐구의 방법이 될 수 있다.

그렇지만 강기원 교원이 이 워크숍을 통해서 이와 같이 사고가 바뀌었다고 해서 자신의 수업 장면에서 그 생각을 바로 실현할 수 있는 것은 아니다. 그 생각을 실현할 수 있으려면 앞에서 제시한 회인탐구 방법을 본격적으로 익혀야 한다. 그리고 그것을 익히기 위해서는 거기에 필요한 별도의 워크숍 과정을 거쳐야 한다. 그것은 사회적 실천가로서의 교원을 위한 또 다른 차원의 실천탐구 과정이 될 것이다.

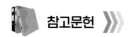
참고문헌 》》

서근원(2013a). 공동체는 어디에 있을까?: 우리 시대의 삶과 문화와 교육, 그리고 질적연구. 경기: 교육과학사.

서근원(2013b). 수업, 어떻게 볼까?: 아이의 눈을 찾아서. 경기: 교육과학사.

서근원(2020). 실행연구(Action Research)의 새로운 과거: 쿠르트 레빈의 'action-research'를 중심으로. 교육인류학연구, 23(3), 1-46.

서근원(2021a). 학교 혁신의 성찰적 실천: 탈공정과 탈문화식민주의. 경기: 교육과학사.

서근원(2021b). 맞춤형 교육의 대안적 해석과 실천: 그랭이 교육과 실천탐구. 교육인류학연구, 24(4), 1-38.

서근원(2022). 아이의 눈으로 회인(誨人)탐구: 교육인류학의 교육 탐구와 실천. 교육인류학연구, 25(2), 155-179.

서근원, 강유미(2012). 낙인찍는 학교, 저항하는 아이, 그리고 나. 한국교육인류학회 제135차 월례발표회 발표문.

서근원, 강유미(2022). 아이의 눈으로 회인(誨人)탐구: 그랭이 수업과 맞춤형 교육. 경기: 교육과학사.

서근원, 김석수, 이준성, 박화실, 박지현, 신행자, 김두만, 강은경, 박효숙, 윤이성, 박승열(2012). 나를 비운 그 자리에 아이들을. 경기: 교육과학사.

서근원, 단디깨비(2014). 아이 세상으로 떠나는 여행. 대구: 대구광역시교육청.

서근원, 송하인(2018). 한 초등학교 교사의 사회과 수업의 성찰적 이해: 아이의 눈으로 수업 보기 방법을 적용하여. 교육인류학연구, 21(4), 43-92.

유기웅, 정종원, 김영석, 김한별(2018). 질적 연구방법의 이해(개정판). 서울: 박영스토리.

이용숙, 김영천, 이혁규, 김영미, 조석주, 조재식(2005). 교육현장 개선과 함께하는 실행연구방법. 서울: 학지사.

이혁규(2009). 교육현장 개선을 위한 실행연구방법. 교육비평, 25, 196-213.

장정화(2004). 수행중심 학습활동에 따른 수행평가 개발 및 적용에 관한 실행연구: 5학년 사회를 가르치며. 청주교육대학교 교육대학원 석사학위논문.

Lewin, K. (1946). Action research and minority problems. *Journal of Social Issues*, *2*(4), 34-46.

Stringer, E. (2004). *Action Research in Education*. Upper Saddler River, NJ: Pearson Education.

/ 제 5 장 /

학습생애사[1]

강대중(서울대학교)

한 사람이 일생을 살며 무엇을, 어떻게, 왜 학습했는지를 이해하는 것은 교육과 사회를 설명하는 데 중요한 의미가 있다. 가르치는 일은 궁극적으로 가르침의 대상인 학습자의 성장과 변화를 목적으로 한다. 학습자가 생애 전체에서 이런 성장과 변화를 어떻게 겪었는지를 이해한다면 우리는 그 사람이 살아온 시대의 교육이 어떠했으며, 그 성과가 무엇인지를 알 수 있다. 학습자의 일생에 걸친 성장과 변화에는 학교와 같이 제도화된 교육 장면에서의 가르침 외에도 학습자가 홀로 학습하거나 다른 학습자들과 연대하여 자율적으로 학습한 결과도 영향을 주었을 것이다. 시대에 따라 사회에 따라 공식적인 교육제도 외에 다양한 요인이 한 사람의 학습을 통한 성장과 변화 과정에 작용한다. 가령 부모, 형제, 친구, 직장 상사 등의 주변 인물이나, 책, 신문, 방송, 인터넷 등의 미디어 환경, 군사정변, 전쟁, 혁명 등의 정치사회적 격변, 대공황이나 외환위기 같은 경제 상황, 지진이나 화재 등의 자연재해는 물론 크

[1] 이 장은 필자가 2009년 발표한 논문 「평생학습 연구방법으로 학습생애사의 의의와 가능성 탐색」과 2015년 출간한 책 『Life and learning of Korean artists and craftsmen: rhizoactivity』의 내용을 기초로 작성되었음.

고 작은 사건 사고들이 각 개인의 삶의 맥락을 구성하며 학습에 직간접적으로 영향을 미친다. 따라서 한 사람의 생애에 걸친 학습에 대한 이해는 그 사람이 살았던 세계에 대한 사회과학적인 이해를 동반한다.

학문은 사전적으로 지식을 배우고 익히는 일 혹은 일정한 이론적 체계를 갖춘 지식을 의미한다. 그런데 학문(學問)의 한자어 의미는 일차적으로 '질문을 배운다'는 뜻이다. 학문하는 것은 따라서 질문을 배우는 것에서 시작한다. 각각의 학문 분야는 다른 학문들과는 차별된 고유한 질문을 탐구한다. 교육학의 경우를 예로 들자면, 인간이 가르치고 배우는 행위와 관련된 질문을 다루는 학문 분야라 할 것이다. 교육학은 가르친다는 것은 무엇인가, 배운다는 것은 무엇인가라는 교육의 본질에 대한 질문 외에도 가르칠 만한 혹은 배울 만한 가치가 있는 것은 무엇인가, 어떻게 하면 더 잘 배우고 더 잘 가르칠 수 있는가와 같은 가르치는 자와 배우는 자를 매개하는 수단과 방법에 대한 질문도 다룬다. 또 가르치고 배우는 일을 통해 무엇을 왜 추구하는가와 같은 목적과 가치를 묻는 질문도 중요하다. 학문세계에서 이러한 질문들을 해결하는 수단이 연구방법이다. 연구방법은 기존의 학문적인 질문을 해결하는 수단이기도 하지만, 새로운 연구방법은 기존의 학문이 다루지 않았던 질문을 새롭게 제기하기도 한다. 이 장에서 다루는 생애사는 교육학에서 비교적 최근 활용되기 시작한 연구방법이다. 생애사는 따라서 기존의 교육학이 다루어 온 질문을 다른 각도에서 접근하거나 새롭게 제기되는 질문을 해결하는 연구방법이라 할 수 있다. 이 장에서는 생애사의 일반적인 개념에 대한 이해와 함께 교육학 분야에서의 생애사 연구방법이 제기하는 새로운 질문과 탐구를 학습생애사라는 개념으로 소개하고자 한다.

1. 생애사의 개념

생애사(life history, biography)는 인문사회과학의 여러 분과학문에서 다양한 형태로 발달해 왔다. 윤택림(2004: 97-98)에 따르면 인류학에서 생애사는 1920년대 미국 대륙의 원주민 연구에서 중요 인물들의 생애에 대한 자료를 수집하여, 대개 문학적인 형태로 출판한 것에서 비롯됐다. 문화구조나 사회구조에 대한 연구 결과를 문화기술지로 학문적 출판을 했던 것과는 대조적이었다. 1980년대 이후 인류학의 생애사 연구는 포스트모더니즘이나 여성주의 연구의 영향으로 주목받고 있으며, 문화와 인성의 관계 혹은 개인과 문화의 관계를 탐구하는 데 주로 사용되고 있다. 사회학에서 생애사는 1920년대 윌리엄 토마스(William Thomas)와 플로리언 즈나니에츠키(Florian Znaniecki)의 유럽과 미국의 폴란드계 농민에 대한 연구에서 처음 시도되었다. 이들은 사회문제 연구에서 그 문제를 직접 경험한 내부자 입장에서 모인 자료를 중심으로 연구를 진행했는데, 폴란드계 농민에 관한 이 연구는 시카고학파의 상징적 상호작용론자들에게로 계승되었다(박성희, 2004; 이지혜, 2005). 심리학에서는 인간발달 연구의 일환으로 생애사가 활용되었다. 에릭 에릭슨(Eric Erikson) 등이 제시한 생애 발달 단계 연구들은 생애사 자료를 활용한 심리학의 연구 경향을 보여 준다(Dominicé, 2000). 역사학에서는 생애사가 구술사(oral history)의 형태로 다루어졌다. 구술사는 기록된 사료 외에 동시대 인물들의 구술 자료에 기초한 역사 서술로서, 역사학의 새로운 지평을 여는 시도이기도 하다(윤택림, 함한희, 2006).

다양한 학문 분야에서 인간의 구체적인 생애에 주목하는 연구방법에 대한 관심이 높아진 것을 '전기적인 선회(biographical turn)'라고 지칭하기도 한다. 이 선회는 실증주의(positivism), 결정주의(determinism), 사회적 구성주의(social constructionism) 등 지배적인 사회과학 담론이 사람들의 실제 삶을 설명하는 데 한계가 있다는 반성에서 비롯되었다(Chamberlayne, Bornat, &

Wengraf, 2000). 이지혜(2005: 423-431)는 생애사와 구술사는 물론 자서전, 일기, 신문, 편지 등 생의 대부분을 담고 있는 각종 전기적 자료를 이용한 인문사회과학의 연구방법을 '전기적 접근(biographical approach)'으로 부르며, 그 특징을 세 가지로 정리하였다.

첫째, 전기적 접근의 연구 자료는 개인의 생애체험이라는 주관적 측면과 사회적 실재라는 객관적 측면을 동시에 가지고 있다는 점에서 이중적 성격을 지닌다. 주관적 측면과 객관적 측면 중 어느 한편만을 강조할 수는 없다. 전기적 자료에는 사회적 실재가 개인의 주관적 삶에 투영되어 나타나기 때문이다.

둘째, 전기적 접근은 개체로서 인간의 서술에 의존한다. 개인이 서술한 이야기를 창구로 사회현상의 실체를 들여다보는 것이 전기적 접근의 특징이다. 사회적 · 문화적 · 역사적 맥락을 살아온 개인의 경험 서사는 개인을 연구하는 자료에 그치는 것이 아니라 사회를 연구하는 다른 통로를 제공한다.

셋째, 전기적 접근은 역사적으로 소외된 집단의 연구에서 그 진가를 드러낸다는 점에서 저항적인 속성을 갖는다. 공식적 기록이나 지배적인 사회과학 담론이 무시하고 배제하던 다양한 사회구성원의 삶을 포괄하는 연구 기획이 가능하기 때문이다. 전기적 접근은 문자를 읽고 쓰지 못해 자신의 삶을 기록으로 남기지 못한 이들, 역사적 사건에 참여했지만 주목받지 못했던 가난한 평민들의 삶, 남성 중심의 사회 질서에서 상대적으로 무시당했던 여성들의 삶 등 주류 학문세계에서 소외된 집단에 대한 적극적인 연구를 통해 기존 학문 담론에 대한 대항 담론을 형성하였다.

생애사는 개인의 삶에 대한 역사 기록이라는 점에서 전기적 접근의 한 가지라고 할 수 있다. 그러나 생애사는 "연구자의 개입에 의해 얻어진 제보자(참여자)의 자기반성적인 이야기를 기초로 참여자와 연구자 사이에서 구성된다."(최영신, 1999: 3)라는 면에서 일기나 편지, 자서전 등 다른 전기적 자료들과 다른 특성을 갖는다. 즉, 생애사 연구의 자료는 참여자가 연구자의 고유한 목적을 가진 면담에 응답하는 과정에서 만들어진다. 참여자는 연구자에게 자신의 삶을 이야기하는 과정에서 자신의 과거를 의도적으로 돌아보는 성찰적 경험을 하게 된다. 이와 관련하여, 이만영과 김수영(1995)은 생애사 연구 자료의 두 가지 구조적인 특성을 지적한다. 첫째, 참여자는 자신의 삶이 잘 이해될 수 있도록 인과적으로 생애사를 구성하고 거기에 자신의 의미 해석을 덧붙인다. 둘째, 참여자는 자신의 생애사를 구성할 때 현재의 관점에서 과거를 이해하는 동시에 미래를 예견하는데, 이는 자신의 생애를 일정한 방향성이 있는 서사로 구성하기 위해서이다. 즉, 생애사 인터뷰 자료는 참여자의 과거 경험을 재료로 연구자와 참여자 사이에 존재하는 복합적인 의미화 작업을 거쳐 형성된다고 할 수 있다.

2. 생애사와 학습생애사

생애사 연구참여자는 면담 동안 자신의 생애를 성찰하는 경험을 하게 된다. 자신의 생애를 이해할 수 있는 이야기로 구성하며 의미 부여를 하는 과정은 자기반성을 동반한다. 박성희(2004: 244-245)는 이런 생애사 연구 참여 경험을 자아 정체성을 만들어 가는 과정의 일부로 이해한다. 즉, 생애사 구술 과정에서 연구참여자가 자신의 삶의 이야기를 객관화시키는 경험을 통해 자신의 내적 가치관이나 갈등 상황에서의 선택을 보다 확실히 알게 되고 나름의 의미를 부여한다는 것이다. 이경희와 박성희(2006)는 이러한 자기반성 과정을 통해 "자신의 삶을 되돌아보면서 삶의 문제를 해결하며 미래를 설계해 나가는 학습이 연속적으로 일어나는 것"을 생애사학습이라고 부른다. 요컨대, 생애사 면담 과정 자체가 연구참여자에게는 일종의 학습경험이며 학습과정이라는 것이다. 도미니세(Dominicé, 2000)도 생애사가 가지고 있는 이러한 교육적 기능에 주목해 '교육전기(educational biography)'라는 교수방법을 제노바 대학에서 성인교육자 양성에 사용했다. 도미니세는 자기 생애에 대한 이야기는 삶의 어느 측면에 대해서도 말할 수 있지만, 특별히 교육적 측면에 집중한 것을 교육전기라고 불렀다. 그는 소규모 집단에 속한 학생들이 자신의 교육전기를 말하거나 쓰고, 이를 공동 작업을 통해 해석하는 프로젝트를 진행했다. 이 과정에서 참여한 성인교육자들은 학습의 동기가 무엇인지, 스스로 어떻게 학습해 왔는지를 반성적으로 성찰하는 기회를 얻게 되었다.

'생애사학습'이나 '교육전기'라는 개념은 사람이 자신의 생애에 관하여 말하는 과정이 자신의 생애를 소재로 학습하는 경험과 다르지 않다는 점을 보여 준다. 생애사학습이나 교육전기가 생애사 연구의 학습 효과 혹은 교육방법적 측면에 주목한다면, 학습생애사는 학습자로서 인간의 생애 자체를 이해하는 것에 관심이 있다. 한 사람의 학습의 생애를 연구하는 것은 교육학에서의 학습 연구에 새로운 질문을 제기한다. 학교를 중심으로 한 교육학의 학습 연구, 특히 교육심리학 분야의 연구는 구조화된 교육 장면에 참여한 학령기 학생을 잘 가르치는 교수방법을 고안하는 토대가 되었다. 학생들이 학습하는 원리를 알게 되면 주어진 내용을 그에 걸맞게 가르치는 방법을 고안할 수 있다는 논리가 그 배경에 있었다. 요컨대, 학교 중심 교육학의 학습 연구는 교수방법의 발전을 위한 도구적 성격이 매우 강했다. 학습생애사는 교육학의 학습 연구를 학령기와 학교 중심에서 생애 전체에서 계속되는 학습, 즉 평생학습으로 확장한다. 학령기는 물론 학교 졸업 이후 장년기와 노년기에 이르는 인생의 전개 과정 전체와 학교와 학교 바깥을 포괄하는 생활의 다양한 영역에서의 학습을 탐구하는 방법이 학습생애사이다. 따라서 학습생애사는 평생학습에 관한 이론을 구축하는 데 활용하는 연구방법이라 할 수 있다.

생애사 면담 과정을 생애사학습으로 파악하는 입장과 학습의 생애를 연구하는 방법으로 학습생애사를 제시하는 입장은 생애사 연구의 중층성을 보여 준다. 참여자가 자기반성을 통해 구성한 생애사를 전달받은 연구자는 이를 연구 자료로 삼아 또 다른 해석의 과정을 거쳐 이론 작성을 수행한다. 따라서 생애사 연구의 결과물은 참여자에 의한 자기 삶에 대한 일차적 해석과 연구자에 의한 이차적 해석이라는 적어도 두 단계의 해석 과정을 거치게 된다. 조용환(1999: 130-133)은 생애사 연구의 가장 큰 난점으로 이 '경험과 해석의 중층성'을 들은 바가 있다. 이 중층성은 불가피하게 선택과 배제, 축소와 확대,

변형과 왜곡을 수반한다. 이 과정에서는 참여자와 연구자가 각각 처해 있는 상황 맥락이 작동한다. 조용환은 교육학의 생애사 연구는 삶의 다른 측면인 정치, 경제, 종교 등을 배경으로 후퇴시키고 교육을 삶의 전경으로 내세운 것이라고 본다. 이와 유사하게 랭니스와 프랭크(Langness & Frank, 1981: 99)는 연구자가 쓴 생애사를 '이중 전기(double biography)'라고 부른다. 참여자의 이야기와 연구자의 주제 의식이 동시에 용해되어 있기 때문이다. 학습생애사는 참여자의 학습경험 이야기와 연구자의 평생학습 이론에 대한 관심이 어우러진 것으로 학습을 통해 구성되는 인간의 삶을 이해하려는 작업이라 할 수 있다.

3. 평생학습 연구와 학습생애사

학습은 인간 사회의 전 영역에서 평생에 걸쳐 일어난다. 알하이트와 다우시엔(Alheit & Dausien, 2002)은 평생학습 연구를 거시계, 중간계, 미시계의 세 층위로 구분하여 접근할 것을 제안한 바 있다. 거시계는 경제 자본, 문화 자본, 사회 자본 사이에서 균형을 유지하려는 교육 정책 층위이다. 이 층위 연구는 소위 학습사회라 불리는 국가 단위의 정책 시스템과 관련된다. 중간계는 기관 혹은 조직 차원의 연구 층위로 주어진 지식을 가공해서 전달하는 차원을 넘어서 복잡계로서 학습 환경을 제공하는 데 있어서 조직의 자기성찰적인 속성을 탐구한다. 미시계는 개인 층위로 후기 근대 사회에서 개인의 학습 과정이 어떻게 삶을 (재)구성해 나가는지에 관심을 갖는다. 알하이트와 다우시엔은 개인들의 학습 과정, 즉 학습의 생애사가 미시계뿐만 아니라 중간계와 거시계의 변동에도 영향을 미친다고 본다. 후기 근대의 경제적 불확실성, 학력과 호환되는 자격 체제의 확산으로 인한 학교의 교육훈련 독점 해체에 따른 개인의 교육적 삶의 경로가 다양화하는 양상은 미시계의 연구 과제이지만 이 연구는 중간계 및 거시계와 분리될 수 없다는 것이다.

　　알하이트와 다우시엔(Alheit & Dausien, 2002)의 평생학습 연구에 대한 관점은 학습자 개인의 삶의 전개 과정에서 드러나는 학습 양상이 거시적인 사회적·문화적·역사적·정치경제적 맥락과 더불어 이해되어야 한다는 점을 드러낸다. 이때, 거시적인 맥락은 개인의 평생학습을 결정하는 독립 변수가 아니다. 이경희와 박성희(2006)는 개인의 생애사에서 엿보이는 학습의 의미가 기존의 사회구조와 문화에 동화되는 사회화 개념과는 다르다고 주장한다. 학습이 사회구조적으로 결정된 경로를 따라서 구성되는 것이 아니라 개별적인 삶의 환경에 따른 학습자 각자의 반응에 따라 삶을 살아가며 구성되는 것이라면, 사회화가 아닌 생애사가 학습 연구의 패러다임이 되어야 한다는 것이다. 알하이트와 다우시엔(Alheit & Dausien, 2002: 233)도 평생학습의 전기적 학습(biographical learning)으로서의 속성을 다음과 같이 말한다.

> 　　만약 우리가 전기적 학습을 능동적인 주체들의 자기의지에 따른 자기생성적(autopoietic) 성취라고 본다면, 그 주체들이 그들의 경험을 개인적인 일관성, 정체성, 그들의 생애사에 대한 의미를 생성하는 방식으로 조직하고, 또한 의사소통이 가능한 사회적으로 그럴듯한 생활세계에 대한 관점을 생성해 그들의 향후 행동을 인도하는 방식으로 그 경험을 조직한다면, 교육과 학습을 개인적 차원의 정체성 형성과 사회적 차원의 집단 과정이나 관계를 '형성(formation)'하는 것으로 동시에 이해할 수 있는 가능성이 열린다.

　　평생학습 연구에서 생애사의 이런 가능성은 성인기 학습을 다루는 이론들이 보이는 전형적인 이분법적 사고(Kang, 2007 참고)를 극복하는 단초를 제공한다. 소위 개인적(individual) 차원과 사회적(social) 차원 사이의 구분, 거시적인 것(macro)과 미시적인(micro) 것 사이의 구분, 형식적인(formal) 것과 무형식적인(informal) 것 사이의 구분, 이성적인(rational) 것과 비이성적인(extra-rational) 것 사이의 구분은 개인의 생애사 안에 모두 용해된다. 학습은 개인적 차원에서 사회적 차원의 규범이나 문화에 동화되는 사회화 혹은 문화화 과정이 아니다. 학습 현상은 거대 구조에 의해 결정된 의미가 미시적인 학습 현상을 통해 드러나는 과정도 아니다. 학교 등 제도권과 비제도권 기관에서 일어나는 형식학습과 비형식학습은 일상생활에서 때로는 우발적으로 일어나는 무형식학습과 공간 측면에서는 구분되지만, 각각의 학습이 개인의 생애사 속에서 서로 상호작용하는 양상을 고려하면 그 구분은 작위적인 것에 불과하다. 학습에는 또한 인간의 이성뿐만 아니라 감정, 영성, 육체 등 다양한 기능이 동시에 관여한다. 학습의 생애사는 학습자가 일종의 인지기능만을 소유한 '정보처리박스'가 아니라 육체와 감정, 영성을 지닌 주체라는 것을 효과적으로 보여 줄 수 있다(West et al., 2007: 285).

학습생애사는 인간의 학습을 이해하는 데 있어 선형적인 사고를 극복할 수 있도록 해 준다. 학교 중심 교육학에서는 인간의 학습 능력 발달과 교육 내용에는 위계적인 순서가 있다는 것을 전제한다. 이런 순서는 명시적으로 제시된 앞 단계의 학습을 마친 상태에서 이후 단계의 학습을 제대로 할 수 있다고 본다. 그러나 평생에 걸친 인간의 학습은 결코 선형적이지 않다. 베이트슨(Bateson, 1994: 30)은 인간의 삶에서 학습의 모호성과 나선형 속성을 다음과 같이 말한다.

> 너무 복잡해서 한 번에 알아채기 힘든 학습 내용(lessons)은 계속해서 나선형으로 맴돌기를 반복하는데, 작은 실례들이 점차 크고 위대한 적용을 드러낸다. ……부분적인 반복의 효과는 맥락에 의해 생겨나는 차이점들을 분명하게 대조시키고 명확하게 한다. ……나는 과거의 재활용(recycling) 가능성, 즉 모호하고 미심쩍고 불완전했던 사건들의 기억을 되새기며 섬광과 같이 일어나는 통찰들을 학습한다.

평생학습의 이런 모호성과 비선형성은 포스트모던 시대 학습의 일반적인

속성이기도 하다. 학습자의 삶과 학습의 변주를 이분법적인 사고에 빠지지
않고 구체적인 사회적·경제적·정치적·문화적·역사적 맥락 속에서 이해
하고 이론화하는 작업이 학습생애사 연구의 목표이다.

4. 학습생애사의 연구 질문

  학습생애사 연구는 다른 질적 연구와 마찬가지로 연구 계획, 자료수집, 수
집된 자료의 해석, 글쓰기라는 네 가지 작업으로 이루어진다. 이 네 작업은
시간적 순서에 따라 단계적으로 일어나기보다는 동시다발적으로, 순환적으
로, 복합적으로 일어난다. 물론 연구 계획 없이 이후의 연구가 진행되는 것은
불가능하다. 마찬가지로 자료수집 없이 해석과 글쓰기가 이루어질 수도 없
다. 그러나 실제 사태에서 연구 계획은 연구자가 평소 수집해 온 자료에서 비
롯된다. 본격적으로 자료를 수집하기 이전부터 해석 작업은 시작되며, 해석
은 글쓰기와 불가분의 관계에 있다. 해석과 글쓰기 과정에서 새로운 자료의
필요성이 부각되기도 한다. 특히 자료수집과 해석, 글쓰기는 질적 연구 과정
에서 따로 떼어 놓을 수 없는 작업이다. 그렇지만 논의의 편의를 위해 학습생
애사의 개념적 구성 요소를 자료수집, 해석, 글쓰기의 관점으로 나누어 고찰
하고자 한다. 자료수집과 관련해서 학습생애사는 어떤 질문을 가지고 평생학
습 연구를 하고자 하는지를 살펴본다. 해석과 관련해서는 연구자가 수집한
학습생애사를 어떤 분석 단위로 해체할 수 있으며, 이를 어떤 방법으로 해석
해 재구성할 수 있는지를 논의한다. 마지막으로 글쓰기와 관련해서는 학습생
애사를 표현하는 구체적 사례와 관련된 쟁점을 살펴보고자 한다.
  모든 연구는 질문에서 출발한다. 좋은 질문이 좋은 연구를 가능하게 한다.
에이지(Agee, 2009: 432)는 "좋은 질적 연구의 질문은 통상 성찰적이고 상호작
용적인 탐구 과정의 전반에 걸쳐 발전 혹은 수정된다."라고 하면서 "연구 질
문을 지도 위에서 가능한 한 방향을 가늠하며 예상치 못한 일들에 대처할 수

있도록 돕는 네비게이션 도구로 생각하는 것이 유용하다."라고 말한다. 좋은 네비게이션 도구로 연구 질문에는 연구자의 호기심과 열정이 담겨 있다. 호기심과 열정은 연구를 끌고 가는 힘의 원천이기 때문이다. 아무리 좋은 연구 질문도 제한된 시간 안에 한정된 자원으로 해결할 수 있어야 한다. 무한정의 시간과 무제한의 자원을 활용할 수 있는 연구는 없기 때문이다. 한정된 시간과 자원으로 최적의 길을 찾아 주는 내비게이션이 좋은 내비게이션이듯 좋은 연구 질문도 그러하다. 좋은 연구 질문은 또한 연구윤리에 충실하다. 좋은 연구 질문은 관련 분야의 이론적 성과들을 반영하고 있다. 연구 질문은 연구 자료수집의 논리적인 개념 망으로 작용한다. 좋은 연구 질문은 선행 연구에 대한 충실하고 비판적인 분석에서 도출된다.

연구 질문은 연구 자료수집을 안내하는 나침반 역할을 한다. 생애사 연구의 자료는 말 그대로 생애에 대한 이야기이다. 그런데 연구자가 참여자의 생애 이야기를 빠짐없이 수집하는 것은 참여자의 생애를 그대로 반복하지 않는 한 불가능하다. 참여자의 학습생애 이야기에는 학습 이외의 다른 이야기들이 뒤섞이게 된다. 생애사 연구 자료수집의 최선은 참여자가 연구자의 의도를 정확하게 이해하고 그 의도에 맞도록 자신의 학습생애를 구술하는 것이지만 이는 쉽지 않은 작업이다. 참여자의 이야기에 기초해 이론적 작업을 하려는 연구자의 의도를 참여자가 온전히 이해하는 것이 매우 어렵기 때문이다. 연구자는 선행 연구의 이론들과의 대화를 통해 자신의 연구 의도를 형성해 온 반면, 대부분의 참여자는 연구자의 이론적 관심과는 무관한 삶을 살아왔기 때문이다. 연구자는 불가피하게 현재 수준의 이론을 가지고 연구를 시작하는데 문제는 현재 수준의 이론에 대한 연구자의 불만족이 연구의 출발점이라는 것이다. 즉, 완전한 이론이라면 더 이상 연구의 가치가 없다. 연구는 아직 모르고 있는 것에 대한 탐구를 통해 새로운 지식의 생성을 추구한다. 이러한 연구자의 불만족을 참여자에게 온전히 이해시키는 것은 불가능에 가깝다. 설사 참여자가 이를 이해했다고 하더라도 참여자가 자신의 삶을 연구자의 의도대로 완벽하게 해석해서 구술하는 것은 불가능한 작업이다. 연구자와 참여자는 서로 다른 인생을 살아온 사람이기 때문이다. 그렇다고 생애사 연구를 위해 연구자가 반드시 참여자에게 자신의 연구 의도를 완전히 이해시켜야 하는 것은 아니다. 어쩌면 연구 의도를 완전히 이해하는 것이 풍부한 자료를 얻는 데 방해가 될 수 있다. 따라서 연구의 의도와 목적에 대한 일반적인 이해를 구하고 광범위한 생애 이야기를 수집하는 것이 좋다. 삶과 학습이 분리된 것이 아니라는 것을 전제로 한다면 생애 이야기 전반에 학습자로서 참여자의 삶이 반영되어 있기 때문이다.

생애사 자료수집을 위한 평생학습 연구의 좋은 질문과 관련하여, 알하이트와 다우시엔(Alheit & Dausien, 2002: 235)은 다음과 같이 제시한 바 있다.

> 어떤 학습 문화와 초(超)개인적인 패턴들, 사고방식들, 환경들 속에서 개인의 학습이 발전하는가? 어떤 암시적인 학습의 가능성과 학습 과정들이 사회적 환경과 모임들(가령 가족들과 세대 사이)에서 나타나는가? 초(超)개인적이고 정치적인 문제와 해결들이라는 한편과 모임, 조직, 기관에서 개인 학습이라는 다른 한편 사이에서 어떤 상호 의존성을 찾을 수 있는가?(Forschungsmemorandum für die Erwachsenen-und Weiterbilduing, 2000: 5)[2]

이 질문과 유사하지만 나는 평생학습을 연구하는 데 필요한 질문을 다음과 같이 제기하였다. "사회문화역사적 맥락 속의 어떤 평생학습 활동이 학습자의 삶과 그 맥락을 구성하는 데 어떤 방식으로 기능하는가?"[3] 이 질문은 학

---

[2] 이 질문의 영어 원문은 다음과 같다. "In which learning cultures and dependencies of supra-individual patterns, mentalities and milieus does individual learning develop? What implicit learning potentials and learning processes are shown in social milieus and groups(e.g. within families and between generations)?...What interdependencies can be identified, e.g. between supra-individual and political problems and solutions, on the one hand, and learning by individuals in groups, organisations, and institutions, on the other?"

[3] 이 질문의 영어 원문은 다음과 같다. "what lifelong learning activities in the sociocultural-historical

습이 일종의 활동(activity)이며, 이 활동은 학습자와 사회문화역사적 맥락이 서로 관여하는 일종의 표면에서 관찰될 수 있다고 가정한다. 이 표면은 비유적 공간으로 다음 두 가지 특성을 가진다. 첫째, 이 표면은 마치 세포막과 같아서 학습자와 사회문화역사적 맥락을 구분하지만 둘 사이에 끊임없는 교환이 일어나는 통로가 존재한다. 따라서 학습자와 사회문화역사적 맥락은 연결되어 있으나 완전히 동일한 것은 아니다. 이 표면의 통로로는 항상 무엇인가가 새어 나가고 새어 들어오고 있다. 이 표면 한편의 변화는 따라서 다른 편의 변화를 초래한다. 표면에서 나타나는 움직임의 양상은 예측할 수 없는 일이기 때문에 한편의 변화가 다른 편의 변화를 어떻게 만들어 내는지를 미리 알 수는 없다. 둘째, 이 표면은 일정한 모양을 가지지 않는다. 이 표면은 항상 변화하기 때문에 어떤 모양이라고 결정적으로 말할 수 없다. 한 순간의 모양은 다른 순간의 모양과 비슷할 수도 있지만 전혀 다를 수도 있다. 이러한 새어 나감과 새어 들어옴, 그리고 비정형을 특징으로 하는 표면에서 평생학습의 다양한 양상이 전개된다.

면담(interview)은 생애사 연구 자료를 수집하는 주요한 기법이다. 생애사 연구를 목적으로 하는 면담은 연구자와 참여자 사이에서 반구조화된 형태로 진행된다. 연구 면담은 다음의 일곱 가지 특징이 있다(Packer, 2011: 48-49). 첫째, 면담은 미리 계획된 일정에 따라 진행된다. 연구목적의 면담은 일상에서 자연스럽게 일어나는 대화가 아니다. 둘째, 연구 면담은 대부분 서로 모르는 낯선 사람 사이에서 이루어진다. 그 때문에 서로 간의 신뢰를 구축하는 과정이 필요하다. 셋째, 면담에 참여하는 두 당사자인 연구자와 참여자의 관계는 평등하지 않다. 면담은 비대칭적 권력 관계 속에서 진행된다. 주로 질문을 던지는 연구자가 면담의 주도권을 쥐고 있다. 그렇지만 참여자 역시 면담을 언제든지 끝낼 수 있는 권리를 고지 받는다는 점에서 면담의 권력관계가 일방적인 것만은 아니다. 넷째, 연구 면담은 보통 연구의 결과를 활용하는

---

contexts function in what ways in constituting the learner and his or her life context?"

제3자를 위해 수행된다. 연구는 연구자와 참여자 양자만을 위한 것이 아니라 연구 결과를 읽고 활용하는 이들을 위한 사회적인 활동이다. 다섯째, 연구 면담에는 일상의 상호작용과는 구분되는 특별한 자세가 요구된다. 참여자는 자신의 경험을 숙고하며 연구자의 질문에 답해야 하고, 연구자는 자신의 연구 목적을 달성하기 위한 추가적인 질문을 끊임없이 생각해야 한다. 여섯째, 연구 면담은 면담이 수행되는 시점과 장소에 관한 것을 다루지 않는 경우가 대부분이다. 연구 면담은 대부분 기억 속에 있는 과거의 사건들을 다룬다. 일곱째, 연구 면담은 참여자의 진술이나 묘사를 얻기 위해 진행된다. 연구자의 진술이나 묘사는 참여자의 이야기를 더 얻고자하는 노력의 일환이다.

한 사람이 가진 학습의 생애, 학습의 인생은 매우 방대하다. 그 생애로부터 특정한 주제 의식을 가지고 연구를 수행하는 경우 어떻게 면담을 시작해야 할까? 누군가의 생애를 이해하기 위한 면담은 어떻게 가능할까? 라코프와 존슨(Lakoff & Johnson, 2003)에 따르면 추상적인 개념을 이해하기 위해서는 은유가 필요하다. 생애 혹은 인생이라는 개념 역시 매우 추상적이다. '내 마음은 호수이다.'라는 표현처럼 은유는 하나의 개념을 이해하기 위해 다른 개념을 동원하는 것이다. '인생은 긴 여행이다(Life is a long journey).'는 아마도 한 사람의 생애를 설명하는 널리 알려진 은유일 것이다. 이야기(story)도 인생의 은유 중 하나이다. 생애사 연구자가 참여자에게서 수집하는 자료는 생애 이야기라는 점에서 인생은 이야기이기도 하다.

이야기로 가득한 생애 이야기를 듣기 위해 앳킨슨(Atkinson, 1998: 43-53)이 제안한 생애사의 주요 영역 구분을 참고할 수 있다. 앳킨슨은 출생과 가족 배경, 가족의 문화적 배경과 전통, 사회적 요인들, 교육, 사랑과 일, 역사적 사건들, 은퇴, 내적인 삶과 영성 체험, 삶의 주요한 주제들, 미래에 대한 전망 등으로 인생의 영역을 구분했는데, 학습생애사를 수집하는 면담은 각 영역의 이야기를 듣는 과정에서 학습에 대한 이야기가 등장할 때마다 추가 질문을 던져 참여자가 보다 자세한 구술을 하도록 유도할 수 있다. 연구목적에 따라서는 삶의 특정한 영역에 초점을 맞추고 이와 연관된 학습 이야기를 수집할 수도 있다. 가령 교사의 경우라면 학교생활을 중심에 두고 자료를 모을 수 있을 것이다. 노숙인의 학습생애사 연구에서 나는 참여자의 삶의 단계를 노숙 이전, 노숙, 노숙 이후로 구분하고 각각의 단계에서 가족, 사회적 요인, 교육 경험, 직업 생활, 중요한 사건들, 미래에 대한 생각 등으로 영역을 구분해 면담을 진행한 바 있다(강대중, 2012).

5. 학습생애사의 분석 단위

생애사 면담으로 수집한 자료인 이야기는 과거와 현재 그리고 미래를 일관되게 연결하는 줄거리와 의미로 구성된다. 이 줄거리와 의미는 면담이 수행되는 시점의 상황을 반영한다. 다른 시점과 다른 상황에서 참여자의 생애는 다른 방식으로 이야기될, 즉 다른 줄거리와 의미가 부여된 이야기로 재구성될 수 있다. 이런 의미에서 생애사 수집 자료는 항상 부분적이고 미완성 상태이기도 하다. 그것은 과거에 대한 이야기이지만, 그 과거는 현재의 말하기를 통해 (재)구성된 것이다. 참여자는 그 말하기가 미래에 어떤 영향을 미칠지를 고려한다. 즉, 자신의 생애를 말하는 참여자는 현재의 관점에서 과거를 돌아보며 미래를 생각한다.

케니온과 랜달(Kenyon & Randall, 1997: 33-38)은 이야기를 이해하는 데 적어도 네 가지 층위가 있다고 본다.

첫째는 외부이야기(outside story)이다. 외부이야기는 자신의 존재가 있게 한 출생부터 지금까지 사건들의 이야기이다. 즉, 물리적 · 심리적 · 생화학적 · 원자적 수준에서 자신의 존재와 관련된 사건들의 이야기를 해석과 평가 없이 할 수 있다면, 그 이야기를 외부이야기로 부를 수 있다.

둘째는 내부이야기(inside story)이다. 내부이야기는 외적인 사건들을 소재로 자신이 주관적으로 만들어 낸 이야기들이다. 이 이야기들은 모호하고 불완전하다. 가령, 시골 길을 운전하며 우리는 수없이 많은 외부의 것을 보지만

(눈에 담지만), 시골길을 운전한 이야기를 할 때 우리 눈에 비친 것들 중 얼마만큼이 이야기에 포함되는가? 매우 적은 양에 불과하다. 나머지는 우리의 이야기에서 의도했든 그렇지 않든 배제된다. 그런데 우리 삶의 내부는 마치 거대한 창고와도 같다. 내부이야기들은 "과거의 기억, 미래에 대한 기대감, 그리고 현재의 우리 마음과 심장의 중얼거림과 어슬렁거림"(Kenyon & Randall, 1997: 34)으로 보존된다. 이 이야기들은 전혀 예기치 않은 순간에 나타나곤 한다. 이런 의미에서 내부이야기를 우리의 경험(experience)이라고 할 수 있다.

셋째는 내발외향이야기(inside-out story)이다. 내발외향이야기는 우리가 내부이야기를 다른 사람을 위해 축소하고 편집하는 방식과 관련된다. 사람들은 각자의 방식으로 이야기한다. 옷차림, 말씨, 눈빛 등 외적으로 드러나는 사람들의 양태는 그 사람의 이야기와 함께 드러난다. 사람들은 가족, 문화, 성별 등 자신이 속한 다양한 삶의 맥락에서 적합하다고 인정받는 방식을 따라 이야기를 한다. 또한 사람들은 이야기의 청중이 누구냐에 따라, 이야기를 하게 되는 동기에 따라, 또는 이야기 장소의 분위기에 따라 동일한 내부이야기를 다른 방식으로 편집해서 말한다. 이 층위의 이야기는 소위 표현(expression)의 기술과 관련되어 있다.

넷째는 외발내향이야기(outside-in story)이다. 이 이야기는 다른 사람들이 자신에 대해 말하는 것이다. 다른 사람들이 자신에 대해 이야기하는 것에 자신이 동의하든 부정하든 자신이 누구인지를 표현하는 데 때로는 큰 영향을 미치기도 한다. 우리 모두는 다른 사람들에 대해 이런 영향력을 행사하는 외발내향이야기를 한다. '뒷담화'라는 부정적인 방식의 말하기도 있지만 우리 모두는 타인의 인상(impression)에 대하여 이야기한다.

케니온과 랜달(Kenyon & Randall, 1997)은 네 가지 층위의 이야기를 컴퓨터에 비유해서 설명한다. 외부이야기가 컴퓨터의 하드웨어라면, 내부이야기는 각종 소프트웨어와 그것들을 이용해 작성해서 모은 폴더와 파일들이다. 내발외향이야기는 다른 사람들을 위해 내가 인쇄한 이야기라면, 외발내향이야기는 그 인쇄된 이야기를 읽고 다른 사람들이 그것이 무슨 의미인지 나름대로 해석한 것이라 할 수 있다.

학습생애사에는 이 네 가지 이야기가 모두 등장한다. 특히 내부이야기로서 경험, 내발외향이야기로서 표현, 외발내향이야기로서 인상은 서로가 서로를 규정하며 연결되어 있다. 우리의 경험은 표현 방식을 규정한다. 표현 방식에 따라 우리는 같은 경험을 다른 방식으로 구성한다. 입사 시험에서 면접관에게 좋지 못한 인상을 보여 일자리를 찾는 데 실패한 이들은 자신의 경험을 새로운 시각으로 바라보게 된다. 인상이 경험을 표현하는 방식을 새롭게 규정하는 것이다. 평가와 해석이 없는 외부이야기 역시 이야기의 다른 층위들과 연결될 때 새로운 해석과 평가를 낳는다. 이렇게 이야기를 서로 다른 네 가지 층위로 이해하는 것에서 학습생애사의 네 가지 분석 단위인 학습조건, 학습사건, 학습자 자세 그리고 조건화된 학습자를 추출할 수 있다.

첫째, 학습조건(learning condition)은 연구참여자인 학습자와 독립적으로 존재하고 있는 외적 사실에 대한 이야기이다. 케니온과 랜달(Kenyon & Randall, 1997)의 외부이야기에 해당한다. 학습조건은 참여자의 구술을 통해서도 알 수 있지만, 연구자가 별도로 조사할 수도 있다. 우리가 어떤 참여자의 출생년도와 성장 지역을 알게 된다면 그가 어떤 조건에서 학습자로서 삶을 살아왔는지 확인할 수 있다. 가령 일제강점기의 경성에서 출생한 참여자라면 당시의 학교 제도 등을 참여자와의 면담 외에도 별도로 역사 자료를 조사해 알 수 있다. 학습조건은 참여자의 해석이나 개입 없이 확인할 수 있다.

둘째, 학습사건(learning event)은 참여자가 자신의 생애에서 경험한 학습의 구체적인 활동이다. 경험을 다룬다는 점에서 학습사건은 케니온과 랜달(Kenyon & Randall, 1997)의 내부이야기(inside story)라 할 수 있다. 참여자가 삶에서 중시하는 지식, 기술, 태도, 가치관을 습득한 활동은 손쉽게 학습사건으로 구성될 수 있지만, 모든 경험이 학습과 연관되어 있지는 않다. 때때로 우리는 어떤 경험이 일어날 때는 학습과는 관계가 없었는데 추후에 중요한 학습경험이었다는 것을 자각하는 경우도 있다. 학습자가 보유한 경험은 발생한 순간에는 그냥 스쳐 지나가는 일에 불과하다가도 후일 학습사건으로 재구성될 수 있다. 학습사건은 학습에 영향을 미친 사람, 학습이 일어난 배경과 경로 등 일종의 줄거리로 구성된다. 학습사건은 이런 의미에서 케니온과 랜달(Kenyon & Randall, 1997)의 내발외향이야기(inside-out story) 속성도 지닌다. 동일한 이야기가 표현 방식에 따라 서로 다른 의미를 지닌 학습사건으로 재구성될 수도 있다.

셋째, 조건화된 학습자(conditioned learner)는 케니온과 랜달(Kenyon & Randall, 1997)의 외발내향이야기(outside-in story)에 해당한다. 참여자는 자신이 살아온 학습조건의 모든 면에 의해 조건화되지 않는다. 동시대에 같은 지역에서 살아가는 사람들이 상당한 학습조건을 공유하고 있지만 각각 서로 다르게 조건화된다. 같은 학교를 다니며 같은 반에서 같은 선생님에게 특정 교과목을 배운 학생들은 공유하는 학습조건이 있지만, 각각 다르게 조건화된 학습자가 될 가능성이 높다. 왜냐하면 각자에게 유의미한 학습사건이 서로 다를 수 있기 때문이다. 이런 의미에서 조건화된 학습자는 개별 학습자의 학습사건을 규정하는 특정한 학습조건들의 조합이라 할 수 있다.

넷째, 학습자 자세(learner positions)는 학습자가 학습조건과 학습사건에 대해 취하는 행동으로 케니온과 랜달(Kenyon & Randall, 1997)의 내발외향이야기(inside-out story)에서 표현의 양상에 대한 이야기이다. 학습자 자세는 다음 세 측면이 서로 엉켜서 나타난다. 우선, 학습자의 지리적인 위치(position)가 학습자에게 가능한 것을 결정한다. 한 장소에서 다른 장소로 이동하거나 이주하게 될 때 학습자에게 나타나는 변화는 시공간적인 위치의 중요성을 환기한다. 다음으로, 학습 맥락을 구성하는 권력 관계에서 학습자의 상태(position)이다. 학습자는 나이, 성별, 계층, 인종, 소득, 신체조건 등의 영향을 받아 구체적인 학습 맥락의 권력 관계에서 상대적 위치를 점유한다. 이 위치점유는 한 사회의 문화적 관행이나 습속에 의해 결정되는 경우가 많다. 마지막으로, 학습의 기회를 포착하여 수행하는 개개인의 입장(position)이다. 개별 학습자는 주어진 학습의 기회에 때로는 동일하게 때로는 매우 다르게 반응한다. 과거의 학습 경험이 현재의 학습 기회에 작용하기도 한다. 사람마다 항상 일관된 양상의 학습자 자세를 보여 주지는 않는다. 복잡한 동기와 신념이 서로 다른 시점의 학습 기회에서 복잡한 방식으로 작용하기 때문에 한 시점의 학습자 자세는 다른 시점에 부정당하기도 한다. 동일한 학습자이지만 서로 다른 학습자 자세를 발현하기도 한다.

우리는 수집한 면담 자료를 네 개의 분석 단위로 분석해 학습생애사를 구성할 수 있다. 네 가지 분석 단위는 활동(activity)으로서 학습을 들여다보는 일종의 창문이다. 즉, 각각의 분석 단위는 하나의 현상을 바라보는 다른 관점이라 할 수 있다. 따라서 네 가지의 분석 단위 중 어느 하나를 중심에 두고 학습생애사를 구성할 수 있다. 가령 학습사건을 중심에 놓고 학습조건, 학습자 자세, 조건화된 학습자의 양상을 분석해 학습생애사를 구성하는 것이다. 즉, 인간의 평생 동안 일어나는 다양한 학습활동을 연쇄적인 학습사건으로 재구성하고, 각 학습사건에 내재해 있는 학습조건, 학습자 자세, 조건화된 학습자를 분석하는 것이다. 마찬가지로 학습조건, 학습자 자세, 조건화된 학습자를 각각 중심에 두고 학습생애사를 구성할 수도 있을 것이다.

그렇다고 학습생애사에 학습 이야기만 담기는 것은 아니다. 학습생애사는 학습을 전경에 내세우고, 학습자의 다른 삶의 양상들(가령 직업인으로서, 가족의 일원으로서, 지역사회 구성원으로서의 삶)이 후경에서 어떻게 작동했는지를 보여 주는 작업이기도 하다. 학습생애사는 그런 후경의 삶을 가능하도록 한 주요 동력이 학습활동이라고 가정한다. 이때, 구성된 학습생애사는 구체적인 개인 혹은 개인들의 학습생애사이기도 하지만, 구성 과정에서 연구자의 평생학습에 대한 개념적 이해가 고스란히 드러날 것이다.

6. 포스트모던 내용분석: 학습생애사의 해석

질적 연구는 인간이 어떻게 삶의 의미를 발견 혹은 부여하는지를 이해하는 것을 목적으로 한다(Merriam & Simpson, 2000). 이해는 연구 자료를 해석

(interpretation)하는 과정에서 얻어진다. 조용환(1999)은 월코트(Walcott)의 논의를 빌려 문화기술지 전통의 질적 연구에서 연구 자료를 다루는 과정이 기술, 분석, 해석이라는 세 차원으로 나뉠 수 있다고 본다. 이때, 기술이 수집된 자료를 바탕으로 연구자가 본 것을 최대한 독자들이 볼 수 있도록 하는 작업이라면, 분석은 현상의 구조를 파악하는 것이고, 해석은 현상의 의미를 이해하는 것이다. 질적 연구의 일종인 학습생애사에서도 기술, 분석, 해석을 구분할 수 있을 것이다. 그런데 학습생애사 자료가 문화기술지의 자료와 다른 점, 즉 자료가 이미 참여자의 입장에서 보면 과거의 경험을 해석한 것이라는 점은 기술, 분석, 해석을 다른 차원에서 이해할 필요성을 제기한다. 학습생애사에서 기술은 참여자가 해석한 이야기를 최대한 독자들에게 전달하는 것이라 가정할 수 있다. 그런데 생애사 자료의 분석은 해석과 별개의 것으로 나누기가 쉽지 않다. 왜냐하면 이미 참여자가 일차적으로 해석한 현상을 대상으로 연구자가 그 현상의 구조를 드러내는 분석 작업은 그 현상(즉, 참여자의 해석)의 의미를 이해하는 과정이기 때문이다. 다시 말하면, 연구자의 분석은 참여자의 해석의 구조를 이해하는 과정이다. 우베 플릭(Uwe Flick)은 이를 사회과학에서 일반적으로 나타나는 문제라는 입장에서 다음과 같이 말한다.

사회과학적 연구에는 특유의 문제가 발생한다. 그것은 사회과학이 연구하려는 세계가 현장에 존재하고 있는 세계 차원과 상호행위를 하는 주체가 (공동으로 혹은 경합하여) 만들어 낸 차원 속에만 있다는 문제이다. 사회과학은 그 차원 위에 또 하나의 다른 차원을 만들어 낸다. 그렇게 되면 과학적 지식이나 연구 결과의 제시 속에는 현실 구성의 다양한 과정이 공존하게 된다. 그것은 연구대상이 되는 측의 일상적 주관적 구성인 동시에 자료수집, 문서화, 해석, 연구 결과 제시의 여러 단계에서 연구자가 실시한 학문적(즉, 다소 체계화된) 구성인 것이다(Flick, 2009: 75).

구체적으로 어떻게 학습생애사를 해석할 것인가? 해석의 구체적인 과정과 방법은 무엇인가? 생애사를 '교육전기(educational biography)'로 탐색해 온 도미니세(Dominicé, 2000: 22-25)는 생애사 자료 해석방법으로 내용분석(content analysis)을 제시한다. 수집된 생애사의 '내용'을 분석한다는 의미에서 내용분석이라는 용어를 사용하는 것은 적절하겠지만, 내용분석에도 매우 다양한 접근 방식이 있다. 내용분석은 신문 잡지 등 출판물이나 문헌 자료의 분석 기법에서 비롯되었다. 커뮤니케이션학의 내용분석은 주요한 용어의 빈도수로 출판물의 내용을 확인하는 양적 연구방법에서 출발했다. 동서양의 고전을 재해석하는 것도 일종의 내용분석을 활용한 연구라 할 수 있다. 교육학 분야에서는 교과서 연구에 내용분석이 주로 활용되어 왔다. 다음에서는 필자가 제시한 바 있는 포스트모던 내용분석(postmodern content analysis)을 중심으로 수집한 생애사 자료의 분석 및 해석 방법을 소개한다.

포스트모던 내용분석은 수집한 자료의 의미를 하나로 고정시킬 수 없다고 본다. 연구자는 수집한 자료에서 고정불변의 의미를 발견할 수 없다. 따라서 포스트모던 내용분석이 추구하는 것은 고정된 의미를 찾는 것이 아니다. 자료에 그런 의미는 들어 있지 않다. 오히려 그 의미는 끊임없이 변화해 간다. 한 시점의 의미와 다른 시점의 의미가 동일하다고 할 근거는 어디에도 없다. 학습자(참여자)가 구술한 의도나 의미는 자료에 온전히 보존될 수 없다. 언어화된 자료는 이미 언어 자체의 모호함 때문에 모두에게 투명한 의미를 담을 수 없다. 서로 다른 연구자가 같은 자료의 의미를 서로 다르게 해석해 낼 가능성도 있다. 따라서 의미는 항상 의심과 쟁론의 대상이 된다. 참여자가 실제로 살았던 삶, 참여자가 해석하여 이야기한 삶, 문자화되어 자료화된 삶 그리고 연구자가 재해석한 삶 사이를 관통하는 의미의 동일성은 보장될 수 없다.

고정될 수 있는 의미를 추구하는 것이 아니라면 포스트모던 내용분석에서 해석의 의미는 무엇인가? 포스트모던 내용분석에서 해석은 "개인적인 진정성(authenticity)의 문제라기보다는 화자의 텍스트를 해체(deconstruction)하는 문제"(Garrick, 1999: 148)와 연관된다. 참여자의 구술 자료를 해체하고 재구성하는 목적으로 포스트모던 내용분석은 담론(discourse)을 이해하기 위해 보베 (Bové, 1995: 54)가 제기한 다음과 같은 질문을 활용한다. "담론은 어떻게 기능하는가? 그 담론은 어디에서 발견되는가? 담론은 어떻게 생산되고 규제되는가? 담론의 사회적 영향은 무엇인가? 담론은 어떻게 존재하는가?" 이 일련의 질문에서 '담론'을 학습생애사의 네 가지 분석 단위로 앞서 제시한 학습조건, 학습사건, 학습자 자세, 조건화된 학습자로 대치할 수 있다. 즉, 학습조건은 어떻게 기능하는가? 학습사건은 어디에서 발견되는가? 학습자 자세는 어떻게 생산되고 규제되는가? 조건화된 학습자는 어떻게 존재하는가? 라는 질문을 던질 수 있을 것이다. 학습사건은 어떻게 기능하는가? 학습자 자세는 어디에서 발견되는가? 등 다른 질문도 얼마든지 가능하다. 해석은 연구자가 스스로 이런 일련의 질문에 답하며 자료를 해체하고 재구성하는 과정이다.

포스트모던 내용분석은 연구 자료를 두 가지 범주로 나눈다. 하나는 분석의 대상이 되는 출처자료(source data)이다. 다른 하나는 연구자가 출처자료를 분석하는 과정에서 생겨나는 집합자료(assembling data)이다. 출처자료는 통상 면담 녹취록이 해당하지만, 다른 사람이 수집하여 출판한 자료를 활용하는 경우도 있을 것이다. 집합자료에는 적어도 네 가지 종류가 있는데, 주변자료(surrounding data), 부가자료(additional data), 초월자료(transgressive data), 반응자료(response data)가 그것이다. 주변자료는 출처자료의 생산 맥락과 관련된 자료이다. 부가자료는 논문, 저서, 온라인 자료 등 출처자료를 탐색하는 데 필요한 다른 자료를 총칭한다. 부가자료의 넓이와 깊이는 연구자의 역량과 밀접한 관계가 있다. 초월자료는 연구자가 출처자료에 관여할 때 생겨난다. 연구자가 출처자료를 읽을 때 이성 이외에도 육체, 정서, 영성 등이 함께 작동한다. 특히 자료의 분석과 해석 과정에서 연구자는 꿈을 꾸기도 하고 예상치 못한 장소에서 뜻밖의 방식으로 해석의 실마리를 얻기도 한다. 논리적인 사고 과정이 아닌 우연적 깨달음과 통찰을 얻기도 한다. 이 과정에서 얻게 되는 것을 초월자료라고 명명할 수 있다. 이를 정리하는 것은 매우 어려운 일이다. 그러나 초월자료가 해석의 과정에 미치는 영향은 적지 않다. 반응자료는 연구 과정에서 연구자의 동료 등 다양한 주변 사람에게서 얻은 자료들이다. 흔히 동료 평가나 참여자 피드백이라고 부르는 과정은 연구자의 관점에서 보면 출처자료의 해석을 돕는 다른 형태의 자료라 할 수 있다.

포스트모던 내용분석은 출처자료의 읽기 반복 심화(in-depth and repeated readings)와 거듭 쓰기(constant writing)를 전략으로 사용한다. 질적 연구에서 일반적으로 사용하는 조직적인 코딩(coding)이나 주제어(theme) 추출 작업은 명시적으로 진행되지 않는다. 왜냐하면 코딩이나 주제어 추출 작업이 집합자료의 확산적 수집을 가로막을 수 있기 때문이다. 출처자료에 대한 코딩 작업은 연구자가 출처자료를 정서적으로, 직관적으로, 영적으로 읽도록 촉진시키기 힘들다. 그렇다고 읽기 반복 심화와 거듭 쓰기 전략이 출처자료의 지속적인 비교와 대조 작업을 배제하는 것은 아니다. 비교와 대조는 이 과정에서 항상 사용된다. 거듭 쓰기를 조직적으로 활용하기 위해 분석노트(analysis note), 연구일기(research journal), 초월자료노트(transgressive data note), 부가자료노트(additional data note) 등 다른 이름을 붙인 노트를 활용할 수 있다. 읽기와 쓰기는 그 자체로 자기반성적인(self-reflective) 과정이다. 쓰기 과정을 통해 작성한 노트들은 다음 번 읽기를 심화한다. 반복 읽기에 뒤따르는 거듭되는 "쓰기는 일종의 '앎'의 방식—발견과 분석의 방법"(Richardson, 2000: 923)이라 할 수 있다.

7. 학습생애사 쓰기의 쟁점

학습생애사 연구의 결과를 독자에게 전달하는 글쓰기는 다양한 형태와 장르로 시도할 수 있다. 전형적인 질적 연구의 결과는 주제어를 중심으로 해석과 그 근거 자료를 제시하는 형태로 보고된다. 국내에서 발표된 다양한 학문 분야의 생애사 연구 결과도 대체로 이런 경향을 보인다. 가령, 이복숙과 전영주(2005)는 미혼모 여덟 명의 생애사를 미혼모 발생에 영향을 미친 요인, 임신과 출산으로 인한 심리적 변화, 입양을 선택한 경우, 양육을 선택한 경우, 미래 삶에 대한 생각, 사회적 지지의 여섯 가지 주제로 나누고, 여덟 명의 생애사를 개별 사례가 아닌 각각의 주제 속에 녹여 제시했다. 전형적인 질적 연구의 글쓰기 형태라 할 수 있다.

한 사람의 생애에 집중한 생애사 글쓰기의 경우, 손병우(2006)는 코미디언 배삼룡 한 사람의 생애를 텔레비전 코미디의 성립에 작용했던 문화적 토대를 파악하는 매개로 사용하고 있다. 배삼룡의 삶은 그가 코미디에 입문하는 과정부터 제시되며, 논문 끝에 부록 형태로 생애사 개괄이 간략하게 첨부되어 있다. 강묘숙과 조순묵(2007)은 초등학교 체육 교사 한 사람의 생애사를 실천적 지식 형성 과정이라는 관점에서 분석한 뒤 시간적 순서에 따라 동기발생기, 성장기, 발전기, 성숙기로 나누어 보여 주는 글쓰기 방식을 채택하고 있다.

여러 사람의 생애사를 유형으로 나누어 제시하는 방식도 있다. 박경용(2007)은 아홉 명의 원로 한의사의 생애사를 한의학 입문유형 두 가지와 한의학 지식 및 기술의 전승유형 네 가지로 나누어 제시하고 있다. 이희영(2006)은 학생운동 참여자 아홉 명의 생애체험 면담에서 세 가지의 정치사회화 유형을 발견하고 각 유형을 대표하는 세 명의 생애사를 재구성해서 제시한 뒤 각 유형의 특징을 별도로 비교 논의하고 있다.

특정한 관점에 따라 생애사를 분석하고 그에 따른 글쓰기를 시도한 경우도 있다. 김영숙과 이근무(2008)는 인류학자 맨델바움(Mandelbaum, 1973)이 간디의 생애사 연구에서 제시한 삶의 영역들(dimensions), 전환들(turnings), 적응들(adaptations)라는 세 가지 개념 틀을 사용하여 탈성매매여성들의 생애사를 연구했다. 이들은 참여자 일곱 명의 생애사를 간략하게 제시한 뒤 세 가지 분석 틀에 맞추어 참여자들의 삶을 보여 주고 있다. 한경혜(2004)는 "개인의 일생을 연령에 의해 분화된 일련의 역할 전이(transition)들에 의해 구획되어진 것"(p. 93)으로 보는 생애 경로 관점(life course perspective)을 분석틀로 여섯 명의 노인의 생애 전환점과 삶의 만족도를 묘사하고 있다. 개별 노인들의 생애사는 별도로 제시되지 않고 본문 내용에 함께 제시되는 형태를 취하였다.

이와 같은 생애사 글쓰기 방식은 학습생애사를 통한 평생학습 연구에도 다양하게 시도될 수 있을 것이다. 학습생애사 글쓰기는 어느 한 가지 방식이 다른 것보다 우월하다고 할 수 없다. 다음에서는 학습생애사를 작성할 때 생각해 볼 쟁점들을 제시하고자 한다. 질문의 형태로 제시된 쟁점들은 어떤 유형의 글쓰기를 시도할 것인지 선택할 때 참고가 될 것이다.

첫째, 참여자의 학습생애사 전체를 드러낼 것인가, 아니면 부분만 보여 줄 것인가? 부분만 보여 줄 수밖에 없다면 어떤 부분을 어떤 방식으로 보여 줄 것인가? 둘 이상의 참여자를 상대로 한 연구라면, 그들을 각각 다룰 것인가 아니면 함께 다룰 것인가? 함께 다룬다면 어떤 범주로 묶을 것인가?

둘째, 학습생애사를 누구의 목소리로 쓸 것인가? 연구자의 목소리로 쓸 것인가, 아니면 참여자의 목소리로 쓸 것인가? 참여자의 목소리로 쓴다면 연구자 나름의 해석은 어떤 식으로 글쓰기에 반영할 것인가?

셋째, 학습생애사에는 개인의 삶과 사회문화역사적 맥락이 함께 드러난다. 이를 재해석하는 연구자 역시 개인적 삶과 그 삶의 사회문화역사적 맥락이 있다. 연구자의 재해석 과정은 학습자의 생애와 연구자의 생애 그리고 각각 다른 사회문화역사적 맥락이 다양한 형태로 교차하는 것을 의미한다. 이 교차들을 글쓰기에 반영할 것인가, 반영하지 않을 것인가? 만약 반영한다면, 학습생애사를 읽는 독자들에게 이 교차 이야기들은 참여자의 생애를 이해하는 데 도움을 줄 것인가, 방해가 될 것인가? 왜 그런가?

넷째, 앞의 세 가지 쟁점과 모두 관련된 것으로 학습생애사의 저자는 누구인가? 참여자인가, 연구자인가? 아니면 참여자와 연구자는 공동 저자인가?

이런 쟁점들은 다른 방식의 글쓰기 가능성을 탐색할 수 있도록 해 준다. 링컨과 덴진(Lincoln & Denzin, 2003)은 질적 연구가 몇 차례의 혁명적 변화를 거쳐 발전해 왔으며 연구 결과를 표현하는 방식에서도 새로운 실험들이 이루어지고 있다고 지적한다. 질적 연구의 글쓰기에서 소위 과학적 글쓰기와 문학적 글쓰기의 경계가 희미해지고, 연극이나 다큐멘터리 제작 등 글쓰기가 아닌 다른 방식으로 연구 결과를 표현하는 것이 그 예들이라 할 것이다.

8. 나가며

'삶은 학습과정이다.' 혹은 '삶은 학습으로 구성된다.'라는 당위적 명제를 경험적으로 확인하고, 이를 평생학습의 이론으로 개념화하는 것은 생애사를 통해 가능할 수 있다. 학습생애사는 평생학습 연구를 위한 생애사의 한 가지 유형이라 할 수 있다. 여러 학문 분야에서 서로 다른 관심에 기초해 발전해 온 생애사는 매우 다양하다. 유철인(1998: 189)은 "생애사를 어떻게 수집할 것인가, 나아가서 어떻게 해석할 것인가에 대해서 심리학, 사회학, 인류학 등의 생애사 연구문헌을 보면 일정한 틀이 잡혀 있지 않다."라고 말하였다. 질적 연구에는 사실 표준 모델은 없다. 연구 하나하나마다 개별적인 분석과 해석의 과정이 존재한다고 볼 수도 있다. 그렇다고 해서 모든 질적 연구가 연구자 멋대로 수행되는 것은 아니다. 다른 모든 연구와 마찬가지로 질적 연구도 목적이 있고 그것을 달성하기 위해 해결할 문제가 있다. 그 문제를 해결하는 방법이라는 점에서 교육학의 생애사는 평생학습과 관련된 이론 구성에 긴요한 것이라 할 수 있다. 이지혜(2005: 437-438)는 생애사로 학습자의 생애 단계 형성 규명, 학습자와 학습환경 간의 역동적 상호작용과 변동 규명, 개별 학습자의 경험을 매개로 한 교육의 역사 재구성까지 가능할 것으로 기대하고 있다. 이런 점에서 보면 학습생애사는 평생학습과 학습자를 이론화하는 연구의 최첨단에 서 있다(West et al., 2007: 284).

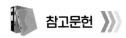 참고문헌 》》

강대중(2008). 평생학습 이론의 확장-두뇌과학의 시사점. 평생교육학연구, 14(1), 57-81.

강대중(2009). 평생학습 연구방법으로 학습생애사의 의의와 가능성 탐색. 평생교육학연구, 15(1), 201-223.

강대중(2012). 노숙생활의 진입과 탈출: 학습생애사적 접근. 구인회 외 공편, 한국의 노숙인: 그 삶을 이해한다는 것(pp. 151-208). 서울: 서울대학교출판문화원.

강묘숙, 조순묵(2007). 초등교사의 표현활동에 관한 실천적 지식 형성과정의 생애사적 접근. 한국스포츠교육학회지, 14(2), 63-80.

김경애(2007). 비형식 및 무형식 학습 인정에 관한 새로운 접근방식. 비교교육연구, 17(2), 133-156.

김신일(2005). 학습시대의 교육학 패러다임. 김신일 외 편, 학습사회의 교육학(pp. 61-101). 서울: 학지사.

김진화, 고영화, 성수현(2007). 한국 평생교육학의 학문적 동향과 과제: 2000년 이후를 중심으로. 평생교육학연구, 13(4), 89-122.

김영숙, 이근무(2008). 탈성매매 여성들의 생애사 연구. 한국사회복지학, 60(3), 5-30.

박경용(2007). 원로 한의사의 한의학 입문과 지식·기술의 전승-구술 생애사를 중심으로. 비교민속학, 34, 489-535.

박성희(2004). 질적 연구방법의 이해: 생애사 연구를 중심으로. 서울: 원미사.

손병우(2006). 대중문화와 생애사 연구의 문제설정. 언론과 사회, 14(2), 41-71.

유철인(1998). 생애사 연구방법: 자료의 수집과 텍스트의 해석. 간호학탐구, 7(1), 186-195.

윤택림(2004). 문화와 역사 연구를 위한 질적연구방법론. 서울: 아르케.

윤택림, 함한희(2006). 새로운 역사 쓰기를 위한 구술사 연구방법론. 서울: 아르케.

이경희, 박성희(2006). 평생학습의 새로운 패러다임으로서의 생애사연구. 평생교육학연구, 12(3), 73-95.

이만영, 김수연(1995). 생애사(life story) 해석에 대한 경험적 연구. 한국심리학회지,

14(1), 85-116.

이복숙, 전영주(2005). 미혼모 생애사 연구. 여성연구논집, 16, 1-32.

이지혜(2005). 학습자 중심 연구에 있어서 전기적 접근의 시사. 김신일 외 편, 학습사회 의 교육학(pp. 419-438). 서울: 학지사.

이희영(2006). 타자의 (재)구성과 정치사회화: 학생운동 참여자의 1990년대 생애체험 에 대한 사례연구. 한국사회학, 40(6), 226-261.

조용환(1999). 질적 연구-방법과 사례. 서울: 교육과학사.

최영신(1999). 질적 자료수집: 생애사 연구 사례를 중심으로. 교육인류학연구, 2(2), 1-22.

최영신(1999). 원불교 수행 과정의 교육학적 해석. 서울대학교 대학원 박사학위논문.

최윤정(2002). 무학력자의 성인문해학습과정에 관한 생애사적 연구. 서울대학교 대학 원 석사학위논문.

한숭희(2005). 포스트모던 시대의 평생교육학. 경기: 집문당.

한숭희(2006). 평생학습사회의 학습체제 연구를 위한 생태체제적 개념모형탐색. 평생 교육학연구, 12(4), 179-202.

한경혜(2004). 생애사 연구를 통한 노년기 삶의 이해. 한국노년학, 24(4), 87-106.

한정란, 조해경, 이이정(2004). 노인 자서전 쓰기. 서울: 학지사.

Agee, J. (2009). Developing qualitative research questions: a reflective process. *International Journal of Qualitative Studies in Education, 22*(4), 431-447.

Alheit, P., & Dausien, B. (2002). Lifelong learning and 'biographicity'. In A. Bron & M. Schemmann (Eds.), *Social science theories in adult education research* (pp. 211-241). Münster, Germany: LIT.

Atkinson, R. (1998). *The life story interview*. Thousand Oaks, CA: Sage.

Bateson, M. C. (1994). *Peripheral visions: Learning along the way*. New York: HarperCollins Publishers.

Bové, P. A. (1995). Discourse. In F. Lentricchia & T. McLaughlin (Eds.), *Critical terms for literary study* (2nd ed., pp. 50-65). Chicago: University of Chicago Press.

Chamberlayne, P., Bornat, J., & Wengraf, T. (Eds.) (2000). *The turn to biographical methods in social science: Comparative issues and examples.* London: New York: Routledge.

Dominicé, P. (2000). *Learning from our lives: Using educational biographies with adults.* San Francisco: Jossey-Bass.

Garrick, J. (1999). Doubting the philosophical assumptions of interpretive research. *International Journal of Qualitative Studies in Education, 12*(2), 147-156.

Kang, D. J. (2007). Rhizoactivity: Toward a postmodern theory of lifelong learning. *Adult Education Quarterly, 57*(3), 205-220.

Kang, D. J. (2015). *Life and learning of Korean artists and craftsmen: rhizoactivity.* Abingdon, UK and New York: Routledge.

Kenyon, G. M., & Randall, W. L. (1997). *Restorying our lives: Personal growth through autobiographical reflection.* Westport, CT: Praeger.

Lakoff, G., & Johnson, M. (2003). *Metaphors we lives by.* (originally published in 1980, with afterword in 2003 ed.). Chicago: University of Chicago Press.

Langness, L. L., & Frank, G. (1981). *Lives: An anthropological approach to biography.* Novato, CA: Chandler & Sharp Publishers.

Lincoln, Y. S., & Denzin, N. K. (Eds.) (2003). *Turning points in qualitative research: Tying knots in a handkerchief.* Walnut Creek, CA: AltaMira Press.

Mandelbaum, D. G. (1973). The study of life history: Gandhi. *Current Anthropology, 14*(3), 177-206.

Merriam, S. B., & Simpson, E. L. (2000). *A guide to research for educators and trainers of adults* (2nd and updated ed.). Malabar, FL: Krieger.

Patton, M. Q. (2002). *Qualitative research and evaluation methods* (3rd ed.). Thousand Oaks, CA: Sage.

Richardson, L. (2000). Writing: A method of inquiry. In N. K. Denzin & Y. S. Lincoln (Eds.), *Handbook of qualitative research* (2nd ed., pp. 923-948). Thousand Oaks, CA: Sage.

Ward, B. (2003). Reflecting on the value and use of the edited topical life history. In T. A. O'Donoghue & K. Punch (Eds.), *Qualitative educational research in action: Doing and reflecting* (pp. 26–41). London: RoutledgeFalmer.

West, L., Alheit, P., Andersen, A. S., & Merrill, B. (Eds.) (2007). *Using biographical and life history approaches in the study of adult and lifelong learning: European perspectives*. Frankfurt am Main: Peter Lang.

/ **제6장** /

질적 사례연구[1]

서덕희(조선대학교)

사례연구를 하나의 방법론으로 볼 수 있는가에 대한 논의(Merriam, 1998; Stake, 2006; Yin, 2014)가 여전히 있음에도 불구하고 사례연구에 대한 필요성은 전례 없이 커져 가고 있다. 질적 연구가 전통적으로 강세였던 인류학, 사회학, 교육학, 사회복지학, 간호학뿐만 아니라 경영학, 행정학, 광고학 등 다양한 학문분과에서 사례연구들이 수행되고 있으며(정승혜, 2017) 특히 관련 분야의 '정책'과 관련하여 그 실제적 필요성이 부각되고 있다(강은숙, 이달곤, 2005; 이종원, 2011). 그러나 사례연구가 질적 연구의 다른 방법론적 전통과 어떤 점에서 특이성을 갖고 있는지 그것은 무엇인지를 제대로 이해하기란 쉽지 않다(Merriam, 1998). 문화기술적 사례연구처럼 다른 방법론적 전통과 병치하여 연구방법론으로 등장하는 경우도 있으며, 무엇보다 '사례'가 의미하는 바가 무엇인지 학자(Stake, 2006; Yin, 2014)마다 다르기도 하기 때문이다. 그럼에도 불구하고 필자는 지난 10여 년간 개인 연구뿐만 아니라 다수의 정책 사

---

[1] 이 장은 필자가 2020년 발표한 논문 「질적 연구의 '원형'으로서 사례 연구의 방법론적 성격」을 이 책의 목적에 맞게 심화 · 보강한 것이다.

례연구를 수행하면서 어떤 연구방법 못지않게 사례연구가 학문적 · 실천적 의미가 있다는 사실을 깨닫게 되었다(서덕희, 2018). 이 글은 그러한 연구자의 체험과 성찰(서덕희, 2020)에 근거하여 사례연구의 방법론적 성격을 구체적인 연구 예시와 더불어 드러낸 것이다. 부족하나마 사례연구를 수행하려는 연구자들이 연구를 설계하고 과정을 성찰하며 결과를 기술할 때 어디에 초점을 두어야 할지 그 방향을 참조하는 나침반이 될 수 있기를 기대한다.

1. 질적 연구에서 사례연구의 위치

사례연구는 "통계적이지 않은 연구를 위한 일종의 포괄적 범주"(Merriam, 1998: 25)로 여겨질 정도로 그 방법론적 특이성이 적극적으로 부각되지 않았다. 양적 연구가 많은 수의 연구대상을 표본으로 삼는 반면, 질적 연구는 어떤 전통이든 간에 상대적으로 소수의 연구현장 혹은 참여자들을 선정하여 연구를 진행한다. 또한 특정 변인들 간의 관계만을 분별하여 보는 양적 연구와 달리 질적 연구는, 방법적 전통에 따라 상대적 차이는 있지만, 그 소수의 현장 혹은 연구참여자들이 드러내어 보여 주는 구체적이며 총체적인 현상 그 자체를 중시한다. 북미의 탁월한 교육인류학자이자 질적 연구자였던 월코트 (Wolcott, 1997)가 "중요한 것은 사례의 수가 아니라 그 깊이"라고 한 말은 질적 연구 일반에 적용된다. 요컨대, 모든 질적 연구는 '질적'인 속성에 충실하려는 사례연구적 성격을 지닌다.

10여 년 전 필자 역시 사례연구가 방법론적으로 어떤 특이성을 갖는가에 대한 별다른 상심이 없었다. 그러나 잇따라 교육부와 교육청의 위탁을 받아 일종의 혼합연구의 성격을 띤 정책 연구에서 사례연구를 맡아 진행하면서 사정은 달라졌다. 정책 연구의 정치적 성격으로 인하여 자유학기제 정책에 대한 종단연구는 그 정책에 대한 부정적 측면을 드러낸 부분을 교육부로부터 가위질을 당하고 공식적으로 출판이 안 되기도 했다. 교육청의 혁신고등학교

사례연구 역시 매해 새롭게 연구계획을 세울 때부터 밀어닥쳤던 교육청의 요구와 연구 기간의 문제, 그후 연구 결과의 유용성에 대한 의구심 등으로 연구자로서 어려움이 적지 않았다. 이러한 연구 경험은 나로 하여금 내가 하고 있는 '사례연구란 도대체 무엇인가'라는 질문을 하도록 하였다.

그 어려움들을 좀 더 구체적으로 드러내 본다면 크게 세 가지로 정리할 수 있다. 첫째는 사례연구에서 사례와 사례가 포함된 모집단 간의 관계를 어떻게 볼 것인가의 문제이다. 가령 필자가 3개의 혁신고등학교 사례에 대하여 연구를 한다고 할 때, 그 결과를 다른 혁신고등학교 전체를 이해하는 데 어떻게 활용할 수 있는가가 그것이다. 이 문제는 연구주제와 선정된 사례와의 관계, 그리고 선정된 사례와 모집단 간의 관계 등을 해명해야 하는 문제였다. 한마디로 '사례'란 무엇인지 답해야 했다. 둘째는 단일 사례연구와 달리 다중 사례연구에서 분석 과정과 그 결과에 대한 기술 방식에 대한 고민이었다. 다중 사례연구를 설계할 때 필자는 개별 사례에 대한 충실한 이해에 근거하되 공통점과 차이점을 확인하고 그 차이를 불러일으키는 인과적 맥락이 무엇인지를 확인하고자 하였다. 그러나 개별 사례 기술과 분석 결과 제시, 두 가지를 모두 만족시키는 데에는 시간과 지면의 여유가 없었다. 셋째는 정책적 관점에서 사례연구의 기여와 학술적 관점에서의 기여가 어떤 관계에 있는가에 대한 것이었다. 필자가 이제까지 수행했던 사례연구를 위탁한 정책기관들은 사례연구자에게 정책의 '성과'가 무엇인지 확인하고 그 결과를 확산, 즉 '일반화'하고 정책을 개선하기 위한 구체적인 제언을 해 주기를 요구했다. 그러나 질적 연구에서의 분석과 해석 그리고 그에 근거한 정책 제언은 그렇게 짧은 시간 안에 뚝딱 나올 수 있는 성질의 것이 아니었다. 위탁기관에서 이 시간을 확보하기 위해서는 적어도 제대로 된 사례연구의 기준과 그 기준을 따랐을 때 사례연구의 기여가 무엇인지를 연구자가 명확히 인식하고 정당화할 수 있어야 했다.

요컨대, 정책 연구와 관련한 사례연구에서 필자는 연구 설계부터 결과 제시와 그 효용성에 이르기까지 스스로 사례연구자로서의 위치를 정립(positioning)하는 데 어려움을 겪었다. 그 상심에 근거하여 비로소 도대체

'사례연구란 무엇인가'라는 질문을 다시 하게 되었다. 이 장은 그 질문에 대한 잠정적 답이다. 답을 찾기 위하여 필자는 10여 년에 걸친 사례연구 수행 체험과 연구물을, 먼저 비슷한 상심을 가지고 고민했던 연구자들의 실천적 지혜에 비추어 성찰하고 숙의하였다. 필자의 체험에서 비롯된 문제의식에서 선행연구들을 찾아 그 답을 찾고자 하였고 그 과정에서 새롭게 파악한 이론적 관점을 가지고 다시 연구 체험을 성찰하면서 그 이론을 수용하기도 하고 나름의 새로운 이론적 관점으로 재구성하는 해석적 순환의 과정을 거쳤다.

그러한 노력의 결과를 한마디로 말하자면, 사례연구는 방법론적 전통의 차이와 관계없이 모든 질적 연구의 '원형(prototype)'이라는 것이었다. 여기서 '원형'이라는 것은 베버가 말하는 '이념형(ideal type)'과는 다르다. '이념형'은 사회과학을 위한 개념적 도구로서 개별현상들을 하나의 일관된 사유상으로 종합함으로써 얻어지는 것이다(김광기, 2014: 63). 이에 반하여 '원형'은 사회과학과는 별개로 어떤 '질'이 다른 것과 구별되어 그 모습을 드러내기 시작한 최초의 모습을 뜻한다. 사례연구가 질적 연구의 '원형'이라고 할 때, 다른 것과 구별되는 '질'이 드러나는 최초의 그 무엇은 '질적 연구'이다. 그 최초의 질적 연구, 즉 '원형'이 지니는 속성을 어떻게 엄밀한 논리로 해명하느냐에 따라 사례연구는 '방법론'으로서의 위상을 가질 수 있다.

그렇다면 질적 연구의 '질'적 속성이 드러나는 최초의 모습은 무엇일까? 조용환(2012)이 잘 드러내어 보여 주고 있듯이 질적 연구에서 '질'이란 현상과 사물에 이름을 붙이기 이전에 '있는 그대로'의 '바탕(質)'을 뜻한다. 질적 연구는 이미 '무늬(文)'화되고 이름 붙여진 세계를 비판적으로 해체하고 그것의 '바탕'으로 돌아가기를 지향한다. 그 지향 속에서 바탕과 무늬, 혹은 바탕과 이름 간의 관계를 다시 숙고하며 더 나은 방향으로 그 무늬를 재구성하는 과정을 그 원리로 삼는다. 문질빈빈(文質彬彬), 이것이 질적 연구이다. 그런데 바로 이러한 원리를 실천하는 최초의 작업은 기존의 '무늬'나 이름으로 일반화되기 이전의 구체적인 바로 그 무언가, 즉 질(바탕)을 만나는 일이다. 그 무언가를 만나 그 자체를 이해하고자 하는 노력에서 모든 질적 연구는 시작된다. 그리고 원래의 주어진 이름을 해체하고 다시 재구성하면서 그 결과로 그 무언가에 새로운 의미를 지닌 '이름'을 붙이는 것으로 연구가 종료된다. 만약 그러한 구체적인 무언가(질)가 연구를 통해 구체성과 총체성이 드러나면서 새롭게 재구성된 '이름(문)'을 얻는 과정이 질적 연구이고, 그 결과 그 구체적인 무언가가 그 이름의 '사례'가 되어 가는 과정을 바로 '사례연구'라고 한다면, 사례연구는 모든 '질적' 연구의 원형이 된다.[2]

'원형'이기 때문에 특정한 방법론적 전통에 속하기 어려운 특정 인물, 프로그램, 기관, 집단 등에 대한 구체적이며 총체적인 질적 연구를 모두 사례연구라고 이름을 붙일 가능성이 생긴다. 아직 체계화되기 이전의 모습이므로 그 정의 역시 정교화하기 어렵다. 그러나 '원형'이기 때문에 질적 연구의 '질적 연구다움' 역시 거칠지만 가장 '원초적으로' 드러난다. 개별 분과학문의 전통에 의하여 길들여져 있지 않으므로 그 변형의 가능성 역시 무궁하다는 것이다. 아닌 게 아니라 다음에서 살펴보겠지만 사례연구에는 현상학과 해석학에 토대를 둔 '이해'를 위한 연구도 있지만, 인과적 추론에 따른 '설명'을 위한 연구도 있다.[3] 사례의 수, 사례의 성격, 일반화의 유형과 그에 따른 사례 분석의 방법과 이론과의 관계에 따라 그 유형도 다양하다. 이러한 유형의 다양성에도 불구하고 사례연구는 사례에 대한 이해를 통해 그 사례를 포함한 모집단을 이해하는 데 기여하는 방법이라는 공통점이 있다.

---

2) 물론 강은숙, 이달곤(2005)이 언급하고 있듯이 사례연구라고 해서 질적인 자료만 수집하는 것은 아니다. 소위 사례를 연구하는 과정에서 각종 양적인 지표를 자료로 활용할 수 있다. 특히 다수 사례를 연구하는 경우 양적인 자료들이 활용될 수 있다. 가령 정책 사례에서 사업의 성과를 확인하기 위하여 양적인 자료를 활용하기도 하고 양적인 자료의 시계열적 분석을 통해 그 사례를 이해하는 데 활용할 수 있다. 그러나 대부분의 사례연구자가 인정하고 있듯이, 사례연구의 주요한 자료는 다른 질적 연구들과 마찬가지로 현장에 가서 연구참여자들과 만나 경험(experiencing)하고 탐색(exploring)하며 자료들을 면밀히 검토하는(examining) 과정에서 구성된다. 이 점에서 양적인 자료는 바로 사례를 이해하려는 총체적 과정의 일부로 활용 가능하며, 이는 모든 질적 연구에도 동일하게 적용된다.
3) 사실 설명 역시 사물과 사물의 관계를 원인과 결과라는 의미 관계로 이해하는 하나의 방식이라고 보면, 이해는 설명을 포괄한다.

바로 이러한 공통점을 이론적으로 정교화함으로써 사례연구의 질적 엄밀성을 확보할 수 있다면 방법론으로 정립될 수 있다. 연구방법론으로 정립되기 위해서는 연구의 대상, 대상에 접근하는 방법, 그 방법에 대한 정당화 논리가 제시되어야 한다. 다음에서 상술하겠지만 사례연구에서 연구의 대상은 '사례'이며, 사례를 연구하는 방법에는 사례 간 '비교'와 사례와 '맥락'의 긴장 관계를 통한 이해가 있다. 마지막으로 비교와 맥락을 통하여 사례에 대한 이해와 더불어 모집단에 대한 이해인 '일반화'가 이루어진다. 이 일반화에 대한 논의를 통해 방법적 정당화를 할 수 있다. 바로 이런 점에서 사례연구는 하나의 방법론으로 정립 가능하며, 이러한 정립 과정을 통해 사례연구의 질적 연구 내에서의 위상이나 정책 연구로서의 유용성과 타당성을 확인할 수 있다.

이와 같은 관점에서 필자는 방법론으로서 사례연구가 질적 연구의 '원형'이라고 할 때, 그 질적 속성을 어떤 '무언가'와 연구자가 만나 서로 사례가 되어 가고 사례연구자가 되어 가는 과정으로 보고자 하였다. 사례가 되어 가고 사례연구자가 되어 가는 이 과정을 '사례-되기'와 '사례연구자-되기'의 '대칭성(symmetry)', 즉 '대칭적-되기(symmetrical-becoming)'로 해석함으로써 사례연구의 '질적' 속성을 한 마디로 드러내어 밝힐 수 있다고 보았다. 여기서 '대칭성'은 연구자와 사례가 일종의 '내부작용(intra-action)'으로 서로에게 영향을 미치며 사례가 되어 가는 만큼 사례연구자가 되어 간다는 점을 부각시키기 위한 것이다.[4] 즉, 연구를 하는 것은 연구자이지만 연구자로 하여금 '상심'을 불러일으켜 연구를 하도록 하는 것은 연구자와 불일이불이(不一而不二)의 관계에 있는 바로 그 무엇이다. '대칭적-되기(becoming)'에서 '되기' 개념은 들뢰즈와 가타리의 것(Deleuze & Gattari, 1980)이다. 이는 인간 행위자의 일방적

---

4) 들뢰즈(Deleuze)의 철학으로부터 영향을 받은 신물질주의자인 바라드(Barad, 2007)는 서로의 작용에 참여하는 분리된 두 개의 실체를 가정하는 '상호작용(inter-action)'을 대체하는 용어로 '내부작용(intra-action)'을 고안하였다. 이 '내부작용'에서 작용을 가능하게 하는 주도성(agency)은 어떤 인간 주체에 내재하여 행사되는 특성이 아니라, 힘들의 역동(mechanism of forces)으로서 이 역동 속에서 모든 관련된 사물은 함께 끊임없이 교환되고 회절(diffract)되며 영향을 미친다.

인 의지나 결단에 의해서 이루어지는 것이 아닌 사물과의 특정한 '배치' 속에서 사례-되기와 더불어 사례연구자-되기가 이루어진다는 점을 강조하기 위한 것이다. 나는 다음에서 이 대칭적-되기의 과정을 해명함으로써 사례연구를 하나의 방법론으로 규정하고자 한다.

2. 사례와 사례연구자의 대칭적-되기

사례연구가 질적 연구의 '원형'이며, 그 원초적인 '질'을 사례-되기와 사례연구자-되기의 대칭적 과정이라고 본다고 할 때, 이는 도대체 무엇을 뜻하는가? 이 과정을 해명하기 위하여 나는 사례연구의 방법적 쟁점을 사례, 비교, 맥락, 일반화 그리고 실천적 가치에 초점을 두고 논하고자 한다. 이 과정은 사례연구의 대상으로서의 사례, 그 대상에 접근하는 방법으로서의 비교와 맥락 그리고 그에 대한 정당화로서 일반화에 대하여 논의하고, 마지막으로 그 실제적 가치를 논의함으로써 사례연구를 방법론으로 정립하는 과정이다. 이는 '사례-되기'의 과정이 무엇인지 이해하는 과정이면서 그 사례-되기의 '내부작용(intra-action)'으로 연구자가 그 사례를 포괄한 모집단에 관한 실천적 지혜를 갖추어 가며 보편적 이해를 지향하는 사례연구자-되기의 과정임을 확인하는 과정이다.

1) 사례

(1) 사례-되기

그렇다면 '사례'란 무엇인가? 불행하게도 별도의 사례연구방법에 관한 책을 각각 출간한, 사례연구의 대표적 학자인 스테이크(Stake)와 인(Yin)은 사례와 사례연구에 대한 개념이 달랐다. 스테이크(Stake, 2006: 119-120)는 사례연구를 정의하는 결정적 요인을 개별 단위의 선택, 즉 특정한 기능을 수행하는

'제한된 체계(bounded system)'의 선택에 두고 있는 반면, 인(Yin, 2014: 2)은 특히 '현상과 맥락 사이의 경계가 분명하지 않을 때' 실재-세계의 맥락에서 동시대적 현상을 탐구하는 것이라고 보았다. 스테이크는 명백히 '제한된 체계'를 사례로 보는 데 반하여, 인은 맥락과 경계가 불분명한 '현상'을 사례로 보고 그 경계가 불분명한 맥락과 더불어 탐구하는 것을 사례연구라고 보고 있다.

사례에 대한 규정의 불분명함은 스테이크가 '사례(case)'의 의미를 분명히 하기 위하여 그의 또 다른 핵심 개념인 '과녁(quintain)'과 대비하는 데에서도 잘 드러난다. 스테이크(Stake, 2006: 1-2)에게 사례는 개인, 학교, 프로그램, 국가 등의 경험적 실체(empirical entity)인 데 반하여 그 사례가 지시하고 있는 '과녁'은 어떤 기능, 활동, 현상 등이다. 그에 따르면, 우리가 연구하고자 하는 주제가 어떤 현상이나 활동이라 하더라도 그것을 연구하기 위해서는 구체성(specificity)과 유기적 특성(organic character)을 지니고 있는 '실체'를 선택해야 한다. 그리고 그 어떤 실체의 무엇인가를 우리는 특정한 '현상' 혹은 '활동'으로 개념화하는 것이다. 스테이크의 개념에 따르면, 가령 내(서덕희, 오성배, 2012)가 결혼이주여성의 자녀양육에 관한 사례연구를 수행한다고 할 때 연구하고자 하는 '과녁'은 그들의 '자녀양육'이지만 그 자체가 별도로 존재하지 않으므로 경험적 실체로써 결혼이주여성들을 '사례'로 선택해야 하는 것이다. 마찬가지로 농촌 국제결혼가정 아동들의 학교생활('과녁')을 연구하기 위하여 농촌 소규모학교를 '사례'로 선택한 것이 된다(서덕희. 2011a).

문제는 스테이크의 방식으로 연구를 진행한다고 보면, 내가 결혼이주여성들을 사례가 아닌 '연구참여자'로 선정하고, 전남의 소규모학교를 하나의 '연구현장'으로 선정하여 연구를 한다고 해도 결과적으로는 별 차이가 없어 보인다는 점이다. 결혼이주여성을 사례로 보나 그냥 연구참여자로 보나 연구의 과정이나 결과가 달라지지 않는 것처럼 보인다는 것이다. 게다가 내가 결혼이주여성을 사례로 하여 연구를 한다고 해도 결혼이주여성의 삶 자체를 연구하는 것이 아니라 그들의 자녀양육을 연구할 것이기 때문에 연구의 대상이 된 사례는 그 여성들이 아니라 '결혼이주여성의 자녀양육'이라는 활동이나 현상이 되어야 한다는 주장이 있을 수 있다. 인이 활동이나 현상을 '사례'로 보아야 한다고 주장하는 것은 이러한 맥락 때문이다.

  이러한 차이는 사례연구를 하나의 방법론으로 구축한다고 할 때 제일 먼저 제기되는 질문이다. 사례연구가 다른 연구와 구분되는 특이성이 바로 '사례'에 있기 때문에 그것을 어떻게 규정할 것인가가 일차적 문제로 떠오른다. 스테이크(Stake, 2006)는 사례로 선택할 수 있으려면 연구자가 연구를 수행하기 이전에도 이미 구체성을 띠고 있는 유기적 특성을 지닌 개인, 학교, 국가와 같은 '경험적 단위(empirical unit)'로서의 실체여야 한다고 본다. 그에 따르면, 사례는 '경험적 단위'로서의 실체여야 하는 반면, 그가 과녁(quintain)이라고 한 그것, 즉 연구하고자 하는 어떤 활동이나 현상은 연구자에 의한 '이론적 구성물(theoretical construct)'이라고 보았다. 반면, 인(Yin)은 어떤 활동이나 현상은 그것이 발생하는 맥락과 그 경계가 불분명할 뿐 경험적으로 실재하기 때문에 사례로 볼 수 있다고 본다.

  이를 좀 더 구체적으로 이해하기 위하여 필자의 언니가 기르는 강아지 '콩이'를 생각해 보자. '콩이'는 종으로는 토이푸들이고 이제 만으로 4세가 되었으며, 필자의 언니에게 가족과도 같은 존재이다. 스테이크에 따르면 이 '콩이'는 경계가 있는 체계로, 특정한 기능을 수행하는 경험적 실체로서 '사례'가 될 수 있다. 그런데 이 '콩이'를 '사례'로 하여 우리가 연구를 한다고 할 때 '콩이'의 생물학적 특성, 필자의 언니와의 관계, 식이습관이나 운동습관, 병리학적 문제 등 모든 것을 연구할 수는 없다. 우리가 '콩이'를 '무엇'의 사례로 보고 그것을 연구하고자 하느냐에 따라 연구하는 내용과 범위가 달라질 수 있다. 가령 반려견 기르기의 교육적 의미에 초점을 두고 '콩이'를 연구한다고 해 보자. 이제 '콩이'는 '반려견'의 사례가 된다. '콩이'가 포함된 모집단은 '반려견'이다. 그런데 누군가는 '콩이'는 인간과 별도로 자신의 독자적인 권리를 가진 '동물'일 뿐이라고 주장할 수 있다. '콩이'를 '반려견'으로 이름 붙인 것 자체를 인간 중심적이라고 비판할 수 있다. 그리고는 '콩이'를 동물권을 지닌 '동물'로 보아야 한다고 주장할 수 있다. 그럼 '반려견'의 사례로서 '콩이'는 그 경계가 분명한 경험적 실체인가 혹은 이론적 구성물인가?

이러한 논쟁은 근원적으로는 존재론적인 것이다. 아닌 게 아니라 『사례란 무엇인가(What is a case?)』라는 책에서 라진과 베커(Ragin & Becker, 1992)는 이 논쟁을 오랜 존재론적 논쟁인 유명론(唯名論, nominalism)과 실재론(實在論, realism)의 논쟁으로 정리하였다. 유명론에서 실제 존재하는 것은 '오직 이름' 이다. 인간과 개의 어떤 관계적 속성들을 모아 우리는 '반려견'이라는 이름을 붙인다. 인간이 경험을 통해 반려견의 속성을 찾아 나가고 거기에 '반려견'이 라는 이름을 붙이는 '구성'적 작업을 한 것이다. 요컨대, 귀납적으로 이름이 붙여진다. 즉, 연구자의 이론적 구성 작업에 의하여 '사례가 만들어진다(case is made)'. 그러나 실재론에서는 반려견의 속성을 포함하는 '반려견'의 이데아 가 실재한다고 본다. 그 보편적 이데아가 먼저 있고 그 이데아에 적합한 경 험적 실체를 연역적인 방식으로 찾는다. '사례가 발견되는 것(case is found)' 이다.

이 논쟁은 아리스토텔레스와 플라톤으로부터 시작하여 근대의 경험론과 합리론으로 이어졌다. 아리스토텔레스와 경험론이 '유명론', 플라톤과 합리 론이 '실재론'에 해당한다. 그러나 양자택일처럼 보였던 이 두 관점은 이후 사 회적 구성주의와 비판적 실재론, 신물질주의를 거치며 실은 과정상의 양극 단일 뿐이라는 점이 드러나기 시작했다. 즉, 연구자 밖에 어떤 물질적 실체가 없는 것도 아니지만 그렇다고 플라톤의 '이데아'와 같은 관념의 경우 연구자 의 주관적 구성과 무관하게 존재하는 보편적 실재가 있는 것도 아니다.[5] 마찬 가지로 구체적인 개별자와 인간이 이론적으로 구성한 '이름'만 존재하는 것이 아니라 그 '이름'을 넘어서 연구자의 진리탐구를 지속적으로 추동하는 어떤 실재가 존재하지 않는다고 볼 수도 없다. 이를 사례연구에 적용하면 두메즈 (Dumez, 2015: 45)는 스테이크처럼 경계가 분명한 경험적 실체가 있다고 가정

---

5) 이와 관련해서는 실증주의와 사회적 구성주의를 비판하며 등장한 비판적 실재론을 적극적으로 검토 할 필요가 있다(이영철, 2006). 이에 대한 체계적인 논의는 차후의 과제로 남겨 둔다.

하는 것 자체가 하나의 '신화(myth)'라고 본다. 다시 말해, 사례연구에서 연구자가 연구하고자 하는 바로 그것은 연구자에게 발견되면서 동시에 만들어지는 것이다. 필자의 표현을 빌리면, 연구자 밖의 '무언가'는 연구자와 만나 내부작용을 통해 사례가 되어 가는 것이다.

(2) 본질적 사례연구와 도구적 사례연구

그렇다면 사례가 발견되면서 동시에 만들어진다는 것은 무슨 뜻인가? 이 질문에 대한 답을 찾는 일은 스테이크(Stake, 1995)의 사례연구의 두 유형에서 시작해 볼 수 있다. 그는 사례연구를 크게 '본질적 사례연구(intrinsic case study)'와 '도구적 사례연구(instrumental case study)'로 나눈다. '본질적 사례연구'는 사례 자체의 고유한 특성 때문에 연구자로 하여금 연구를 하게 만드는 경우이다. 즉, 사례의 우수성, 사례의 특이성, 사례의 극단성 등 연구자가 이제까지 가지고 있던 선입견을 깨고 새로운 발견이 가능할 것이라는 기대를 주는 무언가가 '발견'되는 것이다. 들뢰즈(Deleuze, 1964)의 표현을 빌리면, 우리로 하여금 이제까지 나의 세계를 깨고 더 넓은 세계로 안내해 줄 '기호'의 역할을 하는 무엇인가를 만나는 것이다. 이때, 우리는 시쳇말로 "이건 연구감이야."라고 말한다. 이제까지 내가 보고 만나고 경험해 왔던 것과는 다른 무엇인가이기 때문이다. 이런 것을 만날 때 "사례는 발견된다(case is found)."라고 말할 수 있다. 레비나스의 표현을 빌리면, 무언가가 내가 파악할 수 없는 무한성을 드러내는 '타인의 얼굴'로 나에게 명령을 내리는 것이다. "나를 연구하라."라고. 그리고 우리는 그 사례와의 만남에 대한 수동적이지만 능동적 결단을 내리며 연구를 수행한다. 낯선 '무언가'가 발견되고 그것을 연구자인 우리가 연구하기로 결단할 때 비로소 그것은 나에게로 와서 '사례'가 된다.

필자가 홈스쿨링을 박사학위를 위한 논문 주제로 삼게 된 과정 역시 본질적 사례연구로서 "사례를 발견"해 나간 과정이라고 할 수 있다(서덕희, 2008). 1990년대 후반 인문계 고등학교 교사로서 당시 학교교육에 대해 희망을 보지 못했었던 필자에게, 2000년대 초반 자녀들을 학교에 보내지 않기로 결단하고 다른 길을 간다는 두려움과 싸우며 집에서 아이들과 새로운 교육적 삶을 모색해 나가는 부모들은 정말 새로운 세계를 펼쳐 보여 주는 '기호'이자 낯선 '타인의 얼굴'이었다. 당시 홈스쿨링에 대한 연구가 없었던 학계에서 다양한 유형의 홈스쿨링 가족들의 삶과 교육의 과정을 드러내는 일은 필자가 미리 이론적으로 구성할 수 없는, 나의 밖에 실재하는 그 무엇을 발견하는 일과 다르지 않았다. 즉, 연구자로서 필자를 추동한 것은 내 인식과 경험 밖의 '홈스쿨링'이라는 실재를 연구를 통해 이해하고, 이를 통해 학교 밖에 다양한 모습으로 존재하는 교육을 드러내고자 하는 의지였다.

　반면, '도구적 사례연구'는 연구자가 경험적 혹은 이론적 쟁점을 해결하기 위하여 그 쟁점을 해결하는 데 요구되는 기준에 따라 적합한 '사례를 찾는' 것이다. 필자의 연구 예시(서덕희, 2011a)를 들면, 2007년부터 결혼이주여성과 이주배경 아동 · 청소년들을 만나며 연구를 시작했었고, 그 아이들이 학교생활을 하며 어려움을 겪는 경우도 있지만 지역과 계층에 따라 반드시 그렇지만은 않다는 사실을 여러 가족을 만나면서 알고 있었다. 그러나 당시 '다문화가정'에 대한 연구는 상당히 획일적인 연구 결과를 보여 주고 있었다. 즉, '다문화가정' 자녀들이 극소수일 수밖에 없는 도시의 대규모 학교에 초점을 둔 연구 결과에 터하여 '다문화가정' 자녀들의 학교생활이 부정적으로 담론화되고 있었고, 그에 따라 만들어진 다문화교육 정책들이 현장에서 획일적으로 시행되고 있었다. 다문화교육 전문가로 학교 현장의 컨설팅과 평가에 참여하면서 필자는 오히려 그러한 획일적 정책이 그 아이들에게 도움이 되기는커녕 부족한 집단으로 '낙인(labeling)'을 하며 소수자집단으로 범주화한다는 것을 알게 되었다. 필자는 이에 의문을 제기할 필요성을 느꼈다. 그래서 기존의 선행연구들이 어떤 지역의 어떤 학교 현장들을 연구하였는지 확인하고 그와 대비되는 학교로서 도시가 아닌 농촌, 대규모학교가 아닌 소규모학교, 극소수의 이주배경학생이 있는 학교가 아닌 상당한 비율의 이주배경학생이 있는 학교를 선택했다. 즉, 선행연구 검토를 통해서 이 사례연구를 통해서 해결하고자 하는 쟁점이 무엇인지를 명확히 하고 그에 적합한 사례를 선택한 것이다.

'쟁점'이 먼저 있고 '사례'가 사후적으로 선정된다.

"사례는 만들어진다." 그러나 '본질적 사례연구'에서만 사례가 발견되고, '도구적 사례연구'에서만 사례가 만들어지는 것은 아니다. 물론 본질적 사례연구에서 첫 만남은 '발견'에서 시작된다. 그러나 필자의 연구를 예로 들면, 연구의 과정 속에서 필자는 기존의 다양한 이론을 선이해구조로 하여 홈스쿨링을 이해해 나갔다. 마찬가지로 도구적 사례연구의 경우에도 연구자의 의도적 선택에 의하여 사례가 만들어지지만 연구의 과정을 통해서 예상치 못한 새로운 질문과 발견들이 이루어진다. 앞서 예시로 든 농촌 국제결혼가정 자녀들의 학교생활 연구에서 필자는 그 학생들이 선행연구와 달리 학교생활을 잘 하고 있다는 것을 보여 주는 데 그치지 않고 어떻게 그리고 왜 그것이 가능했는가를 새롭게 발견해 나가고자 하였다.

본질적 사례연구와 도구적 사례연구의 두 유형은 사례연구의 양극단을 유형화한 것일 뿐, 어떤 사례연구든지 어떤 무언가와 연구자가 만나 발견되면서 동시에 만들어지는 사례-되기의 과정을 거친다. 그래서 라진(Ragin, 1992)은 '사례연구'의 과정 자체를 '사례-되기(casing)'라고 표현했다. 사례연구의 과정이 우리가 선정한 '무언가'가 "무엇의 사례인가?"라는 질문의 답을 찾아 나가는 과정이라는 뜻이다. 즉, 어떤 무언가는 연구를 통해 '무언가의 사례(case of something)'가 되어 간다. 그 '무언가(something)'가 상대적으로 초기에 결정될지 혹은 연구의 맨 마지막에 결정될지만 다를 뿐이다. 질적 연구자라면 누구나 연구계획서에서 썼던 논문의 제목이 연구를 수행하고 논문을 다 쓰고 난 다음에 뒤바뀌는 경험을 겪었을 것이다. 이는 바로 사례연구의 과정이 사례-되기의 과정임을 여실히 보여 준다.

(3) 사례-과녁, 사례-맥락의 긴장 관계

'사례-되기'의 과정에서 가장 핵심적인 것은 연구를 통해 드러내고자 하는 핵심인 '무언가'를 어떻게 결정하는가이다. 쟁점에 대한 선행연구 검토가 충분히 이루어지는 도구적 사례연구의 경우라도 그 '무언가'가 처음부터 완전히 결정될 수 없다. 물론 이론 검증을 위한 목적에서 모든 중요한 개념 틀이 사전에 결정되어 있는 경우라면 그 '무언가'는 선행연구 검토의 과정에서 결정된다. 그러나 이론 검증을 위한 사례연구가 아닌 대부분의 사례연구는 선행연구 검토를 통해서 내가 확인하고자 하는 것이 무엇인지에 대한 '대체적인' 개념적 틀만 정할 뿐, 그 세부적인 내용은 실제 경험적인 연구를 통해 알게 된다. 일단 사례 자체가 지니는 총체성과 복잡성을 존중하고 이를 통해서 새롭게 배우고자 한다면 연구자인 내가 종국적으로 드러내고자 하는 '그 무엇'은 연구를 하는 과정에서 지속적으로 변화할 수밖에 없다.

가령, 필자의 학력에 따른 결혼이주여성의 자녀양육에 관한 사례연구(서덕희, 오성배, 2012)를 예로 들어 보자. 필자는 10여 명의 결혼이주여성을 3년 이상 만나오면서 그들의 자녀양육상의 차이가 상당 부분 학력의 차이에 기인한다는 점을 알게 되었다. 그래서 필자는 직접 만난 결혼이주여성들을 학력을 기준으로 구분하였다. 그러나 학력에 따라 이들의 현재 자녀양육 방식의 공통점과 차이점만을 정리하여 제시한다면 그것은 사례연구로 충분하지 않다. 그들의 삶을 총체적으로 이해하는 과정에서 자녀양육은 결혼이주여성 본인의 성장 경험과 그에 따른 삶의 가치관, 이주 후 한국에서 그들의 학력에 따른 배우자와 정착 경험의 차이와 결과적으로 그들이 놓인 경제적 조건 등이 중요한 맥락이 되어 그들이 자녀를 키우는 활동과 체험 그리고 의미의 차이를 낳는다는 것을 발견하였기 때문이다. 즉, 이 연구에서 '무언가(something)'라고 볼 수 있는 '자녀양육'이 의미하는 바가 연구를 하는 과정에서 변화하게 되었다.

'사례-되기'의 과정이 지니는 이러한 특이성을 스테이크(Stake, 2006: 1)는 "사례와 과녁의 딜레마(case-quintain dilemma)"로 표현했으며 인(Yin, 2014: 2)은 "사례와 맥락의 경계의 불분명함"으로 표현하였다. 스테이크의 표현을 빌리면, 결혼이주여성들 개별 '사례'를 이해하는 데 너무 치우치면 이 연구를 통해서 공통적으로 드러내고자 하는 '과녁'이 무엇인지가 불분명해진다. 즉, 사례인 결혼이주여성들의 삶 전체를 초점 없이 나열하면 무엇을 연구하고자 한 것인지 불분명해진다. 그렇다고 그 '과녁'만을 드러내면 그 '과녁'이 기반하고 있는 '사례'의 맥락성, 총체성, 복잡성이 사라져 버린다. 즉, 현재 드러나는 자녀양육의 구체적인 행위 양상만을 다룬다면 그러한 행위 양상이 드러날 수밖에 없었던 맥락으로서의 결혼이주여성의 삶이 탈각된 피상적인 이해에 그치게 된다. 따라서 좋은 사례연구는 스테이크의 표현을 빌리면 '과녁'에만 초점을 둘 수도 '사례' 자체에만 치우쳐서도 안 된다. 그 긴장 혹은 딜레마 속에서 연구자가 새롭게 발견하게 되는 것들로 인하여 '과녁'의 의미가 맥락 속에서 구체화되고 심화되며, 결과적으로 그 '사례'도 온전히 이해가 된다.

'사례와 과녁의 딜레마'는 앞서 언급한 실재론과 유명론의 논쟁에서 말한 실재(이데아)와 이름을 양극단으로 보고 그 둘 간의 긴장을 통해서 이름에 해당하는 보편적 의미를 찾아 나가는 과정이라고 볼 수 있다. 그런 점에서 또한 조용환(2012)의 '문질빈빈(文質彬彬)'의 원리로 설명 가능하다. '이름(文)'에서 시작하되 그 '바탕(質)'을 통해 그 이름의 의미를 찾아 나가고자 하는 과정, 혹은 거꾸로 그 바탕에서 시작하여 그 바탕에 적합한 '이름'을 찾아 나가는 과정과 다르지 않기 때문이다. 이 문질빈빈의 과정을 통해 연구자가 만난 무엇인가는 말 그대로 '무언가'의 '사례가 되어 가는 것(casing, becoming-case)'이다.

2) 비교

'비교'는 사전적으로 "둘 이상의 사물을 견주어 서로 간의 유사점, 차이점, 일반 법칙 따위를 고찰하는 일"을 뜻한다. 사회과학에서의 비교연구방법을 정리한 김용학(1995)은 비교의 논리는 모든 학문에서 모두 동일하며 그 대상만이 다른 것뿐이라고 지적한다. 그에 따르면, '비교'가 추구하는 목적은 독특성을 발견하려는 방향과 보편성을 발견하려는 방향, 두 방향으로 이루어진다. 이 두 방향은 비교를 통해 공통점과 차이점을 발견하고자 하는 인간의 원초적인 분석적 사고가 지향하는 바를 잘 보여 준다.

(1) 단일 사례연구: 비교를 통한 사례 선택

사례연구는 본질적 사례연구와 도구적 사례연구의 유형화 외에 사례의 수에 따라 단일 사례연구와 다중 사례연구로 구분할 수 있다. 일반적으로 단일 사례연구(single-case study)는 그 사례를 총체적 맥락 속에서 이해하고 '기술(description)'할 것이라고 기대하는 데 반해, 다중 사례연구(multi-case study)는 사례 간 분석(cross-case analysis), 즉 비교에 초점이 있을 것이라고 기대한다. 실지로 정책기관에서 위탁받은 대개의 연구는 다중 사례연구로 개별 사례에 대한 기술에 만족하지 않고 사례 간 비교를 통한 연구 결과를 요구하는 것이 보통이다. 필자 역시 자유학기제 종단연구나 혁신고등학교 연구 모두 우선 사례 간 비교를 통해서 찾을 수 있는 공통점에 초점을 두고 정리하였다.

그러나 단일 사례연구라고 하더라도 '비교'는 사례 선택의 과정에서부터 이루어진다. 대체로 앞서 다룬 본질적 사례연구는 단일 사례연구로 이루어지는 경우가 대부분인데, 가령 이상적 사례나 극단적 사례, 특이적(deviant) 사례 등이 이에 해당한다. 그런데 '이상적', '극단적', '특이적'이라고 하는 형용사 자체가 비교를 내포하고 있다. 다른 사례들과 비교해 볼 때 이상적이며 극단적이고 특이하다는 평가가 들어 있는 것이다. 예를 들어, 지역교육네트워크를 통해서 소외계층 아동·청소년이 어떻게 성장해 나가는지를 사례연구를 통해 드러내고자 한 연구(서덕희 등, 2018)에서 필자는 2009년 한 장학재단의 우수사례연구로 인연을 맺은 지역교육네트워크인 '민들래'를 사례로 삼았다. 일종의 '이상적 사례' 연구에 해당하였는데, 이는 이미 평가의 과정을 통해 다른 배움터들과 비교해 볼 때 '우수'하다고 판단된 사례였다. 인성교육 우수사례연구에서 비롯된 저소득층 밀집지역 인성교육 사례연구(서덕희, 2018)의 경우에도 단일 사례연구였지만 인성교육 전문가들의 판단에 따라 다른 학교와 비교적 평가가 이미 이루어진 상태에서 선정되었다.

'도구적' 단일 사례연구에서는 이러한 '비교'가 사례 선택의 과정에서 더 명시적이고 적극적으로 이루어진다. 앞서 언급했듯이 필자는 국제결혼가정 자녀들이 학업, 또래관계 등 대부분의 측면에서 어려움을 겪는다는 초기 연구들의 획일적인 연구 결과와 그에 근거한 획일적인 다문화교육정책에 대하여 문제의식을 갖고 있었다. 2007년부터 대도시가 아닌 농촌과 중소도시의 국제결혼가정을 방문하여 연구를 수행하면서 그렇지 않은 학생들이 있다는 점을 알았기 때문이다. 특히 농촌 지역 소규모학교 중 2010년 당시 이미 한 학급에 30% 이상이 국제결혼가정 자녀들인 학교들이 있었다. 나는 기존 연구들의 획일적인 결과가 탈맥락적인 편견을 낳고 잘못된 정책을 시행하게 한다는 상심에서 기존의 선행연구와 여러 변인에서 다른 사례를 선택하고자 하였다. 그리하여 당시 국제결혼가정 학생의 비율이 제일 높았던 화순을 지역으로 선정하고 그 지역에서 국제결혼가정 학생 수가 높은 학교들을 고른 후(기준에 따른 사례 선택) 그 학교들 중 지인을 통해 연결 가능한 학교(편의적 사례 선택)를 선택하여 연구를 수행하였다. 비록 단일한 사례연구였지만 지역과 학교규모, 인구구성 등 다양한 측면에서 기존 선행연구의 사례들과 비교가 가능한 사례를 선택한 것이다.

(2) 다중 사례연구: 비교를 위한 사례 선택

다중 사례연구의 경우 이런 '비교'가 사례들 간의 분석에 결정적 영향을 끼치기 때문에 매우 중요하게 다루어진다. 다중 사례연구에서 각각의 사례는 일종의 서로 다른 '자연적 실험'으로 간주되고, 그 결과를 비교하기 위하여 초점이 되는 핵심 맥락을 제외한 나머지는 통제가 되도록 사례를 선택하게 된다. 요컨대, 실험에서 독립변수를 무엇으로 볼 것인지를 선행연구 검토를 통해 확인한 후 나머지는 통제하는 것과 마찬가지이다. 이런 연구는 일종의 '도구적 다중 사례연구'라고 할 수 있다. 가령, 앞서 언급했던 결혼이주여성의 자녀교육에 관한 연구에서 필자는 결혼이주여성들과의 지속적인 면담의 과정에서 학력에 따라 자녀를 양육하는 방식이 다르다는 판단을 하고 있었고 설문조사를 통한 연구에서도 그러한 결과가 반복적으로 나오고 있었다. 다만 '왜', '어떻게' 다른가에 대해서는 양적 연구의 결과가 말해 주는 바가 없었다. 그에 대한 답을 찾기 위해 필자는 만나고 있던 결혼이주여성들의 학력을 비교하여 두 부류로 구분하였다. 그리고 학력을 제외한 나머지 맥락은 일정 정도 통제가 되도록 고학력과 저학력 각각에서 다양한 출신국과 경제 수준의 결혼이주여성이 골고루 포함될 수 있도록 하였다. 학력적 차이가 소위 독립변수에 해당하였기 때문에 나머지 변수인 출신국이나 경제적 맥락이 편향되지 않아야 했다. 그래야 인과적 추론의 결과, 양육방식의 차이의 원인을 출신국이 아니라 학력으로 돌릴 수 있기 때문이다.

한편, 본질적 다중 사례연구에서는 '최대한의 편차(maximum variation)'를 고려한 사례 선택이 중요하다. 필자의 홈스쿨링 연구(서덕희, 2008)처럼 그 모집단에 대해서 알려진 바가 없을 때의 사례연구에 해당한다. 이때, '비교'의 과정을 통해서 최대한의 다양성을 보여 줄 수 있는 사례들을 선택해야 이 연구를 통해서 새롭게 발견하고 배우는 것이 극대화된다. 모든 조건이 동일하면 비교할 것이 없다. 사례가 일종의 자연적 실험 상황을 보여 준다고 볼 때 동일한 조건과 그렇지 않은 조건을 정확하게 확인하여 그 조건에 적합한 사례를 선택해야 비교가 가능하고 조건에 따라 드러나는 현상의 차이 혹은 공통점을 분석할 수 있다. 그런데 홈스쿨링처럼 모집단에 대한 본격적인 연구가 처음 이루어지는 경우 어떤 사례가 어떤 차이를 가지고 있는지 처음부터 알 수는 없다. 필자의 경우 한 대안교육전문 출판사의 편집장에게 서너 가정을 소개받은 후 그 가정들과 연구를 진행하면서 특징을 비교하고 동시에 그 가정들로부터 자신들과는 다른 성격을 보여 주는 새로운 가정들을 소개받는 식으로 사례를 넓혀 나가는 '눈덩이 굴리기(snowbowling)' 식의 사례 선택 과정을 거쳤다.

비교는 사례를 선택하는 과정에서부터 사례연구자가 수행해야 하는 방법적 활동이다. 그것은 본질적 사례연구, 도구적 사례연구, 혹은 단일 사례연구, 다중 사례연구, 이론을 검증하거나 탐색하거나 창출하는 사례연구 어디에서나 그러하다. 그 비교를 염두에 둘 때 사례의 '사례성'이 무엇인지 알 수 있고 이를 통해 연구 결과가 모집단의 이해에 어떤 의미를 갖는지를 명확히 할 수 있다. 이 점이 없다면 이는 사례연구라고 할 수 없다. 그런 점에서 비교적 접근은 사례연구에 필수적이다(Dumez, 2015: 43).

3) 맥락

사례연구에서 사례 자체를 이해하는 데 비교 못지않게 핵심적인 것이 '맥락(context)'이다. 사례-되기에서 강조한 바와 같이 사례와 그것이 놓인 맥락의 관계는 불분명할 뿐만 아니라, 후자에 대한 이해 없이는 전자에 대한 온전한 이해도 불가능하다. 그렇다면 구체적으로 사례와 맥락은 사례연구에서 어떻게 관계를 맺어야 하는가? 다음에서 확인할 수 있는 바와 같이 사례연구에서 맥락의 중요성은 크게 두 차원에서 제기된다.

(1) 기술에서의 맥락

그 하나는 사례 기술(description)의 차원이다. 연구자는 자료를 구성하여 분석하고 연구 결과를 기술하는 과정에서 사례가 놓인 맥락의 복잡성과 총체성을 생생하게 살려서 기술해야 한다. 스테이크(Stake, 1995)에 따르면, 사례는 그것이 단일 사례라 하더라도 그 자체의 '상황'에 놓인 복잡한 실체이다. 인(Yin, 2014)은 심지어 "사례와 그것이 놓인 맥락과의 불분명한 경계"를 사례연구의 정의를 구성하는 핵심 특징으로 삼고 있을 정도이다. 따라서 사례를 연구한다는 것은 사례와 떼려야 뗄 수 없는 맥락과 더불어 연구한다는 것을 뜻한다. 앞서 언급한 바와 같이 결혼이주여성의 '자녀양육'을 연구한다고 할 때 결혼이주여성의 삶의 맥락에 대한 이해 없이 그들의 '자녀양육'을 이해하기는 어렵다. '자녀양육'이 이루어지는 가정 내의 미시적인 물리적 배치나 가족구조와 가정문화 등 사회문화적 맥락도 있고, 좀 더 통시적인 차원의 이주여성의 생애사적 맥락도 있으며, 거시적인 차원에서 '자녀양육'에 영향을 미치는 이주여성의 본국과 한국사회의 사회문화적 맥락도 있을 것이다. 이러한 맥락의 총체성 속에서 구체적인 그들의 자녀양육 과정이 기술될 때 우리는 그들의 '자녀양육'이 '무엇'을 의미하며 그것이 '어떻게', '왜' 현재와 같은 양상으로 드러나는지 온전히 이해할 수 있다.

그래서 해석적 인류학의 대표적 학자인 기어츠(Geertz, 1973)는 기술(description)에 있어서 사례와 맥락은 구분되지 않고 '두꺼운 기술(thick description)'이 되어야 한다고 말한다. 그는 영국의 철학자 길버트 라일(Gilbert Ryle)의 '눈깜박임'의 의미와 맥락과의 관계를 원용하여 기술에 있어서 맥락의 중요성을 강조한다. 라일에 의하면, 우리는 누군가에게 눈깜박임을 받아도 그 맥락을 모르면 그것이 무슨 뜻인지 이해할 수 없다. 누군가에게 애정을 표현하는 것인지, 몰래 전하고 싶은 것이 있는지, 아니면 너의 이야기를 알았다는 것일 수도 있고, 눈에 먼지가 들어가서일 수도 있다. 따라서 눈깜박임이 이루어지는 맥락이 달라지면 그 의미도 달라진다. 기어츠(Geertz)가 보기에 이는 모든 인간행동에 해당된다. 따라서 눈깜박임에 대해서만 기술하는 '표층적 기술(thin description)'과, 행동 및 발화가 그 사회 내에서 위치하고 있는 맥락을 더불어 제시하는 '두꺼운 기술'은 독자의 이해와 공감을 불러일으키는 정도에 있어서 확연히 다를 수밖에 없다.

(2) 분석과 해석에서의 맥락

기어츠(Geertz)가 말하는 '두꺼운 기술'은 실상 사례의 분석과 해석을 포함한다. 여기서 '기술', '분석', '해석'의 구분은 월코트(Wolcott, 1997)의 구분을 따른 것이며, 이는 완전히 분리된 연구 활동이라기보다는 각 활동의 속성을 부각하여 다룸으로써 그 속성을 좀 더 명확히 구분하여 이해하기 위한 것뿐이다. 다시 언급하지만 사례와 맥락과의 관계에서 사례는 하나의 텍스트로 어떤 콘텍스트, 즉 맥락과 관계를 맺느냐에 따라 그 의미가 달리 구성될 수 있다. 여기서 '텍스트(text)'는 원래 텍스트들의 집합체인 '맥락(context)'과의 관계에서 그 의미가 규정되는 것이다. 텍스트는 그것이 놓인 맥락 속에서 이해해야 한다. 그 사례가 놓인 맥락은 총체적이지만 분석 혹은 해석을 위해서는 다른 맥락은 배경(背景)으로 물리고 특정 맥락들을 전경(前景)으로 끌어올 수밖에 없다. 즉, 사례에는 생태학적 · 물리적 · 지역적 맥락뿐만 아니라 사회적 · 경제적 · 정치적 · 윤리적 · 역사적 · 미학적 맥락도 있을 수 있다(Stake, 2006: 12). 그중 특정한 맥락을 전경으로 삼아 사례의 의미를 분석하거나 해석한다.

그렇다면 총체적 맥락 속에서 특정한 맥락을 전경으로 삼아 분석 혹은 해석을 한다는 것은 무엇을 뜻하는가? 이는 연구의 목적상 크게 두 가지로 구분할 수 있다. 그 하나는 인(Yin)의 사례 혹은 스테이크(Stake)가 말하는 '과녁'으로서의 어떤 현상 혹은 활동이 어떤 배치(언표적, 물리적) 혹은 언어 게임으로서의 맥락(emic context, etic context)에 있는지를 찾고 그 맥락 내에서 의미를 이해하는 것이다. 다른 하나는 어떤 현상이나 활동이 결과로 드러날 수밖에 없는 인과적 조건으로 맥락을 찾는 것이다. 전자의 경우, 연구자가 어떤 사례를 분석한다는 것은 그 사례의 의미가 드러나는 맥락(역사적, 사회적, 정치적, 경제적, 미학적, 문화적, 물리적 등)을 찾으면서 동시에 구성하는 일이다. 반면, 후자의 경우 그 사례가 결과가 되는 원인을 추적해 나가는 과정, 즉 인과적 조건을 확인해 나가는 인과적 추론의 과정을 뜻한다. 베버(Weber)의 구분을 따라 사회과학에서는 주로 전자를 '이해(understanding)'라고 표현하고 후자를 '설명(explanation)'이라고 표현해 왔다. 데이비드(David, 2006)에 따르면, 전자를 '해석적 사례연구(interpretive case study)', 후자를 '인과적 사례연구(causal case study)'로 구분할 수 있다.

① 해석적 사례연구: 이해를 위한 맥락

먼저 이해를 위한 맥락을 보자. 이해를 위한 맥락 역시 두 가지로 구분해 볼 수 있다. 먼저, 이해를 위한 첫 번째 맥락은 민속방법론이나 문화기술적 연구에서 찾을 수 있는 바와 같이 그 사례를 포함한 맥락에서 발견할 수 있는 에믹(emic, 내부자)의 관점과 원리, 방식을 찾고 그것을 맥락(context)으로 삼아 연구하고자 하는 사례 혹은 과녁의 의미를 이해하는 것이다. 이를 간략히 '이해를 위한 에믹(emic)의 맥락'이라고 부르자. 이때, 연구자는 사례와 더불어 맥락을 '발견'하고 분석해야 한다.

가령, 수업에 대한 사례연구와 같이 미시적 상황에서 이루어지는 현상, 활동, 혹은 프로그램들을 연구한다고 할 때 그것이 이루어지는 현장의 일상적인 에믹의 맥락이 중요한 의미를 가질 수 있다. 즉, 수업문화, 교직문화, 학생문화 등 그러한 일상에서 작동하는 삶의 방식과 의미 구성의 코드들을 발견하고 분석하여 이를 맥락으로 삼아 수업이나 프로그램, 활동에서의 미시적인 현상의 의미를 이해할 수 있다. 학교폭력 현상에 대한 일종의 사례연구(서근원, 문경숙, 2016)에서 네모가 어떻게 학교폭력 가해학생이 되었는가를 이해하는 과정은 그가 놓인 학교의 교직문화와 학생문화 등을 이해하지 않고는 이해하기 어렵다. 문화라는 지고의 현실, 즉 일상적 상황과 그 위에서 구성되는 다양한 삶의 형식을 연구자가 발견하고 맥락화할 수 있어야 그 사례에 대한 이해가 가능하다. 이러한 사례연구에서 맥락은 말 그대로 텍스트를 이해하기 위한 컨텍스트(맥락)로 존재한다. 이 맥락은 최대한 연구자가 연구의 과정에서 발견하고 '분석'해야 한다.[6]

이해를 위한 두 번째 맥락은 자료를 통한 에믹의 맥락의 발견과 분석보다 연구자의 적극적 구성이 더 강조되는 '해석'에서 활용된다. 연구자의 학문적 지평으로부터 끌어져 나와 맥락으로 구성된다는 점에서 '이해를 위한 학문적 맥락'이라고 부를 수 있다. 가령 필자는 자기조직적 교육 거버넌스 구축의 원리로서의 실천공동체 연구(서덕희, 2021)에서 미래형 교육자치 협력지구사업에서 순천의 사례를 통해, 어떻게 생활세계에서 교육의 자율적 가치를 추구하는 신사회운동 활동가들이 지방자치단체와 교육청과 더불어 교육 거버넌스를 구축해 나가는지를 일종의 본질적 단일 사례연구로 수행하였다. 이 연구에서 필자는 '자기조직적 거버넌스'와 '실천공동체'라는 이론을 맥락으로 구

---

6) 이때, 분석이란 자료가 말하는 것, 즉 에믹(emic)의 관점을 최대한 파악하기 위하여 자료들에 코드를 부여하고 그것들 간의 분류를 하며 그 에믹(내부자적)의 의미의 맥락에서 의미하는 바가 무엇인지를 확인하는 작업을 뜻한다. 이 과정을 가장 체계적으로 보여 주고 있는 것이 스프래들리(Spradley, 1980)의 영역분석-분류분석-성분분석이다.

성한 후 자료 구성 과정을 통해 발견한 내용들을 체계적으로 분석하고 그것의 의미를 앞서 제시한 이론적 맥락 속에서 이해하고자 하였다.

이처럼 인과적 추론에 초점이 있지 않은 사례연구 중에서도 그 의미를 연구자가 적극적으로 해석하기 위하여 학문적 맥락을 구성한 경우가 이에 해당한다. 이러한 사례연구들은 월코트(Wolcott, 1997)의 구분에 따르면 해석 중심의 질적 연구에 해당한다. 질적 연구는 일반적으로 생생하고 구체적인 기술을 강조하여 독자 스스로 그 의미를 해석할 여지를 주는 것을 중요한 가치로 여긴다. 그러나 때로는 그러한 기술이 이루어지고 난 후 연구를 통해 연구자가 깨닫게 된 의미를 독자들에게 좀 더 적극적으로 제시하여 대화를 나누고 실천을 지향하고자 할 때, 연구자는 자신이 깨달은 의미를 학문적 맥락에서 체계적으로 제시하는 해석 중심의 사례연구를 지향할 수 있다. 이러한 과정에서 독자는 이 구체적인 사례를 뛰어넘어 그 사례가 포함된 모집단에 대한 보편적 이해를 지향하고자 하는 연구자의 세계에 좀 더 직접적으로 참여할 수 있다.

② 인과적 사례연구: 설명을 위한 맥락

이해를 위한 맥락과 달리 인과적 추론에 초점을 둔 사례연구의 경우는 맥락을 특정 현상을 불러일으키는 인과적 조건으로 본다. 가령, 단일 사례연구(서덕희, 2011a)와 다중 사례연구(서덕희, 오성배, 2012)를 예로 들어 보자. 앞서도 언급한 바 있는 농촌 국제결혼가정 자녀들의 학교생활에 대한 사례연구에서 나는 기존의 선행연구가 대도시의 사례를 연구한 결과를 전체에 일반화함으로써 '국제결혼가정' 혹은 '다문화가정'이라는 조건 혹은 맥락 자체가 그들의 학교생활에서의 어려움의 원인인 것처럼 받아들여지는 것에 대한 문제의식이 있었다. 다행히 사례연구를 통해 국제결혼가정 자녀들이 선행연구의 결과와는 다른 학교생활을 하고 있음을 드러낼 수 있었고, 나는 그러한 차이가 '왜' 그리고 '어떻게' 나타나는지를 그 원인을 찾아 나가는 방식으로 정리하였다. 그들이 학교생활을 잘해 나갈 수 있었던 인과적 맥락을, 첫째, 교사와 학교에 의존도가 높은 학생들을 개별적으로 지도하고 성장하는 것을 보면서 보람을 느끼는 교사라는 맥락, 둘째, 점차 줄어드는 학령기 인구로 인하여 학생 한 명 한 명이 소중한 소규모 학교라는 맥락, 셋째, 국제결혼가정보다 더 열악한 한부모가정과 조손가정 속에서 오히려 다문화가정이 정서적으로 안정된 삶을 살아갈 수 있는 농촌 지역이라는 맥락으로 찾을 수 있었다. 마치 추리를 통해 범인을 밝혀 나가듯이 한 "사례 내의 분석(within-case analysis)"을 통해 (Schwandts & Gates, 2018: 540), 나는 기존 연구 결과와 다른 국제결혼가정 자녀들의 학교생활의 맥락을 인과적으로 추론해 나갔다.

다중 사례연구의 경우, 이러한 인과적 추론이 이루어지는 데에는 좀 더 어려움이 있다. 다중 사례연구에서 연구자는 각각 사례를 맥락 속에서 이해해야 할 뿐만 아니라 '사례 간 비교(cross-case analysis)'를 통해 각 사례가 놓인 맥락 간의 비교까지 수행해야 하기 때문이다. 즉, 사례 자체를 이해하기 위한 '사례 내 분석'과 사례들 간의 공통점과 차이점을 통해 논의를 심화시키기 위한 '사례 간 분석'을 동시에 진행할 필요가 있다. 가령 한국 태생 국제결혼가정 청소년의 진로형성에 관한 종단적 사례연구(서덕희, 테레사편, 2017)에서 필자는 두 명의 청소년의 진로형성의 과정을 초등학교부터 고등학교에 이르기까지 종단적으로 살펴보았는데, 그 과정에서 각 사례 내에서 진로가 형성되는 주요 전환점에서 어떤 맥락이 작동하는지 각각을 분석하였다. 뿐만 아니라 그 두 사례를 비교하면서 어떤 점에서 둘은 유사하고 어떤 점에서 다르며, 그 차이는 어떤 맥락적 차이에서 비롯된 것인지를 사례 간 분석을 하고자하였다.

그나마 앞의 다중 사례연구들은 모두 개인을 사례의 단위로 보았기 때문에 인과적 추론의 과정에서 포함시켜야 할 맥락이 아무리 총체적이라 하더라도 '상대적으로' 제한적이었다. 사례의 단위가 기관, 학교 혹은 사회이고, 게다가 다중 사례연구일 경우 확인해야 할 맥락은 훨씬 더 증폭된다. 3년 종단으로 이루어졌던 자유학기제 종단연구와 혁신고등학교 사례연구의 경우 각각 6개와 3개의 학교를 사례로 연구를 진행하면서 사례 내 분석뿐만 아니라 사례 간

분석을 통해 공통점과 차이점을 확인하고 차이점의 경우 그 차이를 불러일으킨 인과적 조건, 즉 맥락이 무엇인지 그것을 추론하는 과정을 거쳐야 했다. 그러나 이 둘을 모두 수행하는 일은 쉽지 않았고 주어진 시간 내에서 한 보고서 안에 그 결과를 정리하기도 쉽지 않았다.

가령, 자유학기제와 혁신학교 등 학교혁신 과정에서 학생들이 시간이 흐름에 따라 어떻게 변화하는지를 기술할 수는 있다. 그러나 학생들의 변화의 원인을 인과적으로 추론하고자 할 때 그 원인이 혁신학교의 어떤 특성 혹은 자유학기제의 어떤 특성 때문이라고 특정하기 쉽지 않았다. 그렇게 말하기 위해서는 혁신학교가 아닌 일반학교들은 어떠한지 선행연구나 직접 연구를 통해 비교하여 확인할 수 있을 때에만 그것이 혁신학교에서만 드러나는 특성 때문이라고 추론할 수 있다. 또한 혁신학교 내에서도 학교가 원하는 방향으로 성장하는 학생들과 그렇지 않은 학생이 있다고 할 때 그러한 차이가 학생 개인의 특성이나 가정배경에 따른 것인지, 아니면 말 그대로 '학교 효과(school effect)'인지 등까지 비교하고 검토해야 한다. 학교를 사례로 하여 구성원의 성장을 분석한다고 할 때, 사례 내 분석을 한다고 해도 구성원 각자가 그 분석의 단위로 '하위사례'가 되어야 하고, 그 하위사례 내에서 또 그들의 변화의 원인을 인과적으로 추론해야 한다. 이러한 노력을 부족하나마 필자는 세 혁신고등학교에서의 학생들의 성장에 관한 종단적 사례연구(서덕희, 이진주, 2022)에서 시도하였다. 즉, 진로교육의 관점에서 혁신 고등학교의 교육이 개별 학생들에게 어떤 의미가 있었는지를 하위사례로서의 학생들의 삶과 성장에 대한 사례 내 분석과 사례 간 분석을 통해 확인하고자 하였다.

(3) 맥락의 다층성과 개방성

혁신학교에 대한 사례연구에서 확인할 수 있듯이, 하나의 사례에는 그것을 구성하는 무한대의 하위사례가 있다(Dumez, 2015). 사례연구자는 연구를 수행하는 과정에서 수많은 사건과 변화, 의사결정, 사람, 수업을 만난다. 이 각각이 모두 하위사례를 구성하며 이는 이론적으로 무한대이다. 하나의 사례의 안을 들여다보면, 수많은 하위사례가 포함되어 있다. 그러나 그 사례의 바깥을 보아도 무한대의 사례가 있다. 지구를 하나의 사례라고 생각해 보라. 지구를 둘러싼 우주의 무수한 별을 생각해 보라. 또 지구를 구성하고 있는 무수한 생명체를 생각해 보라. 이처럼 사례연구에서는 사례와 맥락 자체의 경계가 불분명하다는 것뿐만 아니라(Yin, 2014), 인과적 과정을 추론하는 과정에서 확인해야 할 맥락들이 증폭되면서 이를 좀 더 체계적으로 살펴보아야 할 필요성이 제기된다. 즉, 체제(system)적 사고의 필요성이 강조될 수밖에 없다.

필자 역시 농촌 국제결혼가정 자녀들의 학교생활에 대한 맥락적 이해(서덕희, 2011a)에서 더 나아가 생태학적 체제를 강조하는 방향(서덕희, 조은혜, 2017)으로 나아가게 되었다. 이주민들의 삶을 연구하는 과정에서 문화가 다차원적으로 작동하고 있음을 확인하게 되었고(서덕희, 2011b, 2013), 이를 이주배경학생들의 진로성향 등에 적용하면서 브론펜브레너의 생태학적 발달이론(Bronfenbrenner, 1979)과 관련지어 이론화하고자 한 것이다. 브론펜브레너의 생태학적 체제론은 한 유기체의 발달이 미시체계, 중간체계, 외체계, 거시체계 등 체계들과의 관계 속에서 이루어지고 있다고 보는 관점이다. 필자는 이 관점을 문화의 차원성과 연동하여 이론화함으로써 아동과 청소년의 진로발달을 맥락적으로 설명할 수 있다고 보았다(서덕희, 조은혜, 2017). 소위 한 사례를 인과적으로 설명하려고 해도 단일 맥락이 아니라 다층적 맥락 속에서 추론하지 않으면 안 된다. 한 아이의 성장에 마을 전체가 필요한 것처럼 한 사례를 이해하기 위해서는 세계 전체가 필요하다.

4) 일반화

그렇다면 사례연구는 학문적으로 어떤 의미와 의의가 있는 것일까? 모든 연구방법론이 그 자체의 학문적 정당화의 논리가 있는 것처럼 사례연구 역시 그러하며 이를 통해 그 엄격성을 평가받을 수 있다. 사례연구에서 학

문적 정당화는 '일반화'를 통해 가능하다. 카플란(Kaplan, 1998: 264-265: 김
웅진, 2016에서 재인용)에 따르면, '일반화'는 크게 '기술적 일반화(descriptive
generalization)'와 '설명적 일반화(explanatory generalization)'로 나눌 수 있다.
"기술적 일반화는 사례가 드러내는 보편적 속성을 선별적으로 기술하기 위
한 기술 기제를 구축하는 작업이라면, 설명적 일반화는 귀납적 추론을 통해
도출된 인과적 진술, 즉 통칙이나 이론, 분석모형이 경험적 세계와 얼마나 상
호조응(isomorphism)하는지를 연역적으로 확인하는 작업"이다. 대개의 경우,
양적 연구가 선행연구 검토를 통해 가설을 세우고 표본을 통해 경험적 세계
에 얼마나 조응하는지를 통계적으로 확인하는, 즉 검증하는 '설명적 일반화'
에 초점이 있다면, 질적 연구는 구체적인 사례를 통해 모집단의 보편적 속성
을 타당하게 기술하고자 하는 '기술적 일반화'에 초점이 있다.[7]

  사례연구에 초점을 두어 말하면, 무언가의 '사례'라는 말 자체가 '무언가'의
모집단을 상정하고 있으며 사례연구의 결과는 그 모집단의 이해에 기여해야
한다. 가령 구체적인 실체로서 '콩이'는 '동물'의 사례일 수도, '개'의 사례일 수
도, '반려견'의 사례일 수도 있다. 어떤 것의 '사례'로 연구되든 간에 그것이 사
례연구라고 한다면, '콩이'에 대한 연구를 통해 각각 동물, 개, 반려견의 이해
에 기여해야 한다. 즉, '무언가'의 사례에서 그 '무언가'라는 이름 자체는 구체
적인 사물 그 자체가 아니라 '일반적인(generic or general)' 것이기 때문이다.
앞서 유명론과 실재론의 논쟁에서 언급했듯이 구체적인 실체로서 '콩이'는 존
재하지만 '개'라는 이데아가 그 자체로 존재하는지 알 수 없다. 그러므로 개에
대한 이해는 필연적으로 '콩이'와 같은 구체적인 사례들에서 이루어지지 않으

---

[7] 근거이론연구자인 글레이저(Glaser, 2006)는 '기술적 일반화'와 '개념적 일반화(conceptual
  generalization)'를 구분하여 '기술적 일반화'가 구체적인 사례의 기술을 의미한다면 그 기술은 글자 그
  대로 다른 구체적인 사례에 적용되기 어렵다는 점을 지적하면서, 그 대안으로 '개념적 일반화'를 제안
  한다. 그러나 이 글에서는 '기술(description)'이라는 것이 특수한 사실만을 기술하는 것이 아니라 필
  연적으로 그것의 의미를 포착하기 위해 보편적 속성을 드러내는 '개념'을 활용할 수밖에 없다는 점에
  서 두 일반화를 구분하지 않는다. 앞서 언급한 바와 같이 기술, 분석, 해석을 개념적으로는 구분하지
  만 실지로 이 세 과정은 상대적으로 정도의 차이만 있을지언정 동시에 이루어질 수밖에 없다.

면 안 된다. 그러므로 '사례연구'에서 사례로부터 그 사례가 속한 모집단에 관하여 의미 있는 이야기를 하는 것, 즉 일반화를 지향하는 것은 연구방법론상 필연적인 것이다.

(1) 사례 선택을 통한 일반화

첫째, 사례의 '사례적 성격', 즉 '사례성'에 의해 일반화에 기여하는 경우이다. 이 경우 앞서 언급한 '기술적 일반화'에 해당한다. 소위 '전형적', '평균적', '특이적', '변이적' 등 사례의 성격에 대한 표현 자체가 '일반화'의 성격을 뜻하는 경우이다(Vogt, Gardner, & Haeffele, 2012: 116). '전형적', '평균적' 사례의 경우는 그 속성을 많이 갖고 있거나(전형적 사례), 평균적으로 갖고 있는 사례로, 그 사례가 갖고 있다고 생각되는 일반적 속성이 무엇인지 확인하고 그 속성이 드러나는 구체적인 과정(how)과 원인 혹은 이유(why)를 확인하기 위한 사례연구에서 선택된다. 가령 혁신고등학교 학생들이 일반고등학교 학생들에 비하여 사회적 가치를 지향하는 진로 인식을 가진다는 가설이 있다고 하면 그 가설이 실지로 그러한지, 그리고 만약 그렇다면 왜, 어떤 과정을 거쳐서 그렇게 되는지를 밝히기 위하여 혁신고등학교들에 대한 포괄적 이해를 갖춘 실무자 혹은 연구자에 의하여 선택된 '전형적' 혹은 '평균적' 사례를 연구하는 것이다. 반면, 이미 가지고 있는 가설로는 설명하기 어려운 '극단적', '변이적'(Flyvbjerg, 2011) 사례 등의 경우에도 이 연구를 통해 이미 알고 있는 모집단의 일반적 속성과는 다른 무엇인가를 발견할 수 있다는 가정하에 연구를 수행하게 되고, 이를 통해 기존의 모집단에 대한 이해에서 드러나지 않았던 속성은 무엇이며, 그것은 어떻게, 왜 드러나는지를 이해함으로써 모집단에 대한 기존의 이해를 재구성하여 좀 더 심화되고 체계화된 이론을 생성할 수 있다. 이 경우 기존 연구 결과로는 설명되지 않는 사례를 선정하고 연구를 통해 새로운 이론을 생성하거나 개발하는 연구(Schwandt & Gates, 2018: 538)가 된다.

그렇다면 이것이 왜 '일반화'인가? 우선 '전형적', '평균적' 사례의 경우를 보자. 가령 우리가 '전형적'이라고 표현할 때 그 사례는 그 '무언가의 사례(case of something)'로서 그 무언가의 속성들을 (거의) 모두 포함하고 있다는 뜻이 된다. 반면, '평균적'이라고 표현할 때에는 그 모집단에 속한 사례들이 평균적으로 지니고 있는 속성들을 지닌 사례라는 말이 된다. 따라서 이 연구를 통해서 드러나는 연구 결과들은 그 모집단에 일반화가 가능하다. '콩이'가 전형적인 '개'라고 한다면 '콩이'라는 사례가 보여 주는 속성들은 바로 '개'의 속성이 되는 것이다. 가령 개교하면서 혁신학교 지정된 학교의 전형적 사례로 어떤 학교의 구성원들이 어떻게 성장해 나가는가를 연구한다고 할 때 그 연구의 결과는 개교하면서 혁신학교로 지정된 대부분의 학교에서 구성원의 성장을 이해하는 데 바로 적용될 수 있다.

다음으로, '극단적(extreme)', '변이적(deviant)' 사례의 경우는 기존의 연구 결과들로 설명되지 않는 사례를 연구를 통해 확인하므로 어떤 맥락에서 그러한 '변이'가 나타나는지를 이해할 수 있고, 또 그 원인이 되는 맥락을 추론할 수 있으며, 그 결과가 새로운 이론으로 생성될 수 있다. 즉, 이론적 변이(anomalies)를 드러낼 수 있다. 가령 나는 자유학기제 종단연구에서 중산층 밀집지역의 중학교에서 자유학기제를 체험한 학생들과 학부모를 3년 간 만났는데 그중 한 어머니와 학생만이 다른 학생들과 확연히 구분되는 성장을 보여 주었다. 이 경우 나는 이 학생을 사례로 삼아 이 학생이 놓인 맥락(가정, 학교, 지역사회 등) 속에서 이 학생이 어떻게 성장할 수 있었는지를 드러냄으로써 기존 중산층 밀집지역 중학생들의 자유학기제 체험에 대한 평균적 연구 결과와는 다른 이론적 변이를 보여 줄 수 있었다. 그리고 다른 속성을 드러내는 인과적 맥락과 기제가 무엇인지 추론함으로써 유사한 맥락과 기제에 놓인 중산층 밀집지역 중학생들의 자유학기제 체험을 이해하는 데 가설로 활용 가능하다.

그렇다면 '전형적', '평균적', '극단적', '변이적' 사례라고 하는 판단 자체가 '일반화'라면 그러한 판단은 어떻게 누구에 의하여 가능한가? 이미 그 모집단에 속한 다양한 사례를 접하고 있고 그 사례들을 '비교'하는 과정에서 그 사례에 대한 '판단'을 할 수 있는 사람들, 즉 전문가가 사례의 선택에 도움을 줄 수 있다. 그런 전문가가 없을 때 연구자가 그러한 역할을 할 수 있다. 가령 나는 중산층 청소년의 자유학기제 체험과 관련하여 3년간 6명의 서로 다른 청소년들을 1년에 두 차례씩 지속적으로 만나 왔기 때문에 그중 한 명의 체험이 다른 학생들과는 확연히 다르다는 것을 알게 되었다. 이 경우 3년 종단연구로 진행했기 때문에 이러한 비교적 판단이 설득력을 가질 수 있다. 그렇지 않은 경우라면 대개는 그 모집단 자체에 대하여 많은 경험을 가진 다른 기관이나 사람들을 통해서, 혹은 공식적으로 축적된 평가 등을 통해서 사례의 '사례성'에 대한 판단을 할 수 있다. 가령, 장학재단 배움터 우수사례의 경우 이미 전문가 집단이 다양한 사례를 보며 평가한 결과를 반영하여 '우수 사례'로 선정된 경우였다. 만약 사례성에 대한 이러한 공식적인 판단 과정이 부재하거나 그 판단 과정의 타당성 자체가 의심되거나 혹은 그러한 판단을 할 수 있는 사람이 부재하다고 하면, 연구자가 그 모집단에 대한 선행연구에 대한 검토와 관련 내부자들의 추천, 추천된 사례들에 대한 예비 연구를 통해 그 사례성을 확인해 볼 수 있다.

(2) 사례 분석을 통한 일반화

둘째, '일반화'는 사례의 사례성이 아니라 사례 내 분석과 사례 간 분석 등 분석을 통해서 일반화를 확보하는 경우이다. 사례연구에서 분석을 통한 일반화는 보통 '분석적 일반화(analytic generalization)'로 이루어진다. '분석적 일반화'는 인(Yin, 1984: 이영철, 2006: 73에서 재인용)이 일찍이 '통계적 일반화'와 구분하여 사례연구에서의 일반화를 설명하기 위하여 고안한 것이다. 통계적 일반화는 "사례를 표본으로 삼아 반복 조사를 할 때 동일한 결과가 나타나는가를 보고, 모집단에 일반화하려는 방법"이다. 반면, '분석적 일반화'는 "특정한 이론이 특정한 사례에 적용되는지 분석하여, 특정이론이 지닌 이론적 전제와 방법이 얼마나 일반화할 수 있는지 파악함으로써 이론 자체의 개발과 확정"을 하는 방법이다. 그러나 이러한 분석적 일반화는 이론 검증을 위한 사례연구의 경우에서처럼 이미 주어진 이론이 있고 그것이 여러 다른 사례에서도 설명력을 갖는지를 검증하는 '연역'적 성격을 띤다는 점에서(Dul & Hak, 2008) 새로운 이론을 창출하는 것과는 거리가 먼 것처럼 보인다. 그렇다면 사례연구의 장점을 살려 소수의 사례에서 새로운 이론을 창출할 수 있는 분석적 일반화는 어떻게 가능한가?

슈반트와 게이츠(Schwandt & Gates, 2018: 538)는 인(Yin)의 구분을 받아들이되 소수의 사례를 대상으로 하는 사례연구에서 분석을 통한 일반화를 수행하는 과정을 특정하여 '분석적 일반화'라고 불렀고 그 방식을 '분석적 연역'이라고 이름 붙였다. 분석적 연역은 일종의 연역과 귀납의 상호작용으로 '가추(abduction)', '역추(retroduction)'로도 표현될 수 있다. 이는 프래그머티스트인 찰스 샌더스 퍼스(Charles Sanders Peirce)가 과학적 발견의 과정에서 활용되는 세 가지 추론 방법 중 연역법과 귀납법을 제외한 나머지 하나로 소개한 것이다. 이를 구체적으로 살펴보면, 주어진 '사실'이 있고 그 '사실'을 가장 잘 설명할 만한 가설을 세운 후(가추) 그 가설을 반증하는 '사실'이 발견되는가에 주목한다(역추). 가령 다중 사례연구의 경우 그 공통점과 공통의 변인들을 찾고 이 둘의 상관관계를 설명하는 최선의 '가설'을 세운 후 그 '가설'에 맞지 않는(disconfirming) 증거를 다시 찾는 것이다. 이 과정에서 '가설'에 맞지 않는 자료들이 발견되면 그 가설을 다시 해체하고 재구성하면서 더 적합한 '가설'을 찾는 과정을 반복한다. 앞서 공통점을 찾는 과정은 귀납에 해당하고, 뒤의 가설을 세우고 그에 맞지 않는 증거를 찾는 과정은 연역에 해당한다. 이러한 추론 방식은 대부분의 경험적 연구에서 이론의 '발견을 위한(heuristic)' 필연적 과정이라고 할 수 있다.

이렇게 이루어진 '분석적 일반화'는 이후 반복적인 사례연구를 통해 검증될 수 있으며 또 언제라도 새로운 사례에 의하여 반증될 수 있다. 그러나 특정 가설이 반증된다고 하더라도 그 가설 자체가 폐기되는 것이 아니다(김웅진, 2016). 자연과학에서조차 지식의 국지성(locality)이 강조되는 것처럼, 사회과학에서의 이론 혹은 가설은 특정 맥락 내에서 의미를 가지는 것으로 기존의 가설에서 벗어나는 사례의 등장은 그 가설을 새롭게 재구성하는 데 기여한다. 그 가설에 의하여 설명이 되는 사례의 수가 늘어날수록 그 가설은 해체와 재구성의 과정을 거쳐 높은 설명력을 가진다. 해석주의적 사례연구이든 비판적 실재론에 근거한 사례연구이든 그 가설 자체는 한계가 있을 수밖에 없다. 그러나 그러한 인간 인식의 한계에도 불구하고 좀 더 다양한 자료 구성과 그에 근거한 엄밀한 인과적 추론을 하고자 하는 노력은 자신이 놓인 세계의 작동방식을 스스로 설명하여 납득하고 자신의 기획에 따라 미래를 열어 밝혀 나가고자 하는 인간의 특성상 필수불가결한 것이다.

5) 실천지

이와 같은 일반화의 과정은 사례연구의 학문적 가치를 높이기 위한 연구자의 노력의 과정이라고 말할 수 있다. 사례연구는 사례의 '사례성'에 근거하여 기존 연구에 대한 반증과 새로운 이론화를 가능하게 할 수 있으며 사례 내 분석과 사례 간 분석을 통하여 소위 거대이론이 아니라 근거이론(grounded theory)을 생성하고 정교화하고 때로는 검증을 할 수도 있다. 그런데 최근 사례연구가 정책적 관점에서 중요하게 다루어지는 까닭은 이와 같은 일반화로 인한 학문적 성과에 있을 뿐만 아니라, 실제의 개선을 위한 정책적 방향을 구체적으로 제시함으로써 연구 결과가 정책이 더 나은 방식으로 실현되는 데 기여할 수 있다고 보기 때문이다(강은숙, 이달곤, 2005; 이종원, 2011). 요컨대, 최근 정책 사례연구에서 '일반화'에 대한 관심은 엄밀한 이론의 구축을 위한 '이론적 지향'에서 비롯된 것이라기보다는 실제의 개선을 위한 '실천적 지향'에서 비롯된 것이라고 볼 수 있다.

전통적인 기초학문인 사회학과 인류학, 심리학뿐만 아니라 교육학이나 사회복지학, 간호학, 의학, 경영학과 행정학 등 실천 영역을 가진 학문 분야에서 사례연구에 대한 관심이 늘어나는 까닭도 여기에 있다. 특히 필자가 경험한 많은 위탁연구는 정책 연구였으며, 이들의 관심은 이론의 구축이 아니라 실제의 개선에 있었다. 이러한 실천적 지향의 정책 연구들은, 첫째, 사례연구를 통해 그 정책의 성과를 확인하고 싶어 하며, 둘째, 그 모집단인 실천 현장을 개선하기 위한 정책적 제언을 얻기를 희망한다. 가령 자유학기제 종단연구와 혁신고등학교 사례연구 등에서 사례연구가 포함된 까닭은 두 정책의 성과를 확인하고 정책적 개선이나 정교화를 통해 교육 현장을 개선하는 데 관심이 있었기 때문이다. 특히 우수사례연구의 경우 사례연구 결과로 일종의 '모범'을 보여 줌으로써 국가, 지방자치단체, 혹은 교육부와 교육청 등이 자신들의 정책과 사업이 어떻게 취지에 맞게 실현되고 확산될 수 있는지에 관심이 있다. 즉, 우수사례에서 정책이 성공적으로 이루어지는 방식을 다른 현장에 적용함으로써 정책의 성공적 확산을 꾀하는 것이다. 이를 이론의 일반화와 다른 맥락에서 실천(practice)의 '일반화'에 대한 관심이라고 부를 수 있다. 그러나 이미 상식화되었듯이 해외에서 혹은 타 기관에서 아무리 성공한 프로그램 모형이나 이론적 모델이라고 하더라도 그대로 적용되어 성공하기는 어렵다. 말 그대로 맥락이 다르기 때문이다. 그렇다면 실천의 '일반화'는 어떻게 가능한가?

(1) 자연적 일반화와 실천지

스테이크(Stake, 1995: 85)는 사례연구, 특히 기술적 사례연구(descriptive case study)가 '일반화'에 기여하는 방식을 '자연적 일반화(naturalistic generalization)'라고 표현한다. 자연적 일반화는 사례연구의 결과를 잘 '기술'함으로써 독자가 직접 그 사례에서 일어난 "생활사(life affairs)에 인격적으로 참여하거나(personal engagement), 그 일이 자신에게 일어난 것처럼 느낄 수 있도록 간접 경험을 잘 구성함으로써 독자가 자연스럽게 결론에 도달하게 하는 것"이다. 즉, 구체적인 시공간에서 이루어지는 실천에 대한 '인격적 기술'을 통해 시나브로 독자도 연구자와 함께 그 상황에 들어가 추론을 하고 그 의미를 이해하는 것을 뜻한다.

그렇다면 스테이크가 말하는 '자연적 일반화'가 어떤 면에서 실천의 개선, 혹은 실천의 '일반화'를 가능하게 할 수 있는가? 소수 사례에 대한 구체적인 인격적 기술을 통해 독자가 연구자의 연구 결과를 '공감'하게 되었다는 것은 구체적으로 무엇을 뜻하는가? 양적 연구에서 일반화는 연구를 통해 도출되어 나온 명제적 이론이 모집단의 다른 사례에도 적용된다는 뜻이다. 그런데 '자연적 일반화'의 결과 도출되는 것은 다른 사례에도 적용될 수 있는 명제적 이론이 아니라 연구자와 함께 그 사례의 이해 과정을 거치면서 변화된 독자의 관점과 태도이다. 플루비야(Flyvbjerg, 2011)는 이러한 연구자와 독자의 관점과 태도의 변화를 이렇게 설명한다. 사례연구는 연구자는 물론 독자로 하여금 구체적이고 '맥락의존적' 유형의 지식과 경험을 통해 '상황 학습(situated learning)'을 하도록 한다는 것이다. 실지로 모든 실천공동체에서 인간은 다양하고 구체적인 상황에 대한 경험을 통해 초보자에서 전문가로 성장해 나간다(Lave & Wenger, 1991). 사례연구는 바로 이러한 구체적 상황을 독자가 간접적으로 체험하도록 함으로써, 단순한 규칙 지배적 판단과 행동에 그치지 않고 현실에서의 미묘하고 복잡한 차이를 감지한 상황에서 적합한 실천과 이해 그리고 그것을 개선해 나갈 수 있는 안목을 갖추게 한다. 아닌 게 아니라 다양한 사례를 접하면 접할수록 그러한 미세한 차이를 고려한 판단과 그에 적합한 실천을 할 수 있다. 그것이 바로 전문가의 전문성이다. 아리스토텔레스가 말하는 프로네시스(phronesis), 즉 실천지의 체득이 가능한 것이다.

  '자연적 일반화'가 가능하기 위해서는 최대한 일상적 맥락을 생생하게 드러낸 상황에서의 인격적 기술(personal description)이 강조되어야 한다. 일상의 맥락은 다양한 삶의 형식이 부딪히고 섞이며 때로는 그 속에서 타협하는 등 '풍부한 모호성'을 지니고 있다. 이것을 치밀하게 쓰되 특정한 맥락에 가두지 않고 '개방'할 때, 사례연구는 학문적으로 더 많은 이론을 생성할 수 있는 토대가 되고, 실천적으로는 독자로 하여금 상황 적합적 실천지를 체득할 수 있는 기회를 제공한다. 분석적 일반화가 인과적 추론에 기반한 '분석'에 초점이 있기 때문에 어쩔 수 없이 모호성을 최대한 줄이는 방향으로 나아갈 수밖에 없다면, 자연적 일반화는 사례와 맥락과의 모호성 속에서 연구자가 발견한 것을 최대한 있는 그대로 총체적이고 구체적으로 '기술'하는 데 초점이 있다.

사례연구에서 가능한 이 두 가지 일반화, 즉 '자연적 일반화'와 앞서 설명한 '분석적 일반화'의 방향은 사실상 사례연구의 두 분파인 해석주의자와 비판적 실재론자들 간의 차이를 잘 보여 주는 것처럼 보인다(Schwandts & Gates, 2018: 544). 즉, '자연적 일반화'는 해석주의에 근거하고 있다면 '분석적 일반화'는 비판적 실재론에 근거하고 있다는 것이다. 그러나 자연적 일반화와 분석적 일반화가 그 사례를 다루는 존재론적 층위와 목적이 다르다고 보면, 둘은 상충하지 않고 양립 가능하다. 즉, 사례연구에서 기술(description)뿐만 아니라 인과적 추론에 초점을 둔 분석, 그리고 의미의 해석까지 모두 포괄된 방식의 보고서 작성 자체가 불가능한 것은 아니다. 다만, 연구자의 문제의식과 그것을 풀어 나갈 시간이 필요할 뿐이다. 푸코(Foucault, 1972, 1980)의 담론적 관점에서 볼 때, 사례연구자는 자신의 목적에 따라 학문적으로 그리고 실천적으로 기여할 수 있는 담론적 형식을 활용할 수 있으며, 그 결과 한 사례연구가 양방향의 일반화를 가능하게 할 수도 있다. 다만, 이를 위해서 연구자는 서로 다른 담론적 장르와 스타일을 활용할 수 있는 시간적 여유 속에서 다양체로서의 사례연구자-되기를 위한 태도 전환이 가능해야 한다.

정책 연구에서처럼 연구 기간의 한계가 분명한 경우 이 두 가지를 모두 만족시키기는 어렵다. 그럼에도 불구하고 많은 정책 사례연구에서 연구 발주자들은 그러한 분별 없이 연구자에게 이 두 가지 일반화 모두를 요구하는 경우가 적지 않다. 이때, 사례연구자는 위탁기관에서 요구하는 일반화가 무엇인지를 분명히 하고, 그에 따라 연구 기간 및 조건 등을 요구할 수 있어야 할 것이다. 그리고 그에 따라 자신이 수행하는 사례연구의 성격과 목적, 한계를 분명히 해야 할 것이다.

(2) 규범적 사례연구와 전문성

최근 사례연구의 동향에서 또한 주목해야 하는 것이 '정책평가'적 성격을 지닌 사례연구의 증가이다. 최근 정책의 목표는 고도로 추상화된 방식으로 표현되어 있을 뿐, 구체적인 평가지표가 없는 경우가 많다. 연구자가 그 정책의 성과를 '질적인' 방식으로 평가해 주기를 바라는 연구들도 증가하고 있다. 즉, '규범적 사례연구(normative case study)'를 요구하는 것이다.

'규범적 사례연구'는 그 분야의 전문가를 연구자로 삼아 그 정책이 실현된 결과를 '평가(evaluation)'하는 목적으로 사례연구를 수행하는 경우를 뜻한다. 그 분야의 전문연구자가 정책의 실현 과정을 사례를 통해 연구하면서 그 정책의 목표와 절차 그리고 성과가 원래 정책의 '가치'에 비추어 얼마나 타당한지 등을 평가하는 것이다(Schwandts & Gates, 2018). 특히 교육이나 사회복지, 간호 등의 가치지향적 영역에서는 해석적 사례연구이든, 인과적 사례연구이든 그 활동 혹은 현상 자체가 가치를 지향 혹은 발현하는 것이기 때문에 그것을 기술하고 그 의미를 이해하며 그 원인을 추론하고자 할 때 가치판단을 배제할 수 없다(Thacher, 2006: 1635). 실지로 해석적 사례연구의 대표적 학자인 스테이크(Stake, 1995, 2006)의 연구들도 교육 정책이나 프로그램에 대한 평가가 포함된 규범적 사례연구의 성격을 띠고 있다. 마찬가지로 필자가 수행한 교육청과 교육부에서 이루어진 많은 사례연구도 그러했다.

그런데 근대 사회과학의 관점에서 보면 '규범적 사례연구'는 과학적 성격을 띤 것으로 보기 어렵다. 베버(Weber, 1958: Thacher, 2006: 1636에서 재인용)는 내재적 가치와 도구적 요소들을 구분하고, 설명적 이론은 오직 주어진 목적을 달성하기 위한 최선의 도구 혹은 수단을 확인함으로써 무엇을 해야 하는가에 대한 결정에만 기여할 수 있다고 보았다. 목적 그 자체 혹은 가치 그 자체는 경험과학의 업무가 아니라고 본 것이다. 왜냐하면 목적이나 가치를 실현하는 객관적으로 '올바른' 혹은 형이상학적으로 '진실인' 사례들은 경험적인 연구대상이 아니라고 보았기 때문이다. 그러나 대처(Thacher, 2006: 1637)가 보기에 규범적 사례연구에서 다루고자 하는 것은 그러한 절대적 선이나 정의, 형이상학적 진리 등 '올바름'에 대한 '교조적' 분석이 아니다. 그는 "실제 사례들을 성찰함으로써 가치들에 대하여 더 잘 판단할 수 있다."라고 보고, 이를 통해 규범적 이론에 기여가 가능하다고 보았다.

가령, 구체적인 사례를 통해 자기조직적 교육 거버넌스를 연구한 필자의 연구(서덕희, 2021)에서 거버넌스 구축의 과정을 단순 기술하는 것이 아니라 그것이 어떻게 민-관-학이 협력해 거버넌스를 구축하고 지역의 교육력을 높이는가를 드러내어 보여 주고자 하였다. 이 연구에서 민-관-학의 '협력'이나 지역 '교육력' 등은 정책의 성과를 판단하는 규범적 기준이다. 그런데 '협력'이나 '교육력' 등은 직접 경험했거나 경험적 연구를 통하여 간접 경험을 하지 않으면 그것이 의미하는 바가 무엇인지 이해할 수 없다. 그것을 규범적 사례연구를 통해 드러내어 보여 줌으로써 정책결정자나 집행자들이 자신의 이상과 책무를 이해하고 구체적으로 실천할 방향을 찾을 수 있다. 이와 같이 대부분의 정책 사례연구가 확인하고자 하는 것은 명명백백한 선험적 · 형이상학적 · 객관적 규범이 아니라 인간사회의 삶의 맥락에서 작동하고 경험되는 질적인 성과이다. 즉, 논리적으로 완전히 폐쇄된 구조가 아닌, 규범적 가치가 드러나는 다양한 사례를 통해 구체적이고 복잡한 상황에서 활용 가능한 어느 정도 통합된 규범적 확신의 연결망(integrated networks of normative convictions)을 갖추어 나가고, 이 연결망에 근거하여 다양한 상황에서 마주치는 어려운 윤리적 질문들에 답하려고 노력할 수 있다(Thacher, 2006: 1638). 규범적 사례연구의 규범적 이론에 대한 기여가 여기에 있다.

그렇다면 규범적 사례연구에서 이루어지는 가치판단의 타당성은 어떻게 확인 가능한가? 대처(Thacher, 2006)는 이 가치판단의 타당성을 롤스(Rawls, 1971: Thacher, 2006: 1647에서 재인용)가 제시한 '성찰적 균형(reflective equilibrium)' 개념을 가지고 설명한다. 이미 반세기 전에 확립된 이 윤리적 추론(ethical reasoning)이란 "다른 규범적 확신들에 대하여 자신의 견해가 갖는 함의를 성찰함으로써 규범적 이상에 대하여 우리가 이미 가지고 있던 견해를 비판하고 명료화하며 향상시키려고 노력해야 한다."라는 뜻이다. "다른 확신들에 비추어 자신의 견해를 검토하면서 혹시 오도된 것으로 보일 수도 있는 견해를 수정하여 모든 것이 조화되도록 하는 것"이다. 새로운 사례를 만나면서 기존의 연결망을 성찰하고 그것과 균형을 이루도록 가치판단을 해 나가는 것은 열린(indefinite) 성격을 띠고 있는데, 이는 약점이 아니라 모든 효과적인 추론의 본질적 특성이라고 할 수 있다(Thacher, 2006: 1649).

　규범적 사례연구는 정책과 그에 따른 평가의 필요성으로 인하여 지속적으로 증가할 가능성이 있다. 그런데 규범적 사례연구는 해당 분야에 대한 실천적 전문성을 갖춘 전문가가 아니면 수행하기 어렵다. 즉, 이 전문성은 앞서 언급한 실천지(phronesis), 그리고 앞의 표현을 빌리면, 어느 정도 통합된 규범적 확신의 연결망을 뜻하며 이는 그 분야의 실천과 관련된 다양한 상황에서 직간접적으로 가치 판단을 해 나가면서 형성되는 것이기 때문이다. 연구자는 특정 분야에 대한 규범적 사례연구를 더 많이 하면 할수록 규범적 확신의 연결망을 더 통합적으로 구축하게 되고 이를 개념적으로 표현하고 공유할 수 있으며, 이를 통해 규범적 이론의 형성에 기여할 수 있다.

　해석적 사례연구, 인과적 사례연구 그리고 규범적 사례연구의 과정에서 연구자가 자신의 연구의 타당성을 얻기 위해 노력하는 과정은 한 마디로 사례연구자-되기의 과정이라고 볼 수 있다. 학문적 일반화를 위하여 연구자는 어떤 무엇인가를 만나 유사한 다른 것들과 '비교'하고 그것이 놓인 '맥락'과의 관계 속에서 그 무엇인가를 이해하고자 노력한다. 그 이해의 결과 연구자는 그 어떤 것을 무언가의 '사례'로 부르게 되고, 그와 더불어 그 무언가의 모집단의 보편적 이해에 기여하려는 노력을 하게 되면서 비로소 어떤 무엇인가는 사례가 된다(사례-되기). 한편, 이러한 학문적 노력의 과정에서 연구자는 자신이 발견한 이해를 독자들도 함께할 수 있도록 구체적인 인격적 '기술'을 하고 이를 통해 그 사례의 생활사 속으로 독자를 끌어들인다. 독자와 더불어 체험한 '자연적 일반화'는 다른 사례들을 또한 이해하고 판단할 수 있는 실천지를 형성한다. 이러한 사례연구가 반복되면 될수록 연구자는 더 예리하고 깊이 있는 실천지를 갖추면서, 그 사례를 개선하는 데 적용할 수 있는 안목, 즉 '전문성'을 형성한다. 또한 그 모집단에 관한 분석적 일반화를 구축해 나갈 수 있는 토대를 마련한다. 그러나 동시에 연구자는 사례연구가 갖는 일반화의 한계를 인식하고 성찰하게 되고, 그것은 그 '무언가'에 대한 더 나은 이해를 위한 노력으로 나아가게 한다. 이러한 일련의 과정에서 신참자가 전문가가 되듯이 연구자는 '규범적 사례연구'를 할 수 있는 실천지, 즉 전문적 판단력을 갖출 것이다.

요컨대, 분석적 일반화와 자연적 일반화의 과정을 통해 모집단의 이해 혹은 개선에 기여하고자 하는 사례연구자는 결과적으로 그 무언가의 모집단에 대한 실천지를 체득해 나가는 전문가가 되어 가면서 동시에 더 나은 이해와 실천을 위해 새로운 차이를 낳는 연구를 반복적으로 수행해 나가며 그 결과 새로운 사례들의 가치를 평가할 수 있는 사례연구자가 되어 간다.

3. 한 사례로부터 전체를 이해하라

사례-되기와 사례연구자-되기의 대칭적 되기 과정을 사례연구의 핵심적 '질'로 보고 이를 사례, 비교, 맥락, 일반화, 실제적 가치의 방법적 쟁점을 중심으로 살펴보았다. 이때, 방법은 자료를 구성하는 방법은 아니다. 사례연구는 질적 연구에서 일반적으로 활용하는 다양한 자료 구성 방법을 활용하며 이미 언급한 바와 같이 분석과 해석의 방법 역시 사례연구의 목적에 따라 다양하다. 그런 맥락에서 스테이크(Stake, 1995)는 사례연구의 독자성은 자료 구성이나 분석 혹은 해석의 방법적 측면에 있다기보다는 '무언가의 사례(case of something)'로서 어떤 것을 연구하겠다는 연구자의 기획에 있다고 보았다. '무언가의 사례'로 어떤 것을 연구한다는 것은 다른 사례와의 끊임없는 비교를 통해 사례의 사례성을 확인하고, 그 사례를 자연적 상황에서 분리 불가능한 맥락과의 관계에서 이해하고자 하며, 그 사례를 포함한 모집단을 이해하려는 일반화의 노력을 기울인다는 것이다. 이것이 사례연구의 독자성이다.

문화기술지에서 '문화'가, 현상학적 연구에서는 '현상'이, 내러티브 탐구에서는 '내러티브'가 방법론으로서의 위상을 정립하는 핵심 개념인 것과 마찬가지로 사례연구에서는 '사례'가 핵심이다. '사례'란 무엇인가, 내가 연구하고자 하는 것은 무엇의 '사례'인가, 내 연구가 그 사례가 포함된 모집단의 이해에 어떻게 기여할 것인가에 대한 나름의 논리적 기준을 제시할 수 있다면 사례연구는 방법론으로 체계적으로 제시될 수 있다. 즉, 연구방법론을 연구대상에 대한 특정한 관점, 그 대상을 연구하는 특정한 방법 그리고 그 방법을 정당화하는 논리로 본다면, 사례연구는 사례에 대한 특정한 관점(사례-되기), 그 사례를 연구하는 특정한 방법(비교적 관점, 맥락과 사례 사이의 긴장, 인격적 기술을 통한 자연적 일반화와 사례 내 분석과 사례 간 분석을 통한 분석적 일반화의 과정), 그 방법을 정당화하는 논리(자연적 일반화와 분석적 일반화의 논리)가 있다.

"개체발생은 계통발생을 반복한다."라는 말이나 "한 사례로부터 전체를 이해하라(Ex uno omni aspecta)."(Dumez, 2015: 55)라는 라틴어의 격언은 하나의 사례를 깊이 있게 이해하는 일이 통시적으로나 공시적으로 전체를 이해하는 일과 다른 일이 아님을 드러내 준다. 사례와 전체가 별도로 존재하지 않듯이 사례에 대한 이해와 전체에 대한 이해는 별도로 이루어질 수 없다. 어떤 무언가가 연구자인 나에게로 와서 '사례'가 되어 가는 과정은 사례연구자인 내가 그 사례가 포함된 모집단 전체에 대하여 보편적 이해를 추구해 나가는 과정과 같다. 사례-되기와 사례연구자-되기가 서로 대칭적으로 이루어진다는 의미는 그런 뜻이다.

이미 언급했지만, 사례와 사례를 둘러싼 맥락 역시 그 경계가 불분명하다. 스테이크는 사례를 경계가 있는 경험적 실체라고 한정하였지만, 이때 경계란 생각처럼 쉽게 정하기 어렵다. 가령, A학교라고 하는 혁신학교의 경계는 어디까지인가? 지역연계가 강조되는 상황에서 학교에서 이루어지는 교육활동만 연구의 대상이 되어야 하는지 지역과 연계하여 이루어지는 활동까지 포함되어야 할지, 만약 그렇다면 학교교육의 3주체라고 할 때 교사, 학부모, 학생이 포함되는데 그 외의 지역의 교육활동가는 포함이 되지 않는 것인지 등, 심지어 물질의 세계에서 파동이냐 입자냐에 대한 논쟁이 있고 개체(individual)와 개체와의 구분이 매우 'fuzzy'하다(불분명하다)는 것을 인정하는 상황에서 사례와 맥락과의 경계의 불분명함은 명약관화하다고 볼 수 있다. 인(Yin, 2014)이 특히 "맥락과의 경계가 불분명한 현상"을 사례연구의 대상으로 본 것은 단순히 맥락과의 관계 속에서만 사례를 이해할 수 있다는 인식론적인 이유가 아니라 이미 존재론적으로 분리할 수 없기 때문이라고 볼 수 있다.

그런 관점에서 최근 사례연구의 미래를 복잡계(complex system) 이론 혹은 시스템 사고(system thinking)와 연결 지어 보려는 움직임은 이와 같은 사례와 모집단, 사례와 맥락과의 관계를 좀 더 전향적으로 사고하려는 움직임이라고 볼 수 있다. 앞서 '맥락'에서 이미 논의하기도 하였지만, 사회현상을 복잡계의 관점에서 이해하려는 노력은 오래전부터 있어 왔다. 인간 발달을 맥락적으로 이해하고자 하는 하나의 시도로서 브론펜브레너(Bronfenbrenner, 1979)의 생태학적 발달이론은 이미 1970년대부터 주장되었던 것이다. 또한 바스카(Bhaskar, 2017)의 비판적 실재론의 관점에서도 층화된 실재들이 어떻게 인과적 힘을 발휘하는지 등을 연구할 수 있다. 이러한 관점들을 사례연구에 적용하여 미시적(개인), 중간적(meso, 가정, 제도, 도시 이웃), 거시(국가) 수준으로 이해할 필요가 있다고 주장하는 학자들이 최근에 생겨나고 있다(Schwandts & Gates, 2018: 544-545). 특히 교육학이 인간 발달과 그것이 이루어지는 맥락과의 내부작용을 연구하는 것과 직접적으로 관련이 있다고 본다면, 이러한 체제적 사고는 사례연구의 관점에서 적극적으로 활용될 필요가 있다.

특히 시스템 사고와 사례연구방법론과의 잠재적 관련성을 주장하는 연구자들(Schwandts & Gates, 2018: 544-545)은 시스템을 인간이 자신이 놓인 상황을 이해하기 위하여 만든 인식론적 구인(construct)으로 보며, 상황들(situations)이 경계가 없는 복잡계(complex realities)로 구성되어 있다고 본다. 다시 말해, 우리는 사례를 자연적 상황에서 맥락과 더불어 이해하려고 하는데 그 상황에는 분리 불가능한 다양한 시스템, 즉 맥락(context)들이 작동하고 있다는 것이다. 사례와 경계가 불분명한 맥락으로서 경제적 · 정치적 · 역사적 · 사회적 · 문화적 · 생태적 맥락뿐만 아니라 학문적 · 미학적 · 도덕적 맥락 등 다양한 맥락이 동시에 작동하고 있다. 그래서 그러한 복잡한 현실 속에 놓인 그대로 그 사례를 존중하되, 이를 체계적으로 이해하기 위하여 시스템적 사고를 할 필요가 있다고 보는 것이다.

다만 비판적으로 시스템 사고를 하는 이들은 사례와 맥락과의 경계가 불분명한 것과 마찬가지로 사례에 작동하고 있는 시스템들 간의 경계 역시 불분명하기 때문에 그 경계가 어떻게 구성되는지 혹은 구성했는지를 성찰하고, 그렇게 경계를 짓는 것이 윤리적·정치적으로 어떤 함의를 가지는지 사고할 필요가 있다고 지적한다(Schwandts & Gates, 2018). 가령 혁신고등학교에 대한 사례연구를 수행한다고 할 때 그 성과를 정치적 맥락에서 이해하는 것과 교육적 맥락에서 이해하는 것, 혹은 가시적 학업성취의 관점에서 볼 것인가 비가시적인 역량 함양의 관점에서 볼 것인가는 전혀 다른 학문적·실천적 결과와 효과를 낳을 수 있기 때문이다. 즉, 어떤 맥락을 전경(前景)에 놓고 어떤 맥락은 배경(背景)으로 놓을 것인가 등은 지식과 힘과의 관계를 미시적으로 볼 필요성을 강조하는 푸코(Foucault, 1972, 1980)의 담론적 관점에서 볼 때 소위 어떤 것을 '무언가의 사례'로 볼 것이냐의 문제와 다르지 않다. 이 문제는 사례연구의 핵심이면서 동시에 세계에 '이름'을 붙이는 작업을 업(業)으로 하는 모든 전문 담론 생산자인 연구자가 비판적으로 성찰해야 할 핵심이다.

그런 점에서 다시 한번 사례-되기와 사례연구자-되기는 대칭적 되기의 과정이다. 무언가 나에게로 다가왔을 때 내가 그것을 '꽃'으로 부르느냐 '잡초'로 부르느냐에 따라 그 무언가는 '꽃'의 사례가 될 수도 '잡초'의 사례가 될 수도 있다. 나는 그와 더불어 '꽃'의 사례연구자, '잡초'의 사례연구자가 되어 간다. 어떤 무언가가 나에게 하나의 '기호'로 다가오는 것은 연구자 내 의지에 따른 것이 아니지만, 어떤 이름을 붙이느냐는 연구자의 의지에 따른 것이고 그 책임 역시 연구자의 몫이다. 또한 현장이나 권위의 강요에 따라 붙인 이름이 아닌 다른 이름이 요구될 때, 이를 외면하지 않고 직면하고 수용하는 것 역시 연구자의 의지와 책임이다. 사례연구는 바로 가장 근원적 차원에서 인간이 인간과 떼려야 뗄 수 없는 사물들의 세계에 이름을 붙이고 분류를 하기 시작할 때 바로 그 상황으로 우리를 데려간다. 사례연구가 질적 연구의 원형(prototype)이라는 말은 바로 이런 뜻에서이다.

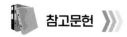 **참고문헌** 》》

강은숙, 이달곤(2005). 정책사례연구에 대한 방법론적 논의. 行政論叢, 43(4), 95-121.

김광기(2014). 막스 베버와 알프레드 슈츠: 이념형과 전형의 비교 분석. 현상과인식, 38(3), 61-87.

김웅진(2016). 사회과학적 일반화에 있어서 연구사례의 일탈성: 판정맥락과 척도에 관한 방법론적 성찰. 21세기정치학회보, 26(4), 49-66.

서근원, 문경숙(2016). "이게 다 학교 때문입니다.": 학교에서 새겨진 폭력. 교육인류학연구, 19(4), 41-81.

서덕희(2008). 홈스쿨링을 만나다. 서울: 민들레출판사.

서덕희(2010). 배움터장학사업 질적 사례 분석 연구. 삼성꿈장학재단.

서덕희(2011a). 농촌 국제결혼가정 아동들의 학교생활에 대한 맥락적 이해: 전남 소규모 초등학교에 대한 질적 사례연구. 교육사회학연구, 21(2), 87-120.

서덕희(2011b). 문화 없는 다문화교육을 넘어서: 문화의 과정성과 다차원성에 근거한 다문화교육 재개념화. 교육학연구, 49(4), 231-269.

서덕희(2013). 문화의 차원에 비추어 본 다문화사회로서의 한국의 특수성. 아세아연구, 56(1), 7-40.

서덕희(2015). 결혼이주여성의 자녀교육 어려움에 대한 종단적 사례연구: 학력에 따른 아비투스와 문화접변 전략을 중심으로. 교육사회학연구, 25(3), 211-247.

서덕희(2018). 물러섬 없는 위기지학(爲己之學): 한 교육인류학도의 연구궤적을 통해 본 교육인류학과 질적 연구. 교육인류학연구, 21(4), 1-41.

서덕희(2020). 질적 연구의 '원형'으로서 사례연구의 방법론적 성격: 사례와 연구자의 대칭적-되기. 교육인류학연구, 23(4), 1-29.

서덕희(2021). 자기조직적 교육 거버넌스 구축의 원리로서의 실천공동체: 순천지구 사례를 중심으로. 교육학연구, 59(5), 335-386.

서덕희, 설상욱, 김유정, 김유리(2018). 지역교육네트워크를 통한 소외지역 아동·청소년의 삶과 성장에 관한 존재론적 해석. 아시아교육연구, 19(2), 497-541.

서덕희, 오성배(2012). 결혼이주여성의 자녀교육관과 실제: 학력에 따른 차이를 중심
　　으로. 한국교육, 39(1), 169-207.

서덕희, 이진주(2022). 진로 형성의 관점에서 본 혁신고등학교 교육의 의미에 관한 종
　　단적 사례연구. 교육문화연구, 28(4), 377-413.

서덕희, 조은혜(2017). 중도입국청소년의 진로성향과 그 생태학적 조건에 대한 탐색.
　　교육문화연구, 23(1), 217-247.

서덕희, 테레사편(2017). 한국태생 국제결혼가정 청소년의 진로 형성 과정에 관한 종
　　단적 사례연구. 교육사회학연구, 27(3), 57-98.

이영철(2006). 사회과학에서 사례연구의 이론적 지위: 비판적 실재론을 바탕으로. 한
　　국행정학보, 40(1), 71-90.

이종원(2011). 정책 사례연구방법의 활용 현황과 발전을 위한 제언: 비교사회과학 방
　　법론이 논의를 중심으로. 한국거버넌스학회보, 18(3), 1-20.

정승혜(2017). 국내 광고학 분야의 사례연구방법론에 대한 고찰. 광고연구, 112, 107-
　　133.

조용환(2012). 교육인류학과 질적 연구. 교육인류학연구, 15(2), 1-21.

Barad, K. (2007). *Meeting the Universe Halfway: Quantum Physics and the
　　Entanglement of Matter and Meaning.* Durham: Duke University Press.

Bhaskar, R. (2017). *The Order of Natural Necessity: A Kind of Introduction to
　　Critical Realism.* 김훈태 역(2021). 자연적 필연성의 질서: 친절한 비판적 실재론 입
　　문. 경기: 두번째테제.

Bronfenbrenner, U. (1979). *The Ecology of Human Development: Experiments by
　　Nature and Design.* Cambridge, Massachusetts: Harvard University Press.

Creswell, J. W. (2007). *Qualitative Inquiry & Research Design: Choosing Among Five
　　Approaches* (2nd ed.). Thousand Oaks: Sage Pub.

Deleuze, G. (1964). *Proust et les signes.* 이충민 역(2004). 프루스트와 기호들. 서울: 민
　　음사.

Deleuze, G. & Gattari, F. (1980). *Mille Plateaux: Capitalisme et Schizophrenia 2.* 김재
　　인 역(2001). 천 개의 고원. 서울: 새물결.

Dul, J., & Hale, T. (2008). *Case Study Methodology in Business Research*. 안동윤 외 공역(2017). 직접해보는 사례연구. 서울: 박영스토리

Dumez, H. (2015). What is a Case and What is a Case study?. *Bulletin de Methodologie Sociologique, 127*: 43-57. Sage.

Flyvbjerg, B. (2011). Case study Research. In N. K. Denzin & Y. S. Lincoln (Eds.), *The SAGE handbook of qualitative research*(4th ed.)(pp. 301-316). 최욱 외 공역(2014). 사례연구. 질적 연구 핸드북(pp. 443-462). 경기: 아카데미프레스.

Foucault, M. (1972). *The Archeology of Knowledge*. London: Tavistock.

Foucault, M. (1980). *Power/Knowledge*. Brighton, UK: Harvester.

Geertz, C. (1973). *Thick Description: Toward an Interpretive Theory of Culture*. Fontana Press.

Gerring, J. (2004). What is a Case study and what is it good for?. *American Political Science Review, 98*(2), 341-354.

Glaser, B. G. (2006). Generalizing: The descriptive struggle. *Grounded Theory Review: an International Journal, 6*(1), http://groundedtheoryreview.com/2006/11/30/1330/

Lave, J., & Wenger, E. (1991). *Situated Learing: Legitimate Peripheral Participation*. 손민호 역(2010). 상황학습: 합법적 주변참여. 서울: 강현출판사.

Merriam, S. B. (1998). *Qualitative Research and Case study Applications in Education*. 강윤수 외 공역(2005). 정성연구방법론과 사례연구. 서울: 교우사.

Ragin, C. C. (1992). "Casing" and the process of social inquiry. In C. C. Ragin & H. S. Baker (Eds.), *What is a case?: Exproring the Foundation of Social Inquiry* (pp. 217-221), Cambridge: Cambridge University Press.

Ragin, C. C., & Baker, H. S. (Eds.) (1992). *What is a case?: Exproring the Foundation of Social Inquiry*. Cambridge: Cambridge University Press.

Schwandt, T. A., & Gates, E. F. (2018). Case Study Methodology. In N. K. Denzin & Y. S. Lincoln (Eds.), *The SAGE handbook of Qualitative research* (5th ed., pp. 530-554). New York: Sage Pub.

Sica, A. (1994). Review: What is a Case? Exploring the Foundation of Social

Inquiry. C. C. Ragin & H. S. Becker. *American Journal of Sociology, 99*(5), 1404-1405.

Spradley, J. P. (1980). *Participant Observation.* 이희봉 역(1988). (문화 탐구를 위한) 참여관찰방법. 서울: 대한교과서주식회사.

Stake, R. E. (1995). *The art of case study research.* London: Sage Publications.

Stake, R. E. (2006). *Multiple Case Study Analysis.* New York: The Guilford Press.

Thacher, D. (2006). The Normative Case Study. *American Journal of Sociology, 111*(6), 1631-1676.

Wolcott, H. (1997). *Transforming Qualitative Data: Description, Analysis, and Interpretation.* Thousand Oaks: Sage Pub.

Yin, R. K. (2014). *Case Study Research: Design and Methods* (5th ed.). Thousand Oaks: Sage Pub.

찾|아|보|기

저 | 자 | 소 | 개

조용환(Jo, Yong-Hwan)
미국 University of Illinois at Urbana-Champaign 박사(교육학)
전 서울대학교 교육연구소 소장
    한국교육인류학회 회장
    한국교육개발원 책임연구원
    숙명여자대학교 교수
현 서울대학교 교육학과 명예교수
〈대표 저서〉
『교육다운 교육』(2021, 바른북스)
『질적 연구: 방법과 사례』(1999, 교육과학사)
『사회화와 교육』(1997, 교육과학사)

박순용(Pak, Soon-Yong)
미국 Stanford University 석사(국제개발 교육, 인류학)
미국 University of Wisconsin-Madison 박사(인류학)
전 한국교육인류학회 회장
    하버드대학교 옌칭연구소(Harvard-Yenching Institute) 방문교수
    International Journal of Multicultural Education 편집위원장
현 연세대학교 교육학부 부교수
    한국국제이해교육학회 회장
    UNESCO-APCEIU 이사
〈대표 저서 및 논문〉
『대한민국에서 난민으로 살아가기: 의미 탐색과 정책 과제』(공저, 2020, 집문당)
『Research on Global Citizenship Education in Asia』(공저, 2021, IAP)
『난민문제를 통해서 본 세계시민교육의 과제에 대한 고찰』(2015, 국제이해교육연구)

염지숙(Yeom, Ji-Sook)

캐나다 The University of Alberta 박사(유아교육학)

전 한국교육인류학회 회장

    한국영유아교원교육학회 회장

    OECD 유아교육분야 국가조정관

    건국대학교 글로컬캠퍼스 입학처장

    The Center for Research for Teacher Education and Development,

        The University of Alberta, post-doctoral research fellow

현 건국대학교 글로컬캠퍼스 유아교육과 교수

〈대표 역서 및 논문〉

『내러티브 탐구의 이해와 실천』(공역, 2015, 교육과학사)

「극소규모학급에서 삶으로서의 교육과정 만들어가기: 교사와 어린이의 경험을 중심으로」
    (2022, 한국교육문제연구)

「내러티브 탐구 연구방법론에서 관계적 윤리의 실천에 대한 소고」(2020, 유아교육학
    논집)

서근원(Seo, Ghun-Won)

서울대학교 대학원 석 · 박사(교육학)

전 한국교육인류학회 회장

    한국교육인류학회 편집위원장

    서울대학교교육연구소 연구원

    청주교육대학교 연구교수

    한국교육과정평가원 부연구위원

현 대구가톨릭대학교 사범대학 교육학과 교수

〈대표 저서〉

『학교 혁신의 성찰적 실천: 탈공정과 탈문화식민주의』(2021, 교육과학사)

『학교 혁신 다르게 보기: 오류와 대안』(2020, 교육과학사)

『칼날처럼 읽고, 봄바람처럼 말하라: 교육학자의 토론과 토론문』(2020, 교육과학사)

강대중(Kang, Dae-Joong)

서울대학교 대학원 석사(교육학)

미국 University of Georgia 박사(교육학)

전 문화일보 기자

　　교육인적자원부 부총리 정책보좌관

　　대통령직속 국가교육회의 1기 전문위원

　　교육부 정책자문위원회 평생직업교육분과 위원장

현 서울대학교 교육학과 교수

　　국가평생교육진흥원 원장

〈대표 저서〉

『교육사회학(6판)』(공저, 2022, 교육과학사)

『대한민국 학부모』(공저, 2022, 학이시습)

『Powering a Learning Society during an Age of Disruption』(공저, 2021, Springer)

『Life and Learning of Korean Artists and Craftsmen: Rhizoactivity』(2015, Routledge)

서덕희(Seo, Deok-Hee)

서울대학교 대학원 석 · 박사(교육학)

전 주엽고등학교 교사

　　한국교육개발원 연구위원 대우

　　교육부 정책자문위원회 학교혁신분과 위원

현 조선대학교 사범대학 교육학과 교수

　　한국교육인류학회 편집위원장

〈대표 저서 및 논문〉

『홈스쿨링을 만나다』(2018, 교육과학사)

『내 안의 디아스포라: 결혼이주여성과 아이들, 그리고 나』(2017, 교육과학사)

「"이게 학교야?": 코로나 팬데믹 상황, 온라인학교 체험을 통해 본 학교의 의미」(2021, 교육인류학연구)

「Teacher Agency and Transformation at the Crossroads of a Diffused School Change Movement: An empirical typology of the Hyukshin Schools in South Korea」(공동 연구, 2021, Journal of Educational Change)

한국교육인류학회 방법론 총서 발간위원회 1기

서덕희 • 조선대학교 교육학과

전가일 • 연세대학교 교육연구소

오덕열 • 연세대학교 교육연구소

한국교육인류학회 방법론 총서 1

질적 연구
전통별 접근

Qualitative Research Methodology 1
Foundation and Tradition

2022년 8월 20일 1판 1쇄 인쇄
2022년 8월 30일 1판 1쇄 발행

지은이 • 조용환 · 박순용 · 염지숙 · 서근원 · 강대중 · 서덕희
펴낸이 • 김진환
펴낸곳 • (주)**학지사**

　　　04031 서울특별시 마포구 양화로 15길 20 마인드월드빌딩
대표전화 • 02)330-5114　　　팩스 • 02)324-2345
등록번호 • 제313-2006-000265호

홈페이지 • http://www.hakjisa.co.kr
페이스북 • https://www.facebook.com/hakjisabook

ISBN 978-89-997-2684-2 93370

정가 18,000원

출판미디어기업 학지사

간호보건의학출판 **학지사메디컬** www.hakjisamd.co.kr
심리검사연구소 **인싸이트** www.inpsyt.co.kr
학술논문서비스 **뉴논문** www.newnonmun.com
교육연수원 **카운피아** www.counpia.com

한국교육인류학회 방법론 총서 2

질적 연구
과정별 접근

권효숙 · 배은주 · 신혜숙
전가일 · 전은희 · 전현욱 공저

크라운판 | 328면 | 18,000원

:: 저자 소개

권효숙 국제뇌교육종합대학원대학교
      뇌교육학과 교수
배은주 인천연구원 선임연구위원
신혜숙 국제뇌교육종합대학원대학교
      뇌교육학과 교수
전가일 연세대학교 교육연구소 연구교수
전은희 서울대학교 및 중앙대학교 강사
전현욱 늘봄초등학교 교사

질적 연구는 인간 사회에서 벌어지는 사태 그 자체로 돌아가 그것을 분별하고 계측하기 전의 질에 접근함으로써 인 삶의 진실을 이해하는 것을 목적으로 한다. 따라서 질적 연구 수행의 과정은 명확판명한 지식을 재현하는 일이 아니라, 확실성의 지혜를 좇으며 질(質)과 문(文), 구체와 추상, 독특성과 보편성 사이의 변증법을 향해 나아간다.

한국교육인류학회 방법론 총서 3

질적 연구
분야별 접근

조용환 · 옥일남 · 박윤경 · 신현정 · 강경숙
홍덕기 · 오덕열 · 박선운 · 강성종 공저

크라운판 | 352면 | 20,000원

:: 저자 소개

조용환 서울대학교 교육학과 명예교수
옥일남 서원대학교 사회교육과 교수
박윤경 청주교육대학교 사회과교육과 교수
신현정 연성대학교 사회복지과 부교수
강경숙 원광대학교 중등특수교육과 교수
홍덕기 경상국립대학교
　　　　체육교육과 조교수, 부교수
오덕열 연세대학교 교육연구소 전문연구원
박선운 청주교육대학교 사회과교육과 조교수
강성종 서울농학교 교감

　질적 연구는 인간 사회에서 벌어지는 사태 그 자체로 돌아가 그것을 분별하고 계측하기 전의 질에 접근함으로써 인간 삶의 진실을 이해하는 것을 목적으로 한다. 이 책은 한국교육인류학회 방법론 총서의 세 번째 책으로 교육인류학, 사회교육학, 다문화교육, 상담학, 특수교육학, 체육교육, 평화교육의 일곱 가지 분야에 따른 질적 연구의 방법론을 담고 있다.